Wilhelm R. Kutter

The new formula for mean velocity of discharge of rivers and canals

Wilhelm R. Kutter

The new formula for mean velocity of discharge of rivers and canals

ISBN/EAN: 9783337374228

Printed in Europe, USA, Canada, Australia, Japan

Cover: Foto ©Lupo / pixelio.de

More available books at **www.hansebooks.com**

THE NEW FORMULA

FOR

MEAN VELOCITY OF DISCHARGE

OF

RIVERS AND CANALS.

BY

W. R. KUTTER.

TRANSLATED FROM ARTICLES IN THE 'CULTUR-INGÉNIEUR,'

BY

LOWIS D'A. JACKSON, A.I.C.E.,

AUTHOR OF
HYDRAULIC MANUAL AND STATISTICS; A CURVE BOOK;
SIMPLIFIED WEIGHTS AND MEASURES, ETC.

E. & F. N. SPON,
LONDON: 48, CHARING CROSS.
NEW YORK: 446, BROOME STREET.
1876.

PREFACE BY THE TRANSLATOR.

IN presenting to the English public in 1876 a translation of a valuable work that appeared in 1870 in Austria, Germany, and Switzerland, and that was immediately translated into French, Dutch, and Italian, it is not so much an acknowledgment of having been tardy in bringing forward results useful to the hydraulician, as it is an indication that the technical English public has been backward in accepting more advanced views on the subject treated.

A strange anomaly has developed itself in the progress of hydraulic science in the British Empire in modern times. While the lead in engineering progress generally, both theoretical and practical, seems to have been almost entirely taken by the English-speaking races, and whilst improved construction, perfected appliances, and higher economy have progressed in the last thirty years at a speed perhaps greater than has ever been previously known, yet in the hydraulic branches of engineering no similar claim can be very satisfactorily made out for our country. This seems at variance with our present requirements. We have in India a vast empire, existing in a state of mutual dependence with England, whose enormous wealth is dependent on its population, whose population is dependent upon agriculture, and whose agriculture depends chiefly on irrigation; where water is like silver, and the science of its judicious application and control is like gold. We have in semi-tropical regions large colonies, which suffer from devastating floods alternating with drought. At home the catchment areas of our rivers, in fact the country generally, is in a polluted state, the drainage both from farmland and townships being still either badly regulated or under no general control. In spite of the increasing exceptions, the water supply of most of our towns is so contaminated as to conduce amongst other evils to a fearful amount of intemperance; and the sewage, the natural regenerator of soils and crops, is generally allowed to mingle with noxious refuse, or to be so ill-regulated, as regards dilution and application to land, that it not only ceases to be useful, but becomes a source of perpetual pollution.

Yet, in the face of all these circumstances, we find impediments being very frequently raised to the extension of irrigation in India, difficulties magnified, and exceptional failures, due to misapplication and mismanagement, so stated as to appear the rule; we find even in 1871 money refused for purposes of hydraulic experiment, while the adoption of the long-exploded velocity formula of Dubuat was enforced by Government order. In the British colonies, hydraulic improvements are proceeding with a degree of caution and on a scale incompatible with important achievement. At home, vested interests, indecision, parsimony, procrastination, and want of combined action may be said to form the principal obstructions to the development of any extensive wholesome sanitary regimen. Even when the remodelling of the sewerage of London was being dealt with by the Commissioners of Sewers, the experiments then instituted for determining discharges of pipes of different materials were abruptly stopped before arriving at any useful conclusion.

The result of all this shows itself in the English hydraulic literature of the past, as comprised in the works of Beardmore, Downing, Neville, Box, Latham, &c., where the defective formulæ of Eytelwein, Stevenson, Dubuat, Prony, &c., are used as the bases of calculations of discharge for tables which are still unfortunately believed in by the unreflecting, while any departure from these old principles has been looked upon with suspicion and distrust.

It is, however, highly satisfactory to observe that our most progressive engineering periodical, 'Engineering,' has always been in advance on such subjects. In an article entitled "Hydrodynamic Formulæ," appearing in the year 1873, the results of all the old velocity formulæ, both for open channels and for pipes, are compared; the whole of these formulæ are proved to have no claim to general application; and as a consequence of the dearth of hydraulic observations of modern date, the hydraulician is recommended to use variable coefficients of mean velocity of discharge, to be chosen in accordance with the circumstances of each special case and the nearest similar recorded observation that can be obtained. The article referred to, since embodied in the translator's 'Hydraulic Manual,' shows that, even before the valuable articles of Herr Kutter had attracted notice in England, the erroneous nature of the formulæ we were using was known to some.

At the present day, however, the experiments of D'Arcy and Bazin in France, of Humphreys and Abbot in the United States, and of Ganguillet and Kutter in Switzerland, have become more widely known and studied; and the practical value of the new formula of Herr Kutter, based on the whole of those observations, has become recognized.

The following extracts from another article in 'Engineering,' entitled "Hydraulic Experiments," of the 31st of December, 1875, is also perfectly unsparing in denouncing the old formulæ, and distinct in supporting that of Herr Kutter; while it also calls attention to the need of a translation into English of Herr Kutter's articles in the 'Cultur-Ingénieur.'

"The tabulated velocities (in Neville's work based upon
" Dubuat) though expressed in hundredths of an inch, are
" in reality but the wildest guesses at the actual velocities
" in irrigation canals of ordinary dimensions. Colonel
" Cautley relied upon Dubuat when he laid out the Ganges
" Canal, and found him but a rotten reed, for the water in
" every instance tore along at an unexpected velocity,"
" and erosion of the bed and destruction of the works
" followed in its wake. Dubuat then must be put upon
" the top shelf of the bookcase, and it will be just as
" well, when the steps are there, to carry up every English
" work in which the names of Brunning, Girard, Bossut,
" Prony, Eytelwein, or D'Aubuisson are continually re-
" curring as authorities against whom no action can be
" taken. In this general clearance Beardmore, Downing,
" Box, and *almost every other hydraulic text-book* compiled
" by Englishmen will with more or less hesitation have

" been shelved, and the young engineer will then be able "
" to form a fair estimate of the contribution his country- "
" men have made to the common fund of knowledge "
" concerning the laws governing the flow of water. . . . "
" Bazin, Gauckler, and many others have laboured to "
" deduce a comprehensive formula which shall include "
" every case, from a street gutter to a mighty river. The "
" most successful workers in this field are perhaps Gan- "
" guillet and Kutter. Mr. Jackson bases some of his tables "
" upon Kutter, and so far as we know, that is the only "
" instance in which the deductions of the latter have been "
" referred to in an English work. Perhaps it is not too "
" late even now to induce Mr. Forrest to append a full "
" translation of the German original in an ensuing volume "
" of the ' Proceedings.' "

From the above remarks it would appear that our engineering students are still adhering to old habits, although curiously enough the students of the Civil Engineering College at Madras have, at the instance of their principal, Captain Edgecombe, and of the able and enlightened secretary to his Excellency the Governor of Madras, the Hon. Robert Ellis, employed since 1869 an earlier edition of the Manual of the translator referred to, and have therefore gone on more correct principles for some years; while again in December, 1875, the Russian Government had already ordered the translation into Russian of the later edition of the same Manual for use of their engineers generally. Hence it would seem that we are even now rather in arrear in England.

The translation of Herr Kutter's German original, at last evidently wanted, has been rendered less with the intention of making it scrupulously literal than correct and practically useful; literalism having only been adhered to in certain portions where it appeared requisite: parts of the work have been transposed, and some conversion tables, as well as some tables of equivalents of various foreign measures, which have been revised and corrected in accordance with the standards of 1872, introduced for the convenience of the reader.

L. D'A. J.

ROYAL INSTITUTION, ALBEMARLE STREET,
    1st *March*, 1876.

SUMMARY OF CONTENTS.

TEXT.

CHAPTER I.—FLOW IN OPEN CHANNELS GENERALLY.
CHAPTER II.—FLOW IN OPEN CHANNELS IN EARTH.

TABLES.

COEFFICIENTS OF MEAN VELOCITY OF DISCHARGE.
DISCHARGES AND MEAN VELOCITIES PER SECOND.
SUPPLEMENTARY TABLE OF PERCENTAGES FOR CERTAIN SECTIONS.

PLATES.

TRAPEZOIDAL SECTIONS OF CHANNELS ADOPTED IN THE TABLES.
DIAGRAM OF COEFFICIENTS OF MEAN VELOCITY.

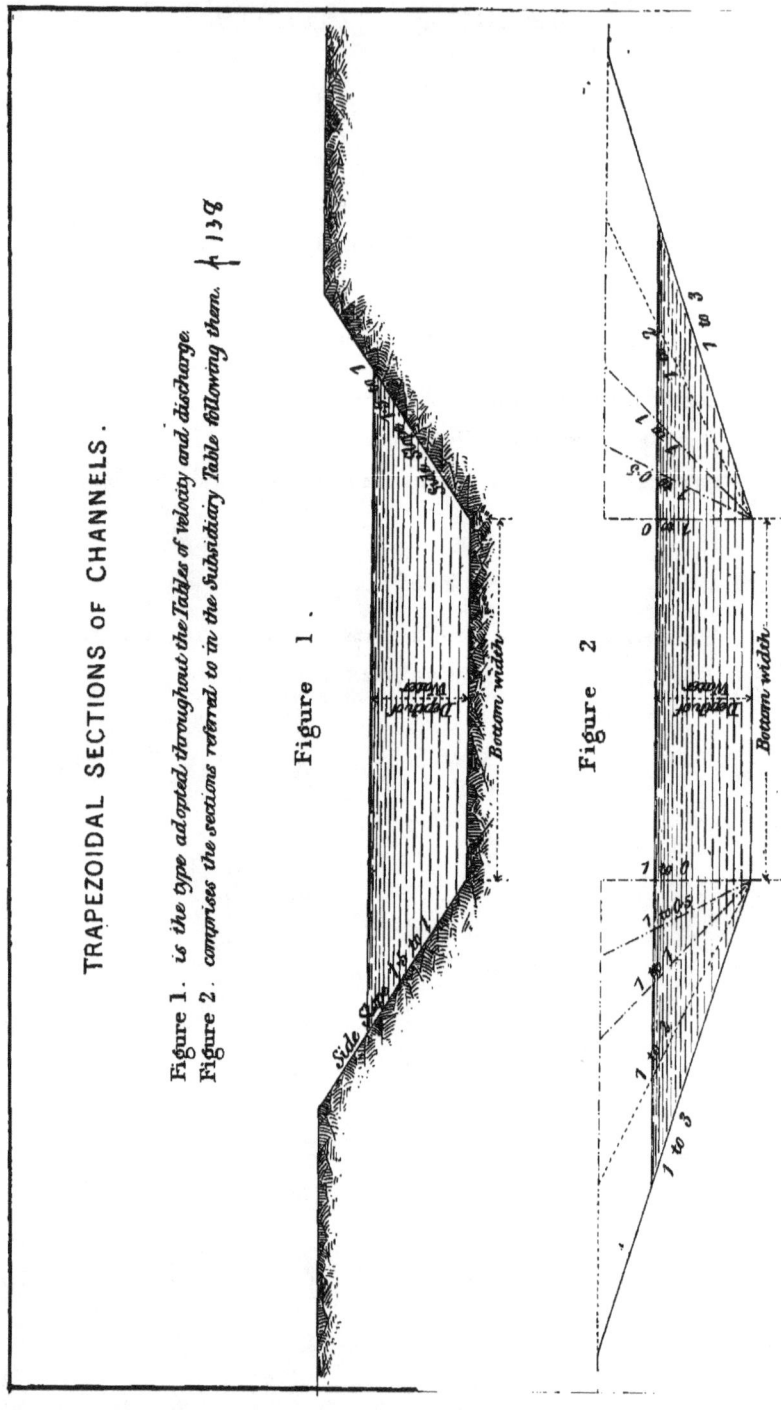

TRAPEZOIDAL SECTIONS OF CHANNELS.

Figure 1. is the type adopted throughout the Tables of velocity and discharge.
Figure 2. comprises the sections referred to in the Subsidiary Table following them.

THE NEW FORMULA FOR MEAN VELOCITY OF DISCHARGE.

CHAPTER I.

1. THE NEW FORMULÆ OF D'ARCY AND BAZIN AND HUMPHREYS AND ABBOT, FOR DETERMINING MEAN VELOCITIES OF DISCHARGE OF RIVERS AND CANALS.

IN recent times two extremely valuable works on hydraulics have been published, which have thrown a new light on one of the most important branches of that science, the laws of motion of water in rivers and canals. They are, the 'Recherches Hydrauliques' of D'Arcy and Bazin, 1835; and the 'Theory of Motion of Water in Rivers and Canals,' by Captain Humphreys and Abbot, 1867, the latter of which was translated into German by Grebenau. These two works far surpass all others yet written that treat on this branch of hydraulics. Both of them bring forward a very large number of results of experiment and observation that have been most carefully obtained and deduced, and are justified by the highest authority; both of them also propose new formulæ, which essentially differ, not only from each other, but also from all previous formulæ of Prony, Chezy, Eytelwein, St. Venant, &c.; this difference is the more striking, as the whole of these formulæ have been based on carefully conducted observation and experiment. In explanation of this, and with reference to the two modern formulæ, we would notice that the two latter are results deduced from observations made under extremely different conditions; those of the French engineers, D'Arcy and Bazin, having been taken on small canals, and those of the American engineers, Humphreys and Abbot, on very large rivers, like the Mississippi. Both formulæ are correct within certain limits, but neither can have any pretension to general application, as the former of the two is inapplicable to large rivers with low inclinations, and the latter to small discharges with greater fall. To decide which of these two formulæ is preferable and more useful generally, and to enable us to base our decision on practical considerations, we have made a collection of all known observed results that bear on the subject, together with some that are of special interest from having been conducted on streams of extremely high inclination, and have compared these results with those deduced from the measurements by the formulæ.

2. The previously accepted Formulæ.

The well-known formula of ordinary use,

$$v = c\sqrt{rs},$$

in which

v is the mean velocity of discharge,
r is the mean hydraulic radius, or the quotient of the water section by the wetted perimeter,
s is the inclination of the water surface,

and

c is the experimental coefficient,

is that of Chezy and Eytelwein; it was assumed that it gave correct results under all cases and conditions of inclination and dimension, a fallacy that vanished only after a long time, with the discovery that the coefficient c was not a constant but a variable quantity. In the formulæ of De Prony and Weisbach the coefficients c vary with the velocity of the water, but their results differ but slightly from those afforded by the former formula with the coefficients of Eytelwein. More recent researches have however shown that the variation of the values of c depends on very varied influences, and can be more correctly determined and expressed than by simply treating it as dependent on the variation of the velocity v.

3. The New Formulæ of D'Arcy and Bazin.

In the 'Recherches Hydrauliques' of D'Arcy and Bazin, 1865, the coefficients c are made to vary, not with the velocity, but with the values of r, the hydraulic mean radius, and with the conditions of the section. These conditions are classed in four categories, which, naturally, do not include every degree of roughness of the wetted perimeter, but are merely averages assumed for convenience in determining the coefficients. D'Arcy and Bazin have deduced their formulæ from their own new experimental observations on artificial canals, 2 mètres wide, 1 mètre deep, and about 600 mètres long, whose beds and banks were constructed of various different materials, as well as from other observations on rivers and canals. They gave various forms to the section of their canal, and thence discovered that the semicircular form was that most favourable to a rapid discharge, while they also demonstrated that the form of section was not by any means the most important influence on the velocities and discharges of open channels.

4. The New Formula of Humphreys and Abbot.

The American engineers, Humphreys and Abbot, proposed an entirely new formula, based on a vast number of frequently repeated measurements of discharge on the lower Mississippi and its affluents. At page 138 of Grebenau's translation of their work, we find that the extremely ingenious formula deduced by them for velocity is based on the following law, established by their own experiments: That the velocities at different depths below the surface in a vertical plane vary as the abscissæ of a parabola, whose axis is parallel to the water-surface, and represent the maximum velocity; and thus, the position of this axis once determined, the velocity at any depth in this vertical plane can be obtained from the parabolic curvature. This law is also confirmed by the experience of D'Arcy and Bazin. Since, therefore, this new formula is deduced from observations on large rivers of low inclination, and has also been proved to hold good for rivers and small streams with small inclinations, it becomes important to discover whether it is also correct for discharges of high inclination. Should that be the case, it will then have a claim to general application.

5. Practical Examination of the New Formulæ.

The collection, given on the following page, of observed measurements of discharge on the Wildbachschalen, near Lake Thun, under conditions of very high inclination of channel, affords a ready answer to this important question, without entering into unnecessary details or lengthy discussion. The data and dimensions there given, the observed velocities of discharge, and the velocities calculated according to the well-known formulæ of Chezy-Eytelwein, of D'Arcy and Bazin, and of Humphreys and Abbot, comprise everything that is required.

Besides those above mentioned, we have collected another series of measurements of discharge in Switzerland, that is also applicable to this question; some of them are from streams on the Jura series by Professor Trechsel, some from well-maintained river channels in Canton Graubündten by Oberst La Ricca, and others from the Linth-and-Escher canals by Engineer Legler. The whole are eighty-five in number. The comparison of the observed with the calculated results shows that for steep inclinations the American formula gives far too small velocities of discharge, and that the formulæ of D'Arcy and Bazin give results which are generally much better, and in some cases very good. We hence infer that the American formula has no claim to general application, and would be much improved by the introduction of variable coefficients. The conclusion is also forced on us, that any formula that would possess any adequate claim to universal utility must necessarily be very complicated, and hence unsuited to practical requirements, while it appears at the same time that if a good general formula, somewhat resembling that of D'Arcy and Bazin, be adopted as a basis, and a collection of correct coefficients be applied to it, every purpose will be sufficiently served. It must, however, be noticed that any such formula must be applicable to all ordinary hydraulic conditions, and that the choice therefore lies between the old general formula, (which admits of adaptation to those of D'Arcy and Bazin,) and the new American formula.

TABLE OF OBSERVATIONS ON THE WILDBACHSCHALE.

Dates.	Length.	r	Inclination or Fall per 1000.	Observed Velocity.	Calculated Velocities.		
					Chezy-Eytelwein.	D'Arcy and Bazin.	Humphreys and Abbot.
G'rünnbachschale. 3rd June, 1867	800	0·394	106·775	13·97	19·07	13·68	3·50
,, ,,	1200	0·385	99·270	13·54	18·18	12·93	3·37
,, ,,	200	0·361	82·85	12·00	16·08	11·17	3·11
27th June, 1867	800	0·657	106·775	19·48	24·63	20·69	4·56
,, ,,	1200	6·644	99·27	18·58	23·51	19·65	4·42
,, ,,	200	0·591	82·85	15·79	20·57	16·77	4·04
Gerbebachschale. 27th June, 1867	100	0·197	237·3	10·31	20·10	11·20	2·97
,, ,,	100	,,	185·2	9·58	17·76	9·90	2·78
,, ,,	400	,,	167·9	9·33	16·91	9·42	2·71
,, ,,	100	,,	137·5	9·05	15·30	8·53	2·57
,, ,,	100	,,	111·7	8·61	13·79	7·69	2·43
Gontenbachschale. 26th June, 1867	400	0·375	46·425	11·15	12·26	8·64	2·72
,, ,,	600	,,	42·350	10·05	11·71	8·25	2·65
,, ,,	400	0·328	46·425	10·06	11·48	7·70	2·53
,, ,,	600	,,	42·350	9·60	10·96	7·36	2·47
Summation of results	..	..	..	181·70	252·31	173·58	46·83
Ratios	..	..	..	1·00	1·39	0·96	0·26

6. Examination of the Old-established Formula and the New American one, with the View of Applying Series of Coefficients to either of them as a Basis.

The 'old formula, $v = c\sqrt{rs}$, whose terms have already been explained, may be said to assert the general law that the mean velocity of discharge at any section varies with the square root of the product of the sine of the inclination and the mean hydraulic radius. The value of the experimental coefficient c may be shown to vary greatly; although fixed as a constant quantity $92 \cdot 975$ by Eytelwein, it has yet been proved by the experiments of D'Arcy and Bazin to vary between 5 and 100, while the results on the Mississippi give it not less than 256 as the highest limiting value.

The new American formula, expressed in Swiss feet, is

$$v = \sqrt{0 \cdot 008\ 299\ b + [229 \cdot 06\ r_1 \sqrt{s} - 0 \cdot 090\ 716\ \sqrt{b}]^2},$$

where

$$b = \frac{1 \cdot 7034}{\sqrt{r + 1 \cdot 524}} \quad \text{and} \quad r_1 = \frac{a}{p + W}.$$

To simplify this rather complicated expression, Grebenau neglects the two smaller quantities represented by the first and third terms of the equation, and reduces it to the form

$$v = c\sqrt{r_1}\sqrt[4]{s},$$

which may be thus verbally expressed: The mean velocity of discharge at any section is the product of the square root of the prime radius (or quotient of the sectional area by the whole wetted perimeter and breadth of surface,) and the fourth root of the inclination, an experimental coefficient. The introduction of the breadth of surface of the water section into the quantities composing this equation, and the resulting substitution for r, the mean radius, of

CHAP. I.]   FLOW IN OPEN CHANNELS.   7

a new term r_1 or prime radius, which is about a half of the former, causes a great alteration in the corresponding values of the coefficient. A still more important difference between the American and the old formula is the introduction of the fourth root of the sine of the inclination into the basis of the formula, instead of the square root; the law of increment of a series of fourth roots varying greatly from that of a series of square roots. Hence, before deciding which of these two formulæ is more suited to our purpose as a general basis, it is first necessary to determine whether mean velocities in similar sections and under corresponding inclinations of every degree happen to vary more exactly with the square roots or with the fourth roots. In order to decide this important point, we have selected, from the five hundred observed results given by D'Arcy and Bazin in the 'Recherches Hydrauliques,' thirty-three cases having different inclinations, but similar in other respects; and from a collection of about one hundred fifty observed results, made by ourselves, and taken from the work of Humphreys and Abbot, the collection of Grebenau, the observations of Trechsel, La Ricca, and Legler, as well as our own, we have selected fifty-two cases of similar results having different inclinations. In all we have chosen eighty-five cases that are suited to the purpose, and have compared the observed velocities with the square roots, the cube roots, and the fourth roots of their inclinations. The results are that out of the first set of thirty-three cases, twenty-seven had their velocities varying more nearly with the square roots, five with the cube roots, and one with the fourth root; and out of the second set of fifty-two cases, thirty cases had their velocities varying more nearly with the square roots, nine with the cube roots, and thirteen with the fourth root. It may also be observed, that the whole of the fourteen cases in which the velocities vary more nearly with the fourth root are cases of extremely low inclination, being those of the Mississippi system, the streams of Grebenau, and one single case of D'Arcy and Bazin. We will hence conclude, that for most falls, with the exception of those that are very low, like that of the Mississippi, the mean velocities in similar sections are more in accordance with the square roots of the sines of the inclinations, and that the simple and useful old-established formula $v = c\sqrt{rs}$ with variable coefficients not only gives good results, but is also in our opinion that most applicable to very varying conditions of inclination.

Assuming therefore the general formula $v = c\sqrt{rs}$ as that most suitable to our purposes, the next matter is to obtain a series of coefficients that will be equally applicable to every degree of inclination that will occur in practice. We have, however, fruitlessly endeavoured to discover any law for the construction of any single set of series of coefficients, that would apply both to the low inclinations of observation of the American, and to the high falls of the Swiss engineers. In plotting the coefficients deduced from these observed results as ordinates to abscissæ representing the inclinations, we discover that the greatest values of the former correspond to the least values of the latter, and the converse, and that no mean curve could be drawn that would be applicable throughout. It is also necessary to remark that the coefficients obtained in the same way for the American formula show a persistent increase of value with the increase of inclination; a proof that that formula gives incorrect results in this respect.

On plotting the former coefficients as ordinates to abscissæ representing values of r, (the mean radius,) and similarly plotting the curve of the coefficients calculated according to the formulæ of D'Arcy and Bazin, we find that they approximately correspond in cases having similar conditions of section; a confirmation of the correctness of the formulæ of these authors as far as this is concerned.

7. The Variation of the Coefficients c with the Inclination.

Having thus discovered that the coefficients c of the old-established formula generally vary with the inclinations for like values of r in such a manner that their values are greatest for the lowest inclinations, and the converse, let us consider them now solely with reference to the Mississippi observations. Their extreme limits there are

$c = 256$ for an inclination of $0 \cdot 0034$ per thousand,

and

$c = 154$ for an inclination of $0 \cdot 0200$ per thousand;

and if a curve be drawn to represent them, it becomes a reversed hyperbola, whose ordinates decrease with the increase of inclination. It is therefore evident, from the extreme sensitiveness of the coefficients when applied within these limits, that the old formula is in this respect inapplicable to extremely low inclinations, while the new American formula on the contrary is very well suited to them.

This relation of the inclinations to the coefficients c holds good with the highest of the falls on the large rivers of the Mississippi series; but is more fully exemplified when the coefficients diminish with decreasing values of r; so that for cases of smaller rivers it may be accepted that with similar values of r the difference of inclination has so small an influence on the coefficient c that it may be entirely neglected without error.

Since the four formulæ of D'Arcy and Bazin have been found to give good results, not only in accordance with the observed results mentioned in their own work, but also with those collected by ourselves, and since they also, while possessing no exclusive claim to general application, admit of the interpolation and addition of additional series of coefficients beyond those of their four categories, they may most justly be considered as correct points of departure in an extensive field of variation. We will therefore assume that these formulæ are of practical value to us for the purpose of gradually working out a good and complete series of coefficients.

8. The Employment of the Formulæ of D'Arcy and Bazin in constructing a Series of Coefficients.

The following are the four formulæ for mean velocity of D'Arcy and Bazin, in terms suited to Swiss feet; to each of them is also attached the corresponding expression for the value of c, the coefficient in the general formula, $v = c\sqrt{rs}$, which we have taken as a basis. In each case, as before, r is the mean hydraulic radius, and s is the sine of the inclination of the water surface, or fall in a length of unity.

1st Category.—Very smooth surfaces of pure cement, or carefully planed timber:

$$v = \sqrt{\frac{rs}{0 \cdot 000\ 045 + \frac{0 \cdot 000\ 0045}{r}}} ;$$

$$c = \sqrt{\frac{1}{0 \cdot 000\ 045 + \frac{0 \cdot 000\ 0045}{r}}} .$$

2nd Category.—Smooth surfaces of cut stone or brickwork, of cement with sand, or of planking:

$$v = \sqrt{\frac{rs}{0 \cdot 000\ 057 + \frac{0 \cdot 000\ 0133}{r}}} ;$$

$$c = \sqrt{\frac{1}{0 \cdot 000\ 057 + \frac{0 \cdot 000\ 0133}{r}}} .$$

CHAP. I.] FLOW IN OPEN CHANNELS. 11

3rd. *Category*.—Less carefully constructed sections in rubble:

$$v = \sqrt{\dfrac{r\,s}{0\cdot000\,072 + \dfrac{0\cdot000\,0600}{r}}}$$

$$c = \sqrt{\dfrac{1}{0\cdot000\,072 + \dfrac{0\cdot000\,0600}{r}}}$$

4th *Category*.—Sections in earth:

$$v = \sqrt{\dfrac{r\,s}{0\cdot000\,084 + \dfrac{0\cdot000\,3500}{r}}}$$

$$c = \sqrt{\dfrac{1}{0\cdot000\,084 + \dfrac{0\cdot000\,3500}{r}}}$$

These four expressions indicate a great variation in the values of the terms of the formulæ corresponding to the varieties of quality of the surface. We may hence conclude that the observations of D'Arcy and Bazin prove that the degree of roughness of the wetted perimeter forms a very important influence on the value of the coefficient on small sections of discharge; the respective proportions of these four formulæ also show that this influence decreases with the increase of the sectional area, and, although it never entirely vanishes, is inconsiderable in very large rivers like the Mississippi.

We may also remark, that these four categories admit of the interpolation and addition of a large number of cases of different conditions, and can thus be made to include and produce smaller values of the coefficient *c* than those afforded by the fourth category; they might then become applicable to the coefficients calculated by ourselves from the observed results on the Aar, and the streams in Canton Graubündten, which are encumbered with detritus.

The necessity and the mode of introducing these interpolated and additional categories, suitable to the cases that occur, will necessarily be partly dependent for exactitude on the correctness and sufficiency of knowledge of the details of the observations; the effect of the various degrees of inclination on the coefficients, previously mentioned, must also be borne in mind.

With reference to the observed results on the Wildbachschale, previously quoted, we may notice that the G'rünnbachschale and Gerbebachschale, whose walling is much damaged, can very well come under the third category. This, however, is not applicable to the more recently constructed Gontenbachschale, which have a better walling than that supposed in the third category, and a worse walling than that of the second. The coefficient c calculated for one of them when $r = 0·375$ according to the third formula is 65, and gives too small a mean velocity, while that according to the second formula is 100, which gives too high a mean velocity; the actually correct coefficient being 83, or approximately a mean between the two; the walling of the Gontenbachschale being in point of fact a mean as regards smoothness between rubble and ashlar. We must therefore not overlook the fact that we here require a category of coefficients interpolated at about midway between Categories II. and III., under conditions of section that differ sufficiently from those of either of them to justify its adoption; we must also determine more exactly the conditions of section applicable to these three categories.

With reference to our observed results on rivers and streams whose beds and banks are encumbered with deposit, it is evident they cannot come under Category No. IV. of sections in earth, as Formula No. IV. gives values of coefficients c that are too large for them. This is very natural, as part of the living force of the water is destroyed by the deposit; the larger the boulders, and the greater the quantity of them obstructing the section of flow, the more will the velocity of the water be reduced. In the formula $\frac{1}{c^2} = a + \frac{\beta}{r}$, which expresses the effect of the roughness, and in which the factors a and β are the divisors in the formulæ of D'Arcy and Bazin, these factors will increase with the size and quantity of the deposit, and may hence vary very much for different cases in the same river: they will increase with high water and with motion of the boulders, and decrease with low water and with their deposition.

For our purposes we shall not go far wrong if we calculate these velocities in channels encumbered with detritus for one single value of r only, and make them correspond to those obtained by Formula IV. for sections in earth with a radius of $0\cdot 7$; or, which is the same thing, if we calculate our coefficients for this purpose from a formula,

$$c = \sqrt{\frac{1}{0\cdot 000\ 120 + \frac{0\cdot 000\ 7}{r}}},$$

and consider this as the basis of a new or a fifth category of coefficients.

We here attach a table of calculated coefficients resulting from the above five formulæ, which are applicable to all values of r that are likely to occur in practice; and in order to afford a trustworthy guide for their employment, we give also immediately following them a table of practically determined coefficients, obtained by ourselves from direct velocity measurements in a considerable number of cases, together with the calculated coefficients corresponding to them, and the differences between the two. A careful examination of these two collections, and a comparison of the similar cases occurring under similar conditions, will aid us in eventually determining and adopting a final series of coefficients that will be both correct and sufficiently comprehensive for all practical purposes.

9. TABLE OF CALCULATED COEFFICIENTS APPLICABLE TO THE GENERAL FORMULA $v = c\sqrt{rs}$, ARRANGED AS TO CONDITION OF SECTION ACCORDING TO THE FOUR CATEGORIES OF D'ARCY AND BAZIN, AND A FIFTH ONE OF THE AUTHOR. *For Swiss feet.*

Explanation.

The quantities given in the three columns, corresponding to all values of r required in practice, are values of the following expressions:

c is the variable coefficient in the formula $v = c\sqrt{rs}$.

$c\sqrt{r} = m$ is a variable quantity, dependent on c, useful in obtaining values of v corresponding to different values of $\sqrt{s}$.

$\dfrac{1}{c^2 r} = n$ is a variable quantity, useful in calculating values of s, when v and r are given, as is shown by putting the formula in the form $s = \dfrac{v^2}{c^2}\dfrac{1}{r}$.

The quantities are applicable to Swiss feet.

and to any other feet?

CATEGORY I.

VERY SMOOTH SURFACES OF PURE CEMENT, WELL-PLANED TIMBER, ETC.

$$c = \sqrt{\dfrac{1}{0 \cdot 000\,045 + \dfrac{0 \cdot 000\,0045}{r}}}.$$

r	c ($v = c\sqrt{rs}$)	$c\sqrt{r} = m$ ($v = m\sqrt{s}$)	$\dfrac{1}{c^2 r} = n$ ($s = n v^2$)
0·01	44·95	4·495	0·0495000
0·05	86·07	19·245	27000
0·1	105·41	33·333	9000
0·2	121·72	54·433	3375
0·3	129·10	70·711	2000
0·4	133·33	84·327	1407
0·5	136·08	96·225	1080
0·6	138·01	106·90	875
0·7	139·44	116·67	735
0·8	140·54	125·71	633
0·9	141·42	134·61	555
1·0	142·13	142·13	495
1·1	142·72	149·69	446
1·2	143·22	156·89	406
1·3	143·65	163·79	373
1·4	144·02	170·40	344
1·5	144·34	176·78	320
1·6	144·62	182·93	299
1·7	144·87	188·89	280
1·8	145·10	194·67	264
1·9	145·30	200·28	249
2·0	145·48	205·74	236
20	148·70	665·00	23
100	149·00	1490·00	2

CATEGORY II.

SMOOTH SURFACES, ASHLAR, BRICKWORK, PLANKING, ETC.

$$c = \sqrt{\dfrac{1}{0 \cdot 000\ 057 + \dfrac{0 \cdot 000\ 013\ 3}{r}}}.$$

r	c ($v = c\sqrt{rs}$)	$c\sqrt{r} = m$ ($v = m\sqrt{s}$)	$\dfrac{1}{c^2 r} = n$ ($s = n v^2$)
0·01	26·85	2·685	0·1387000
0·05	55·64	12·442	64600
0·1	72·55	22·042	19000
0·2	89·98	40·252	6175
0·3	99·34	51·963	3378
0·4	105·26	66·574	2256
0·5	109·37	77·336	1672
0·6	112·39	87·057	1319
0·7	114·71	95·971	1086
0·8	116·54	104·24	920
0·9	118·03	111·98	797
1·0	119·27	119·27	703
1·1	120·33	126·20	628
1·2	121·20	132·76	567
1·3	121·96	139·06	517
1·4	122·65	145·12	475
1·5	123·22	150·91	439
1·6	123·74	156·52	408
1·7	124·20	161·94	381
1·8	124·62	167·20	358
1·9	125·00	172·30	337
2·0	125·34	177·26	318
20	131·69	588·92	29
100	132·30	1323·00	3

CATEGORY III.

MODERATELY WELL-CONSTRUCTED SECTIONS IN RUBBLE, ETC.

$$c = \sqrt{\dfrac{1}{0\cdot000\,072 + \dfrac{0\cdot000\,060\,0}{r}}}$$

c	c ($v = c\sqrt{rs}$)	$c\sqrt{r} = m$ ($v = m\sqrt{s}$)	$\dfrac{1}{c^2 r} = n$ ($s = nv^2$)
0·01	12·83	1·283	0·6072000
0·05	30·54	6·830	214400
0·1	38·57	12·199	67200
0·2	51·85	23·187	18600
0·3	60·63	33·210	9067
0·4	67·12	44·448	5554
0·5	72·17	51·031	3840
0·6	76·25	59·063	2867
0·7	79·63	66·624	2253
0·8	82·48	73·771	1837
0·9	84·94	80·582	1540
1·0	87·04	87·039	1320
1·1	88·91	·93·251	1150
1·2	90·54	99·177	1017
1·3	92·02	104·92	908
1·4	93·33	110·43	820
1·5	94·49	115·73	747
1·6	95·56	120·88	684
1·7	96·54	125·87	631
1·8	97·45	130·74	585
1·9	98·25	135·43	545
2·0	99·01	140·03	510
20	115·47	516·40	37
100	117·36	1173·63	4

CATEGORY IV.

Sections in Earth.

$$c = \sqrt{\dfrac{1}{0{\cdot}000\,084 + \dfrac{0{\cdot}000\,350\,9}{r}}}$$

r	c $(v = c\sqrt{rs})$	$c\sqrt{r} = m$ $(v = m\sqrt{s})$	$\dfrac{1}{c^2 r} = n$ $(s = n v^2)$
0·1	16·70	5·282	0·0358400
0·2	23·25	10·443	91700
0·3	28·27	15·486	41700
0·4	32·29	20·423	23975
0·5	35·64	25·225	15745
0·6	38·71	29·985	11122
0·7	41·38	34·585	8343
0·8	43·87	39·252	6494
0·9	45·99	43·624	5254
1·0	48·00	48·002	4340
1·1	49·86	52·298	3656
1·2	51·59	56·518	3131
1·3	53·21	60·666	2717
1·4	54·72	64·743	2386
1·5	56·14	68·753	2115
1·6	57·47	72·697	1892
1·7	58·74	76·585	1705
1·8	59·93	80·401	1547
1·9	61·06	84·166	1412
2·0	62·14	87·875	1295
2·1	63·16	91·529	1194
2·2	64·14	95·132	1105
2·3	65·07	98·685	1027
2·4	65·96	102·19	957
2·5	66·81	105·64	896
2·6	67·63	109·05	841
2·7	68·42	112·42	791
2·8	69·17	115·74	746
2·9	69·90	119·03	706
3·0	70·59	122·27	669
3·1	71·26	125·48	635
3·2	71·91	128·64	604
3·3	72·54	131·77	576
3·4	73·14	134·86	550
3·5	73·72	137·92	526
3·6	74·28	140·94	499
3·7	74·83	143·94	483
3·8	75·44	147·07	463
3·9	75·87	149·82	445
4·0	76·36	152·72	427
4·1	76·84	155·59	413
4·2	77·31	158·43	398
4·3	77·76	161·24	385
4·4	78·20	164·03	372
4·5	78·62	166·78	359

FLOW IN OPEN CHANNELS.

r	c $(v = c\sqrt{rs})$	$c\sqrt{r} = m$ $(v = m\sqrt{s})$	$\dfrac{1}{c^2 r} = n$ $(s = nv^2)$
4·6	78·94	169·32	0·0000348
4·7	79·44	172·22	337
4·8	79·83	174·90	327
4·9	80·21	177·55	317
5·0	80·58	180·19	308
5·1	80·94	182·80	299
5·2	81·30	185·38	291
5·3	81·64	187·95	283
5·4	81·98	190·49	276
5·5	82·30	193·01	268
5·6	82·62	195·51	262
5·7	82·93	198·00	255
5·8	83·33	200·73	248
5·9	83·53	202·92	243
6·0	83·82	205·32	237
6·1	84·10	207·72	232
6·2	84·38	210·10	226
6·3	84·65	212·47	221
6·4	84·91	214·82	217
6·5	85·17	217·15	212
6·6	85·43	219·47	208
6·7	85·67	221·76	203
6·8	85·92	224·00	199
6·9	86·15	226·31	195
7·0	86·39	228·56	191
7·1	86·61	230·79	188
7·2	86·84	233·01	184
7·3	87·06	235·22	181
7·4	87·27	237·40	177
7·5	87·48	239·58	174
7·6	87·69	241·74	171
7·7	87·89	243·89	168
7·8	88·09	246·02	165
7·9	88·28	248·14	162
8·0	88·47	250·24	160
8·1	88·66	252·34	157
8·2	88·85	254·45	154
8·3	89·03	256·48	152
8·4	89·20	258·53	150
8·5	89·38	260·58	147
8·6	89·55	262·61	145
8·7	89·72	264·63	143
8·8	89·89	266·61	141
8·9	90·01	268·54	139
9·0	90·21	270·62	137
9·1	90·37	272·60	135
9·2	90·52	274·56	133
9·3	90·67	276·52	131
9·4	90·81	278·41	129
9·5	90·97	280·39	127
9·6	91·11	282·30	125
9·7	91·26	284·54	124
9·8	91·40	286·12	122
9·9	91·53	288·01	121

r	c $(v=c\sqrt{rs})$	$c\sqrt{r}=m$ $(v=m\sqrt{s})$	$\dfrac{1}{c^2 r}=n$ $(s=nv^2)$
10·0	91·67	289·89	0·0000119
10·1	91·80	291·76	117
10·2	91·94	293·62	116
10·3	92·06	295·47	114
10·4	92·19	297·32	113
10·5	92·32	299·15	112
10·6	92·44	300·97	110
10·7	92·56	302·79	109
10·8	92·68	304·59	108
10·9	92·80	306·39	106
11·0	92·92	308·18	105
11·1	93·04	309·97	104
11·2	93·15	311·74	103
11·3	93·26	313·51	102
11·4	93·37	315·26	101
11·5	93·48	317·01	100
11·6	93·59	318·75	98
11·7	93·70	320·49	97
11·8	93·80	322·21	96
11·9	93·90	323·93	95
12·0	94·00	325·63	94
12·1	94·10	327·33	93
12·2	94·20	329·03	92
12·3	94·30	330·71	91
12·4	94·39	332·40	90
12·5	94·49	334·08	90
12·6	94·58	335·74	89
12·7	94·68	337·40	88
12·8	94·77	339·06	87
12·9	94·86	340·71	86
13·0	94·95	342·35	85
13·1	95·04	343·97	85
13·2	95·12	345·59	84
13·3	95·21	347·21	83
13·4	95·29	348·83	82
13·5	95·38	350·44	81
13·6	95·46	352·04	81
13·7	95·54	353·63	80
13·8	95·62	355·23	79
13·9	95·70	356·81	79
14·0	95·78	358·39	78
14·1	95·87	360·00	77
14·2	95·94	361·52	77
14·3	96·01	363·07	76
14·4	96·09	364·63	75
14·5	96·16	366·18	75
14·6	96·24	367·73	74
14·7	96·31	369·26	73
14·8	96·38	370·79	73
14·9	96·45	372·31	72
15·0	96·53	373·84	72
15·1	96·59	375·35	71
15·2	96·66	376·85	70
15·3	96·73	378·35	70

FLOW IN OPEN CHANNELS.

r	c $(v=c\sqrt{rs})$	$c\sqrt{r}=m$ $(v=m\sqrt{s})$	$\dfrac{1}{c^2 r}=n$ $(s=nv^2)$
15·4	96·79	379·85	0·0000069
15·5	96·86	381·35	69
15·6	96·93	382·83	68
15·7	97·00	384·33	68
15·8	06	385·81	67
15·9	12	387·28	67
16·0	19	388·75	66
16·1	25	390·21	66
16·2	31	391·67	65
16·3	37	393·12	65
16·4	43	394·57	64
16·5	49	396·02	64
16·6	55	397·46	63
16·7	61	398·88	63
16·8	67	400·33	62
16·9	72	401·74	62
17·0	78	403·16	62
17·1	84	404·58	61
17·2	89	405·99	61
17·3	95	407·40	60
17·4	98·00	408·82	60
17·5	06	410·21	59
17·6	11	411·60	59
17·7	17	413·00	59
17·8	22	414·40	58
17·9	27	415·77	58
18·0	32	417·15	57
18·1	37	418·51	57
18·2	42	419·89	57
18·3	47	421·73	56
18·4	52	422·62	56
18·5	57	423·97	56
18·6	62	425·32	55
18·7	67	426·67	55
18·8	72	428·02	55
18·9	76	429·38	54
19·0	81	430·71	54
19·1	86	432·05	54
19·2	90	433·37	53
19·3	95	434·71	53
19·4	99·00	436·03	53
19·5	04	437·34	52
19·6	08	438·36	52
19·7	13	439·97	52
19·8	17	441·28	51
19·9	21	442·59	51
20·0	26	443·90	51
30	102·24	..	..
40	103·83	..	..
50	104·83	..	..
60	105·51	..	..
70	106·00	..	..
80	106·37	..	..
100	106·90	..	..

CATEGORY V.

For Sections covered with Detritus, corresponding to those of the Streams in Canton Graubündten.

$$c = \sqrt{\dfrac{1}{0.000\,120 + \dfrac{0.000\,7}{r}}}$$

r	c	r	c	r	c
0·1	12	3	53	10	73
0·3	20	4	58	13	76
0·5	26	5	62	16	78
1	35	7	67	20	80
2	46				

10. Table of Experimental Values of Coefficients in the Formula $v = c\sqrt{rs}$ obtained from Velocity Observations.

Explanation.

The first three columns give the actual values of r, s, and v, as obtained by measurement; the fourth column gives the value of E, the coefficient resulting from experiment; the columns I. II. III. IV. give values of the corresponding calculated coefficients in these respective categories according to the formulæ of D'Arcy and Bazin; and the last column gives the difference.

The quantities are in Swiss feet. *E. Experimental / Calculated.*

| r | Fall per 1000. | v | \multicolumn{5}{c}{Coefficients.} | Remarks. |
			E	I.	II.	III.	IV.	Difference.	

I. Sections in Masonry, Semicircular.

a. Gerbebachschale.   Rather damaged.

0·197	237·3	10·31	58	90	52	··		III + 6	The successive decrements in these coefficients is due to the employment of an average, instead of an exact, value of r.
,,	185·2	9·58	55	,,	,,	··		,, + 0	
,,	167·9	9·33	51	,,	,,	23		,, − 1	
,,	137·5	9·05	50	,,	,,	,,		,, − 2	
,,	111·7	8·61	48	,,	,,	,,		,, − 4	

CHAP. I.] FLOW IN OPEN CHANNELS. 23

r	Fall per 1000.	v	Coefficients.					Remarks.
			E	II.	III.	IV.	Difference.	

b. G'rünnbachschale.   Rather damaged.

0·394	106·775	13·97	68	105	67	..	III + 1	} Little water, but clear.
0·385	99·270	13·54	69	104	66	..	„ + 3	
	82·850	12·00	69	103	64	..	„ + 5	
	106·775	19·48	73	..	78	40	„ − 5	} Turbid water with detritus.
	99·270	18·58	73	..	78	40	„ − 5	
	82·850	15·79	71	..	76	39	„ − 5	

c. Gontenbachschale.   New and well constructed.

0·328	46·425	10·66	86	101	62	..	III + 24	II − 15	} It is evident that these are means between Categories I. and II.
„	42·350	9·60	81	101	62	..	„ + 19	„ − 20	
0·375	46·425	11·15	84	104	65	..	„ + 19	„ − 20	
„	42·350	10·05	83	104	65	..	„ + 18	„ − 21	

d. Mill-leats, Diemerstein.   Section in Sandstone.

| 3·0 | 1·40 | 1·40 | 70 | 99 | 61 | .. | III + 9 |

r	Fall per 1000.	v	Coefficients.			Remarks.
			E	IV.	Difference.	

II. SECTIONS IN EARTH.

a. Brooks, Hübengraben, Hockenbach, Speyerbach, Lautercanal, Canal at Ried von Marmels, Canal in England.

0·6	1·300	1·45	52	39	IV + 13	The inclinations are generally low. The greatest differences occur with the least inclinations. The sections appear to be better than that allowed for by the formula, with the exception of the last but one, which is evidently strong.
0·9	0·778	1·46	56	46	„ + 10	
0·9	0·797	1·49	56	46	„ + 10	
1·5	0·667	1·85	59	56	„ + 3	
1·6	0·267	1·83	88	57	„ + 31	
1·8	0·664	2·14	61	60	„ + 1	
2·35	0·500	1·92	56	65	„ − 9	
2·50	0·063	1·13	91	67	„ + 24	

b. Chesapeake Ohio Speisecanal, River Hague, Yssel, Ohio (Point Pleasant), Rhine below the Yssel.

3·8	0·698	2·72	54	75	IV − 21	In the Chesapeake Ohio Speisecanal there is grass or weeds, and the inclination is high; this is expressed by the coefficients. The remainder have lower inclinations, and hence higher coefficients.
3·9	0·698	3·03	59	76	„ − 17	
5·1	0·165	2·49	87	81	„ + 6	
6·0	0·156	2·56	85	84	„ + 1	
6·2	0·117	2·77	105	84	„ + 21	
7·0	0·093	2·51	100	86	„ + 14	
7·9	0·117	2·92	97	88	„ + 9	

THE NEW FORMULA FOR MEAN VELOCITY. [CHAP. I

r	Fall per 1000.	v	Coefficients.			REMARKS.
			E	IV.	Difference.	

c. *The Tiber at Rome, the Rhine at Speyer, Waal, the Rhine at Pannerden, and at Byland.*

9·9	0·131	3·41	97	92	IV + 5	
9·9	0·112	2·96	89	92	„ − 3	
11·5	0·104	3·16	93	93	..	
11·7	0·100	3·28	98	94	„ + 4	
17·1	0·098	3·57	89	98	„ − 9	

d.- *Bayou Lafourche, Bayou Plaquemine, the Great Newka.*

13·0	0·044	2·79	119	95	IV + 24	Low inclination.
13·6	0·037	2·84	128	95	„ + 33	„ „
16·0	0·144	3·96	84	97	„ − 13	High inclination.
16·3	0·045	3·08	115	97	„ + 18	Low inclination.
16·8	0·036	2·81	129	98	„ + 31	„ „
18·1	0·015	2·05	127	98	„ + 29	„ „
19·1	0·206	5·20	.84	99	„ − 15	High inclination.

e. *Newa, Mississippi.*

46·4	0·014	3·23	145	102	IV + 43	Low inclination.
32·0	0·022	3·52	130	100	„ + 30	„ „
54·3	0·030	5·56	139	103	„ + 36	„ „
59·8	0·048	6·32	120	103	„ + 17	„ „
66·8	0·064	6·95	108	104	„ + 4	High inclination.
67·3	0·044	6·82	128	104	„ + 24	Low inclination.
68·6	0·068	6·96	103	104	„ − 1	High inclination.
74·4	0·017	5·89	166	105	„ + 61	Slight inclination.
75·1	0·020	5·93	154	105	„ + 49	„ „
77·0	0·003	4·03	253	105	„ +148	Very slight inclination.
78·3	0·004	3·98	234	105	„ +129	„ „ „

f. *Linth Canal.*

5·2	0·29	3·47	89	81	IV + 8	The Linth canal has a ra-
6·0	0·30	3·90	92	84	„ + 8	ther smoother section than
6·6	0·31	4·22	93	85	„ + 8	that of the Fourth Category.
7·2	0·32	4·49	93	87	„ + 8	Its coefficients run higher
7·6	0·33	4·83	96	88	„ + 8	than, but yet tolerably pa-
8·2	0·34	5·00	95	89	„ + 6	rallel to, those of D'Arcy and
8·4	0·34	5·14	96	89	„ + 7	Bazin.
8·7	0·35	5·31	96	90	„ + 6	
9·0	0·36	5·48	96	90	„ + 6	
9·3	0·37	5·62	95	91	„ + 4	

FLOW IN OPEN CHANNELS.

r	Fall per 1000.	v	Coefficients.			Remarks.
			E	IV.	Difference.	

III. Sections obstructed by Detritus.

a. Aar.

3·250	1·27	4·37	68	72	IV − 4	Some of the measurements
4·122	1·09	6·37	95	77	,, + 18	are doubtful. The influence
4·769	1·78	5·67	62	80	,, − 18	of the detritus is generally
5·597	1·09	7·38	94	83	,, + 11	very evident.
6·351	1·27	6·38	71	85	,, − 14	
6·900	1·87	5·93	52	86	,, − 34	
7·350	1·78	7·05	62	87	,, − 25	
8·819	0·14	2·04	58	90	,, − 32	
11·855	0·28	3·06	53	94	,, − 41	
12·005	0·10	2·30	66	94	,, − 28	
15·510	0·10	3·53	90	97	,, − 7	
17·526	0·12	4·40	96	98	,, − 2	

b. Escher Canal.

3·815	3·00	6·46	60	75	IV − 15	The detritus is large.
4·487	3·00	7·80	67	78	,, − 11	
4·821	3·00	10·87	90	80	,, + 10	?

c. The Meuse at Misox.

1·001	11·87	3·93	36	48	IV − 12	Influence of detritus.
1·217	11·87	5·63	47	52	,, − 5	,, ,, ,,
1·550	11·87	7·71	57	57	..	

d. The Rhine at Domleschgerthal.

0·255	5·77	1·27	33	26	IV + 7	Some of these results gene-
1·073	6·43	3·70	35	48	,, − 13	rally indicate the influence of
1·086	6·43	4·38	52	49	,, + 3	the detritus.
1·128	6·43	4·60	54	50	,, + 4	
1·335	6·43	5·13	55	54	,, + 1	
1·329	6·43	5·24	57	54	,, + 3	
1·344	7·73	4·83	45	54	,, − 9	
1·320	7·96	7·00	59	53	,, + 6	
1·366	7·73	3·91	38	54	,, − 16	
2·000	7·73	5·97	43	62	,, − 19	
1·970	7·96	7·20	55	62	,, − 7	
2·227	7·03	6·77	76	64	,, + 12	
2·429	7·73	6·07	44	66	,, − 22	
2·465	7·96	7·40	52	66	,, − 14	
2·997	7·55	7·25	48	70	,, − 22	
2·997	7·75	7·40	49	70	,, − 21	
2·997	7·96	7·54	49	70	,, − 21	
3·110	7·03	8·38	57	71	,, − 14	
3·195	7·96	8·83	52	72	,, − 20	
3·475	7·96	9·67	56	73	,, − 17	

r	Fall per 1000.	v	Coefficients.			Remarks.
			E	IV	Difference.	

e. The Plessur at Thur.

1·267	9·65	6·10	55	53	IV + 2	These results agree well generally, with the exception of two.
2·373	9·65	10·15	67	66	„ + 1	
3·531	9·65	10·36	56	73	„ − 17	
3·638	9·65	13·80	74	74	··	
3·650	9·65	14·17	75	75	··	
4·365	9·65	13·07	68	78	„ − 10	

f. The Rhine at Rheinwald.

0·423	14·20	2·37	31	33	IV − 2	
0·776	14·20	4·60	44	43	„ + 1	
1·229	14·20	6·13	46	52	„ − 6	

11. Remarks on the Series of Observations of D'Arcy and Bazin.

The 'Recherches Hydrauliques' of D'Arcy and Bazin contain fifty series, comprising three hundred and seventy measured observations of cases similar to the foregoing, which afford a large number of experimentally obtained coefficients c for the formula $v = c\sqrt{rs}$. We have plotted them to scale according to their respective categories, in conjunction with the curves of the coefficients calculated from the four formulæ; they indicate the following results:

Category I.— Very smooth Sections in Cement, planed Timber, etc.

The coefficients afforded by the series Nos. 2, 24, 25, 28, and 29, group themselves generally close to the calculated coefficients obtained by formula No. I.; in the semicircular sections in cement, series Nos. 24 and 25, the coefficients are higher than those of the formula, and increase very rapidly with the values of r.

Category II.—Sections in Ashlar, Brickwork, and Planking, etc.

The coefficients given by fifteen series agree very well with the curve of coefficients corresponding to formula No. I.; but the sections in plank show greater variability than those in stone, more especially those that are of a semicircular form. The results of the above very varied constructions of section show that the coefficients that correspond to rectilinear sections do not vary much.

Category II. to III.—Sections rougher than Ashlar, Brickwork, and Planking, but smoother than dry Rubble.

This new category adopted by ourselves, and placed as an arithmetic mean between Categories II. and III., is not mentioned by D'Arcy and Bazin. The necessity of this new category as a special class is, however, clearly shown from the examination of series Nos. 12, 13, 14, 27, 30, and 31, as well as those of the Gontenbachschale at Lake Thun. The series Nos. 12, 13, and 14 are rectangular sections in planking, the planks being $0·09$ foot wide, placed $0·033$ foot apart: series No. 27 is a semicircular section of firmly punned gravel $0·03$ to $0·07$ foot thick; the Gontenbachschale is also semicircular, but is made of new and well-constructed large dry rubble. In both sections the derived coefficients fall in a mean curve lying midway between those of Categories II. and III. The series Nos. 30 and 31 have very small sections of plank covered with canvas, and give coefficients which fall between those of formula No. II. and those of the new class midway between Categories II. and III.; they may hence be almost considered as belonging to Category No. II.

Category III.—Ordinary dry Rubble.

To this category belong series Nos. 4, 32, 33, 45, as well as those of the G'rünnbachschale and the Gerbebachschale at Merligen on Lake Thun, which are semicircular in section and much damaged.

Category III. to IV.—Worse than ordinary Rubble and better than Earthen Sections, being an arithmetic mean between Categories III. and IV.

This class is not proposed by D'Arcy and Bazin, but is a natural result of the examination of the following series: Series No. 5, rectangular, made of well punned gravel 0·10 to 0·15 foot thick; series Nos. 15, 16, and 17, sections in planks, nailed on transversely, 0·09 foot broad and 0·167 foot apart; series No. 35, bad masonry; series Nos. 44 and 46, rectangular, of damaged masonry, having their beds covered with stones and mud; lastly, the Alpbachschale at Meiringen, of old and very much damaged rubble.

Category IV.—Sections in Earth.

To this belong series Nos. 34, 37, 38, 41, 42, 47, 48, 49, and 50. Some of these are entirely in earth, without any vegetation on the bed or banks; some of bad masonry, covered with moss and plants, or having their beds covered with stones and mud; some rocky sections, etc. To this category also approximately belong a large number of observations on the Seine, Saone, Hayne, Canal du Jard, as well as those of the Swiss, and those of the American engineers on the Mississippi and its tributaries.

CHAP. I.]   FLOW IN OPEN CHANNELS.   29

Category V.—Sections obstructed by Detritus.

This is not one of D'Arcy and Bazin's categories, but is the result of observations on rivers having their beds and banks obstructed by detritus, principally those of La Ricca, Legler, etc. To this class belong series Nos. 36, 40, and 43, in the sections of which occur many plants, grass, rocks, and stone strewn about.

The determination of the final coefficients for all these classes will be subsequently explained. Further reference as to the observations of D'Arcy and Bazin may be made by consulting their 'Recherches Hydrauliques;' the remaining observations we have already given in the table at pages 25 and 26, paragraph 10.

12. THE COEFFICIENTS OF D'ARCY AND BAZIN FOR CALCULATING MEAN FROM MAXIMUM VELOCITIES.

The numerous and accurate observations of D'Arcy and Bazin have demonstrated that the ratio of mean to maximum velocity in any section, till lately believed to be from 0·80 to 0·83, is not a constant quantity, but a variable one, a fact also noticed by others. Their formula for calculating mean from maximum velocities is as follows:

$$\frac{v_x}{v_m} = 1 + 25\cdot 56 \sqrt{\frac{rs}{v_m^2}} \; ; \; \text{or} \; v_x - v_m = 25\cdot 56 \sqrt{rs}$$

where v_x is the maximum velocity, and v_m is the mean velocity. The following table of coefficients for calculating mean from maximum velocities, in the four categories, and corresponding to various values of r in Swiss feet, may be found useful. With reference to this subject it may be noticed that in a water-section of small depth the maximum velocity is at the surface, while in one of great depth it is below it; and that in a section of equal breadth and depth, the maximum velocity is at half the depth.*

* See 'Recherches Hydrauliques,' p. 152.

13. **Table of the Coefficients of D'Arcy and Bazin for calculating Mean from Maximum Velocities; being Values of the Ratio $\frac{v_m}{v_x}$ as previously explained.**

r	Category I.	Category II.	Category III.	Category IV.
0·1	0·80	0·74	0·62	..
0·2	0·83	0·78	0·67	0·51
0·3	0·83	0·79	0·70	0·54
0·4	0·84	0·80	0·72	0·56
0·5	0·84	0·81	0·74	0·58
0·6	0·84	0·81	0·75	0·60
0·7	0·84	0·82	0·76	0·62
0·8	0·85	0·82	0·76	0·63
0·9	0·85	0·82	0·77	0·64
1	0·85	0·82	0·77	0·65
2	0·85	0·83	0·80	0·71
3	..	..	0·80	0·74
4	..	..	0·80	0·75
5	..	..	0·81	0·76
6	..	..	0·81	0·77
7	..	..	..	0·77
8	..	..	..	0·78
9	..	..	..	0·78
10	..	..	..	0·78
11	..	..	..	0·78
12	..	..	..	0·79
20	..	..	..	0·79

14. **Examples Explanatory of the Use of the Table of Coefficients of D'Arcy and Bazin, given at pages 14 to 22.**

(Swiss feet are used in these examples, as well as in the table.)

Example 1. A channel of trapezoidal section with side slopes of 45° and an inclination, $s = 0·0008$, has to discharge 5 cubic feet per second at maximum, when the surface of the water will stand at 1 foot below the surface of the ground; the soil is loam, with one-third sand: what will the bottom width be, and what the depth of excavation?

The method of approximation is best suited to this case. The formula to be used is $v = c\sqrt{rs}$.

Assume as a first approximation a bottom width of 3 feet, and a depth at high water of 1 foot. Then the cross section will be 4 square feet, and the wetted perimeter will $= 3 + 2\sqrt{2} = 5 \cdot 8$, and r will $= \dfrac{4}{5 \cdot 8} = 0 \cdot 69$; the coefficient c corresponding to this value of r in Category IV. is $41 \cdot 11$, but as the soil is loamy and tolerably smooth we may take it as 42.

Applying these values in the formula we obtain

$$v = 42\sqrt{0 \cdot 69 \times 0 \cdot 0008} = 0 \cdot 987$$

and $q = 4 \times 0 \cdot 987 = 3 \cdot 95$ cubic feet per second instead of 5 cubic feet per second.

In order to correct this, either the bottom width or the depth of wetted section must be increased; the latter mode is preferable, on account of its occupying a smaller breadth of land.

Assuming therefore for a second approximation a depth of $1 \cdot 3$ feet, the cross section becomes $(3 + 1 \cdot 3) \times 1 \cdot 3 = 5 \cdot 59$ square feet, the wetted perimeter $3 + 2\sqrt{2 \cdot 6} = 6 \cdot 2$, r will $= 0 \cdot 9$, and c in Category IV. will $= 46$:

hence v will $= 46\sqrt{0 \cdot 9 \times 0 \cdot 0008} = 1 \cdot 24$,

and q will $= 1 \cdot 24 \times 5 \cdot 59 = 6 \cdot 93$ cubic feet per second.

As in the first approximation the discharge resulting from a depth of 1 foot was 1 cubic foot per second too little, and in the second, that from a depth of $1 \cdot 3$ feet was $1 \cdot 93$ cubic feet per second too much, we cannot be far wrong in putting the correct depth at $1 \cdot 1$ feet, the bottom width as 3 feet; and then the depth of excavation will be $2 \cdot 1$ feet.

Example 2. Obtain the bottom width and depth of a planked rectangular channel, which will have maximum discharge of 3·5 cubic feet per second, with an inclination of 0·001.

Assume for a first approximation a bottom width of 2 feet, and a depth of 1 foot.

Then the cross section = 2 square feet, the wetted perimeter = 4 feet, hence $r = 0·5$ foot, and c in Category II. will be 110.

Therefore

$$v = 110 \sqrt{0·5 \times 0·001} = 2·46 \text{ feet per second}$$

and

$$q = 2·46 \times 2 = 4·92 \text{ cubic feet per second.}$$

For a second approximation reduce the bottom width to 0·7 foot; the new quantities resulting are then, the cross section = 1·4 square feet, the wetted perimeter = 3·4 feet, $r = 0·41$, and $c = 105$, hence

$$v = 105 \sqrt{0·41 \times 0·001} = 2·13, \text{ and } q = 2·13 \times 1·4 = 2·93.$$

In the first case the discharge was 1·4 cubic feet too much, and in the second 0·52 too little; if then we assume a correct depth of 0·8 instead of 1·0 and 0·7 foot, the error will be very small. The sides of the channel will then be not more than 1 foot in height.

Example 3. To calculate the discharge of a channel.

a. The maximum discharge obtained by repeated observations with floats is 5·27 cubic feet per second; the section taken as a mean of those at the two ends and at the middle of the length of channel under observation, is 210 square feet, and the mean wetted perimeter is 57·5 feet.

Hence

$$r = \frac{210}{57·5} = 3·65.$$

The mean velocity is obtained from the maximum by applying a coefficient of reduction, given in the last table, of 0·75.
Hence
$$v = 0·75 \times 5·27 = 3·95,$$
and
$$q = 3·95 \times 210 = 829·5 \text{ cubic feet per second,}$$

or in round numbers 830.

b. If the inclination and dimensions of the channel are given, let the cross section be taken as 117 square feet, the wetted perimeter at 32 feet; and the inclination as $S = 0·000\,753$; then will $r = 3·656$, and c the coefficient will in Category IV. be 74·6.

Hence
$$v = 74·6 \sqrt{3·656 \times 0·000\,753}$$
$$= 74·6 \times 0·0525 = 3·92 \text{ feet per second,}$$
and
$$q = 3·92 \times 117 = 458·6 \text{ cubic feet per second,}$$

or in round numbers 460.

Example 4. What is the inclination to be given to a channel, having a maximum discharge of 3 cubic feet per second, that has to be conducted down sloping ground of a soil not allowing of a mean velocity of water of more than 3 feet per second?

Let the section be trapezoidal with side slopes of 1 to one, its bottom width 3 feet, and its depth 1 foot.

Then the cross section will be 4 square feet, the wetted perimeter 5·8 feet; and r will $= 0·69$, and the coefficient n for Category IV. will be $0·000\,862\,1$, and hence $S = n\,v^2$ $= 0·000\,862\,1 \times 9 = 0·0077$.

The suggestions afforded by these examples will aid in the choice of coefficients for various cases.

15. The Formulæ and Categories of Gauckler.

The two new formulæ of G. Ph. Gauckler, Engineer of the Ponts et Chaussées and the works on the Rhine at Colmar, are given in a treatise, 'Études Theoriques et Pratiques sur l'Écoulement et le Mouvement des Eaux,' in the Comptes Rendus of the Académie des Sciences. They are:

1st. For inclinations exceeding $0 \cdot 0007$, $\sqrt{v} = \alpha \sqrt[3]{r} \sqrt[3]{s}$.
2nd. For inclinations less than $0 \cdot 0007$, $\sqrt[3]{v} = \beta \sqrt[3]{r} \sqrt[3]{s}$.

These two equations may be reduced to the forms

$$v = \alpha^2 \sqrt[3]{r} \sqrt{rs},$$
$$v = \beta^4 \sqrt[3]{r^4 s}.$$

Mons. Gauckler, from a comparison of the observations of D'Arcy and Bazin, Dubuat, Woltmann, Brünings, Poirée, Emmery, and Léveillé, determines the values of α and β to be as follows in different sections, according to his six Categories for Swiss feet.

Categories.	Values of α	Values of β
1. Ashlar and cement	10·4 to 12·2	7·7 to 8·1
2. Ordinary good masonry	9·3 „ 10·4	7·2 „ 7·7
3. Sections with masonry side walls and the bottom in earth	8·3 „ 9·3	7·0 „ 7·2
4. Canals entirely in earth	7·0 „ 8·3	6·3 „ 7·0
5. Canals in earth, with grass on the sides	6·1 „ 7·0	6·0 „ 6·3
6. Rivers	..	5·8 „ 6·0

First as regards Gauckler's first formula: If we calculate a series of coefficients c for the general formula $v = c\sqrt{rs}$ from those given by Gauckler, for all his six categories, and for a series of values of r, and plot them to the same scale as the corresponding coefficients of D'Arcy and Bazin, we find that the limits of the former are much greater than those of the latter; for instance, for a value of $r = 2$, the coefficients of Gauckler's first formula vary between ·42 and 168, and those of Bazin between 62 and 145. We also notice that for very small values of r, in the first category the coefficients of D'Arcy and Bazin are higher than those of Gauckler, while in the last category they are lower, and that in the first category the successive increments of c generally rise more steadily according to Gauckler than according to D'Arcy and Bazin, while in the last category, and especially from $r = 0·01$ to $0·02$, they first decrease more rapidly, and afterwards increase more slowly than those according to D'Arcy and Bazin. We give here following the calculated coefficients of Gauckler for his six categories obtained from his first formula for Swiss feet.

Secondly, as regards Gauckler's second formula, suited to streams having inclinations less than $0·0007$, where $\sqrt[3]{v} = \beta \sqrt[3]{r} \sqrt[3]{s}$. We have calculated a large number of values of the coefficient β from the results of observation, and find that they correspond tolerably well with the Series Nos. 41 to 50 of D'Arcy and Bazin; while on the contrary the values of β are from $5·3$ to $5·4$, or less than the minimum fixed by Gauckler at $5·8$, for the observations on the Rhine at Germersheim of Grebenau, for those on the Linth canal, Nos. 5 to 10 of Legler, and for those on the Mississippi and its affluents in cases where the inclinations are considerable: again, when the inclinations on the Mississippi are small the values of β increase and reach $7·8$.

16. Table of Coefficients a for the First Formula of Gauckler, in his Six Categories, adapted to Swiss Feet.

r	1. $a =$ 10·389 to 12·222	2. $a =$ 9·289 to 10·389	3. $a =$ 8·311 to 9·289	4. $a =$ 6·966 to 8·311	5 and 6. $a =$ 6·111 to 6·966
0·05	66 to 91	52 to 66	42 to 52	29 to 42	23 to 29
0·1	74 ,, 102	59 ,, 74	47 ,, 59	33 ,, 47	25 ,, 33
0·2	83 ,, 114	66 ,, 83	53 ,, 66	37 ,, 53	29 ,, 37
0·3	88 ,, 122	71 ,, 88	57 ,, 71	40 ,, 57	31 ,, 40
0·4	93 ,, 128	74 ,, 93	59 ,, 74	42 ,, 59	32 ,, 42
0·5	96 ,, 133	77 ,, 96	61 ,, 77	43 ,, 61	33 ,, 43
0·6	99 ,, 137	79 ,, 99	63 ,, 79	45 ,, 63	34 ,, 45
0·7	102 ,, 141	81 ,, 102	65 ,, 81	46 ,, 65	35 ,, 46
0·8	104 ,, 144	83 ,, 104	67 ,, 83	47 ,, 67	36 ,, 47
0·9	106 ,, 147	85 ,, 106	68 ,, 85	48 ,, 68	37 ,, 48
1·0	108 ,, 149	86 ,, 108	69 ,, 86	49 ,, 69	37 ,, 49
1·25	112 ,, 155	90 ,, 112	72 ,, 90	50 ,, 72	39 ,, 50
1·50	115 ,, 160	92 ,, 115	74 ,, 92	52 ,, 74	40 ,, 52
1·75	118 ,, 164	95 ,, 118	76 ,, 95	53 ,, 76	41 ,, 53
2·0	121 ,, 168	97 ,, 121	78 ,, 97	54 ,, 78	42 ,, 54
2·5	126 ,, 174	101 ,, 126	80 ,, 101	57 ,, 80	44 ,, 57
3	130 ,, 179	104 ,, 130	83 ,, 104	58 ,, 83	45 ,, 58
4	136 ,, 188	109 ,, 136	87 ,, 109	61 ,, 87	47 ,, 61
5	141 ,, 195	113 ,, 141	90 ,, 113	63 ,, 90	49 ,, 63
7	149 ,, 207	119 ,, 149	96 ,, 119	67 ,, 96	52 ,, 67
10	158 ,, 219	127 ,, 158	101 ,, 127	71 ,, 101	55 ,, 71
15	170 ,, 235	135 ,, 170	108 ,, 135	76 ,, 108	59 ,, 76
20	179 ,, 246	142 ,, 179	114 ,, 142	80 ,, 114	62 ,, 80

17. The Formation of a New and Final Set of Twelve Classes, instead of the previous Categories.

The fifty series of observations mentioned in Bazin's work comprise only a very small number of values of r, to which a moderate number of curves or equations are applicable. The same is the case, but in a higher degree, with the observations of Dubuat, Woltmann, Brünings, Poirée, Emmery, etc. Hence we may observe that the formulæ of Gauckler may with an extension of the values of a and β give quite as good results as those of D'Arcy and Bazin, and perhaps even better, as they are more comprehensive and include the

CHAP. I.]   FLOW IN OPEN CHANNELS.   37

extreme values of r. A series of coefficients however that are obtained directly from observed results of all degrees and conditions are far more useful and comprehensive; they are of more value to the practical engineer, as they possess an exactitude dependent entirely on the correctness of the observations, and at the same time offer to the scientific an opportunity for deriving theoretical deductions that may be quite as correct as any hitherto made.

Such a series of working coefficients c for the formula $v = c\sqrt{rs}$ adapted to Swiss feet, as are all the foregoing tables, are given in the following table.

They are separated into twelve new classes, in accordance with the various conditions under which the observations were made, and are dependent on the observations given in Series Nos. 1 to 50 of D'Arcy and Bazin, those of Dubuat, Poirée, Emmery, Léveillé, Funk, Brünings, Woltmann, and Bonati; also given in the 'Recherches Hydrauliques,' as well as others taken from the collection of Grebenau, and on the observations of engineers in Switzerland. These observations are referred to their respective classes in the following list.

From the evident incompleteness and deficiency for our purposes of this collection of observed results, it would be highly desirable to increase it by many more; more especially for the case of rivers and channels impeded by detritus.

18. THE NEW CLASSES OF COEFFICIENTS.

The series referred to are those of D'Arcy and Bazin.

Class I. Well-planed timber planks $\frac{1}{3}$ foot wide; rectangular.

Section, Series Nos. 28 and 29. Pure cement, semicircular.

Section, Series No. 24.

Class II. Pure cement, rectangular section, Series No. 2.

Cement with one-third fine sand from the Saone, semi-circular section. Series No. 25.

Class III. Planking, semicircular section, Series No. 26.

Class IV. Planking, mill-leats, rectangular, trapezoidal and triangular in section. Series Nos. 6, 7, 8, 9, 10, 11, 18, 19, 20, 21, 22, and 23.

In these the coefficients c increase with the inclinations, which vary from $0·001\,487$ to $0·008\,433$.

Class V. Small channels in ashlar and brickwork, rectangular sections. Series Nos. 1 (Baumgarten), 3, and 39.

Class VI. Planks covered with canvas, $\frac{1}{3}$ foot wide, rectangular sections. Series Nos. 30 and 31. Planking of laths $0·09$ foot wide, nailed at distances apart of $0·033$ foot, rectangular sections. Series Nos. 12, 13, and 14.

In these the coefficients c increase with the decrease of inclination. Well-punned gravel, $\frac{1}{3}$ to $\frac{2}{3}$ inch thick, semicircular section. Series No. 27.

Good dry rubble, semicircular section. Gontenbachschale at Lake Thun.

Class VII. Well-punned gravel, $\frac{1}{3}$ to inch thick, rectangular section. Series No. 4.

Rubble in cement, with the bed damaged and covered with mud, rectangular section. Series Nos. 32 and 33.

Good masonry in a well-constructed section, rectangular. Series No. 45.

Dry rubble of dressed stone, damaged, semicircular section. G'rünnbachschale and Gontenbachschale, at Lake Thun.

Class VIII. Well rammed gravel, 1 to $1\frac{1}{2}$ inches thick, rectaugular section. Series No. 5.

Dry rubble, in bad condition, trapezoidal section. Series No. 35.

Masonry, damaged, with the bottom covered with stones and silt, rectangular section. Series Nos. 44 and 46.

Planking, with boards 0·09 foot broad, nailed at distances of 1¾ inches apart; rectangular section. Series Nos. 15, 16, and 17.

Here the coefficients c increase with the decrease of inclination.

Dry rubble, old and much damaged, semicircular section. Alpbachschale at Meiringen.

Class IX. Small channels in earth, partly stony soil with a few plants, and partly muddy and covered with grass. Series Nos. 37, 38, 41, 47, 48, 49, and 50.

Masonry, in bad condition, with moss and weeds. Series Nos. 34 and 42.

Class X. Small channels in earth, with plants and grass, and strewn with stones. Series Nos. 36, 40, and 43.

Class XI. Streams and rivers. Baumgarten's observations forming Series Nos. 1, and 41 to 50. Those of Poirée and Emmery on the Seine, of Léveillé on the Saone, of Dubuat on the Jard and Hayne, of Funk on the Weser, of Brünings on the branches of the Rhine, of Woltmann (3 ?), of Bonati, etc., on the Po and Tiber, of Legler on the Linth canal, of Grebenau on streams and on the Rhine in Bavaria, of Humphreys and Abbot on the Mississippi and its affluents, of Destrem on the Great Newka and Neva, etc.

In these cases the coefficients c increase with the decrease of the inclination.

Class XII. Channels of rivers and canals impeded by detritus. Observations of La Ricca on the Rhine at Domleschgerthal and Rheinwald, on the Meuse at Misox, on the Plessur at Thur, and those of Legler on the Escher canal.

40 THE NEW FORMULA FOR MEAN VELOCITY. [CHAP. I.

19. TABLE SHOWING THE RANGE OF

r	I.	II.	III.	IV.	V.	VI.
0·02	..	..	..	..	..	..
0·02	76	..	..	..	..	30
0·045	..	..	..	..	..	..
0·050	90	..	..	..	..	46
0·06	..	..	..	..	..	..
0·075	100	..	..	..	..	55
0·08	..	..	..	..	..	..
0·10	106	..	..	..	..	61
0·12	..	..	..	..	..	..
0·14	..	..	..	76 to 95	..	..
0·16	126	..	..	79 „ 98	..	68
0·18	..	..	..	81 „ 100	..	..
0·20	130	117	..	83 „ 103	87	72
0·22	..	..	..	84 „ 105	..	..
0·24	..	..	..	86 „ 107	..	..
0·26	136	121	..	88 „ 109	..	76
0·28	..	..	..	89 „ 110	..	..
0·30	..	124	..	90 „ 111	94	79
0·32	..	..	..	92 „ 112	..	..
0·34	..	..	..	93 „ 114	..	..
0·36	..	..	..	94 „ 115	..	82
0·38	..	..	..	95 „ 116	..	..
0·40	136	129	109	96 „ 116	99	85
0·42	..	..	..	98 „ 117	..	..
0·44	..	..	..	99 „ 118	..	..
0·46	..	..	..	100 „ 118	..	87
0·48	..	..	..	100 „ 119	..	..
0·50	140	133	113	101 „ 120	103	89
0·55	..	..	..	103 „ 121	..	91
0·60	144	136	117	106 „ 122	107	93
0·65	..	..	..	107 „ 123	..	95
0·70	148	139	120	108 „ 124	111	96
0·75	..	..	..	110 „ 126	..	98
0·80	152	142	123	111 „ 127	114	99
0·85	..	..	..	112 „ 128	..	100
0·90	156	145	126	113 „ 128	117	101
0·95	..	..	..	114 „ 129	..	102
1·00	159	148	128	114 „ 130	121	103
1·10	162	150	130	..	124	105
1·20	165	152	132	..	127	107
1·30	..	..	..	..	130	..
1·40	..	..	..	..	133	..
1·50	..	..	..	..	136	..
1·60	..	..	..	..	139	..
1·70	..	..	..	..	142	..
1·80	..	..	..	..	145	..
1·90	..	..	..	..	148	..
2·00	..	..	..	..	151	..

CHAP. I.] FLOW IN OPEN CHANNELS. 41

OBSERVED COEFFICIENTS. (For Swiss feet.)

VII.	VIII.	IX.	X.	r	XI.	XII.
..	..	..	..	0·25	..	25 to 33
..	..	..	..	0·50	..	30 „ 42
..	..	..	..	0·75	..	33 „ 49
..	..	..	..	1·00	42 to 58	35 „ 54
..	..	..	..	1·5	..	39 „ 61
..	..	..	..	2·0	54 to 70	42 „ 66
..	..	..	..	2·5	..	44 „ 69
..	..	..	..	3·0	63 to 78	47 „ 72
..	..	..	..	3·5	..	49 „ 74
..	..	..	..	4·0	69 to 84	51 „ 77
..	..	..	..	4·5	..	53 „ 79
..	..	..	..	5	73 to 88	54 „ 81
57	38 to 52	..	..	6	76 „ 92	..
..	..	..	..	7	78 „ 95	..
61	..	..	..	8	81 „ 97	..
..	..	..	..	9	82 „ 99	..
65	42 to 58	..	..	10	84 „ 101	..
..	..	..	..	11	85 „ 102	..
..	..	..	..	12	86 „ 103	..
68	..	..	..	13	87 „ 104	..
..	..	..	..	14	88 „ 106	..
71	46 to 63	..	..	15	89 „ 107	..
..	..	..	..	16	90 „ 108	..
..	..	..	..	17	91 „ 108	..
73	..	..	..	18	91 „ 109	..
..	..	..	..	19	92 „ 110	..
75	49 to 66	..	..	20	92 „ 111	..
77	..	..	..	21	93 „ 111	..
78	52 to 70	..	..	22	93 „ 112	..
79	..	..	..	23	94 „ 113	..
80	54 to 72	..	..	24	94 „ 113	..
81	..	..	..	..	..	..
82	56 to 74	35 to 51	..	..	..	..
84	..	..	..	..	..	..
85	59 to 77	37 to 53	..	..	..	..
86	..	..	..	..	..	..
87	61 to 79	39 to 55	28 to 41	..	..	..
88	64 „ 81	41 „ 57	29 „ 43	..	..	..
90	66 „ 83	43 „ 58	30 „ 44	..	..	..
91	67 „ 84	45 „ 60	31 „ 46	..	..	..
92	69 „ 85	47 „ 62	33 „ 47	..	..	..
93	71 „ 87	49 „ 64	34 „ 48	..	..	..
94	72 „ 88	50 „ 65	35 „ 50	..	..	..
95	73 „ 90	52 „ 67	36 „ 51	..	..	..
96	75 „ 91	53 „ 69	37 „ 52	..	..	..
97	76 „ 92	55 „ 70	38 „ 53	..	..	..
98	77 „ 93	56 „ 72	38 „ 54	..	..	..

20. Determination of the Final Coefficients for the Twelve New Classes in Metrical Measures.

The four formulæ of D'Arcy and Bazin have the form:

$$v = \sqrt{\frac{rs}{a + \frac{\beta}{r}}},$$

while the general formula we have adopted as a basis is

$$v = c\sqrt{rs},$$

in which the coefficient c would be, according to D'Arcy and Bazin,

$$c = \sqrt{\frac{1}{a + \frac{\beta}{r}}},$$

in which the values of a and β for Swiss feet are

In Category I. $a = 0\cdot000\ 045,$ $\beta = 0\cdot000\ 004\ 5;$
,,   II. $a = 0\cdot000\ 057,$ $\beta = 0\cdot000\ 013\ 3;$
,,   III. $a = 0\cdot000\ 072,$ $\beta = 0\cdot000\ 060\ 0;$
,,   IV. $a = 0\cdot000\ 084,$ $\beta = 0\cdot000\ 350\ 0;$

and in our new Category V.

$$a = 0\cdot000\ 120, \quad \beta = 0\cdot000\ 700\ 0.$$

These quantities (a and β) being in all cases small and inconvenient, the formula may be improved by putting it into another form.

Reducing the expression $\dfrac{1}{a + \dfrac{\beta}{r}}$, it becomes

$$= \frac{1}{a} - \frac{\frac{1}{a} \times \frac{\beta}{r}}{a + \frac{\beta}{r}} = \frac{1}{a} - \frac{\frac{\beta}{ar}}{\frac{ar + \beta}{r}}$$

$$= \frac{1}{a} - \frac{\frac{\beta}{a}}{ar + \beta} = \frac{1}{a} - \frac{\frac{\beta}{a^2}}{r + \frac{\beta}{a}};$$

and putting $\frac{1}{a} = a$, and $\frac{1}{\beta} = b$, it becomes

$$= a - \frac{ab}{r+b},$$

and

$$c = \sqrt{a - \frac{ab}{r+b}}.$$

The values of c in each of the above categories for Swiss feet then become as follows, both in exact and in simplified round numbers:

In Category I.

$$c = \sqrt{22\,222 - \frac{2222}{r+0\cdot1}} \quad \text{or} \quad \sqrt{22\,000 - \frac{2200}{r+0\cdot1}}.$$

In Category II.

$$c = \sqrt{17\,544 - \frac{4093}{r+0\cdot2333}} \quad \text{or} \quad \sqrt{18\,000 - \frac{3600}{r+0\cdot2}}.$$

In Category III.

$$c = \sqrt{13\,899 - \frac{11\,574}{r+0\cdot8333}} \quad \text{or} \quad \sqrt{14\,000 - \frac{11\,200}{r+0\cdot8}}.$$

In Category IV.

$$c = \sqrt{11\,905 - \frac{49\,603}{r+4\cdot1666}} \quad \text{or} \quad \sqrt{12\,000 - \frac{48\,000}{r+4}}.$$

In Category V.

$$c = \sqrt{8333 - \frac{48\,611}{r+5\cdot8333}} \quad \text{or} \quad \sqrt{8000 - \frac{48\,000}{r+6}}.$$

The following is also a corresponding reduction and simplification of the same coefficients for metrical measures:

Category I.

$$c = \sqrt{\frac{1}{0\cdot000\,15 + \frac{0\cdot000\,004\,5}{r}}} = \sqrt{6667 - \frac{200}{r+0\cdot03}}.$$

Category II.

$$c = \sqrt{\dfrac{1}{0\cdot 000\,19 + \dfrac{0\cdot 000\,013\,3}{r}}} = \sqrt{5286 - \dfrac{370}{r + 0\cdot 07}}.$$

Category III.

$$c = \sqrt{\dfrac{1}{0\cdot 000\,24 + \dfrac{0\cdot 000\,060\,0}{r}}} = \sqrt{4160 - \dfrac{1040}{r + 0\cdot 25}}.$$

Category IV.

$$c = \sqrt{\dfrac{1}{0\cdot 000\,28 + \dfrac{0\cdot 000\,350\,0}{r}}} = \sqrt{3568 - \dfrac{4460}{r + 1\cdot 25}}.$$

Category V.

$$c = \sqrt{\dfrac{1}{0\cdot 000\,40 + \dfrac{0\cdot 000\,070\,0}{r}}} = \sqrt{2500 - \dfrac{4375}{r + 1\cdot 75}}.$$

The values of these expressions corresponding to different values of r, for metrical measures, are given in the following table:

r	I.	II.	III.	IV.	V.	r	I.	II.	III.	IV.	V.
0·01	40·8	25·7	12·6	5·3	3·8	0·8	80·2	69·6	56·3	37·3	28·0
0·03	57·7	39·7	21·1	9·2	6·5	0·9	80·3	69·9	57·1	38·7	29·1
0·05	64·6	46·8	26·4	11·7	8·3	1	80·4	70·1	57·7	39·8	30·1
0·07	68·3	51·3	30·2	13·8	9·8	2	··	··	··	46·9	36·5
0·10	71·6	55·6	34·5	16·3	11·6	3	··	··	··	50·2	39·7
0·15	74·5	59·9	39·5	19·6	14·0	4	··	··	··	52·2	41·7
0·2	76·1	62·4	43·0	22·2	16·0	5	··	··	··	53·5	43·0
0·3	77·9	65·3	47·7	26·3	19·1	6	··	··	··	54·4	44·0
0·4	78·8	66·9	50·6	29·4	21·6	7	··	··	··	55·0	44·7
0·5	79·3	67·9	52·7	31·9	23·6	8	··	··	··	55·5	45·3
0·6	79·7	68·7	54·2	34·0	25·3	9	··	··	··	56·0	45·7
0·7	80·0	69·2	55·4	35·8	26·7	∞	81·6	72·5	64·5	59·8	50·0

In the last-mentioned formulæ Bazin has adopted a mean value of the coefficients a and β for each category. These formulæ are wanting in mutual dependence, and have the disadvantage of having two variable coefficients, while that proposed by us has only one. It will also be observed, from an inspection of the formulæ and from the preceding table of Bazin's coefficients, that when $r = o$, $c = o$, and that when r is of infinite value, the values of c become $81\cdot65$, $72\cdot55$, $64\cdot55$, and $59\cdot76$, in their respective categories, results which would lead one to the almost inadmissible conclusion, that in rivers of unlimited dimensions the influences of various conditions of roughness of the surfaces of their channels would still be appreciable to an important degree in the discharge. Although the calculation of results based on infinite dimensions may be considered impossible, we cannot neglect the indications afforded by them, which in this case lead us to believe that, if in the case of a very large river, like the Mississippi, the channel were lined for certain distances with various materials, such as smooth cement, plank, rubble, ashlar, or coated with vegetation, then the resistance or friction resulting from these various degrees of roughness of surface would be so appreciable that its influence would be felt throughout the whole of such an enormous section of water, and the quantity of water discharged would be affected in the same way as is known to be the case in small canals—a very doubtful conclusion.

We know that the amount of resistance must be far less on the whole in very large rivers than in small channels, if we take it in proportion to the whole cross section of the water in each case. For example, if we take two cross sections, one of 10 and the other of 20,000 square mètres, the resulting resistances taken in proportion to the sections are as $0\cdot000\,01$ to $0\cdot000\,000\,02$. We therefore conclude that in a river of unlimited dimensions of section, the resistance would be infinitely small. We can also hence assume without error, that in the case of infinite dimensions the differences of influence of various degrees of roughness of the wetted perimeter are not constant quantities, and in this respect we would prefer the formula of Gauckler as more correct; it is, however, in itself unimportant which value in that case should be given to c, in the formula $v = c\sqrt{r\,s}$, for under either assumption v will be infinite.

To return to the formula $c = \sqrt{a - \dfrac{a\,b}{r+b}}$, already deduced from that of D'Arcy and Bazin; this may be much simplified by modifying it so as to include only one variable coefficient throughout all the categories; and if, in accordance with the results of previous examination, we put $a = 100$ in all categories, and obtain corresponding new values for b, the relation between the two coefficients, as well as the corresponding results, may be made to remain unaltered, whatever may be the values of r.

A further simplification of the above formula may be effected by reducing it to the form

$$c = a - \frac{ab}{\sqrt{r+b}}.$$

This simple formula has been found on trial to give at least as good results as those of D'Arcy and Bazin in obtaining values of the variable coefficient c.

As it appears that the four categories of D'Arcy and Bazin are both too few in number, and are placed at intervals apart that are far too large, we have effected a further improvement by departing from their system of categories, and adopting a system of classification of twelve classes suitable for practical employment in obtaining coefficients applicable to any observed dimensions and conditions.

We give here following a table of the values of these coefficients, calculated on our principles, and arranged according to our twelve new classes, for metrical measures; as well as a table of observed results, giving the differences in

CHAP. I.]   FLOW IN OPEN CHANNELS.   47

each case between the coefficient as practically and as theoretically obtained.

It will be noticed that these coefficients have not been modified so as to make any allowance for the influence of the inclination of the water surface, which we have previously shown to be important, in cases of high inclination combined with small values of r. This matter will be taken into consideration subsequently. At present we have confined ourselves to the more usual cases of ordinary inclination, and have contented ourselves with deducing one practical formula, that takes into consideration all other influences, that is supported both by the observed results of Bazin and those on the Mississippi, and is hence suited to general application.

21. VALUES OF THE CALCULATED COEFFICIENTS c FOR THE FORMULA $v = c\sqrt{rs}$, ARRANGED IN TWELVE CLASSES. (For Metrical Measures.)

r	I.	II.	III.	IV.	V.	VI.	VII.	VIII.	IX.	X.	XI.	XII.
0	0	0	0	0	0	0	0	0	0	0	0	0
0·01	45·5	40·0	33·3	27·0	22·2	18·2	15·2	12·2	9·7	7·6	5·6	3·9
0·03	59·0	53·6	46·4	39·0	33·1	27·8	23·6	19·4	15·7	12·4	9·4	6·6
0·05	65·1	59·9	52·9	45·3	39·0	33·2	28·6	23·7	19·4	15·5	11·8	8·4
0·07	68·8	63·9	57·0	49·5	43·1	37·1	32·1	26·9	22·2	17·8	13·7	9·8
0·10	72·5	67·8	61·2	53·9	47·5	41·3	36·1	30·5	25·4	20·6	15·9	11·5
0·15	76·3	72·0	65·9	58·9	52·5	46·2	40·9	35·0	29·4	24·1	18·9	13·7
0·2	78·8	74·9	69·0	62·3	56·1	49·8	44·4	38·3	32·4	26·8	21·1	15·5
0·3	82·0	78·5	73·2	67·0	61·0	54·9	49·5	43·2	37·1	31·0	24·7	18·4
0·4	84·0	80·8	76·0	70·1	64·4	58·4	53·0	46·7	40·4	34·1	27·5	20·6
0·5	85·5	82·5	77·9	72·4	66·9	61·1	55·8	49·5	43·2	36·7	29·7	22·5
0·6	86·6	83·8	79·5	74·2	68·9	63·3	58·1	51·8	45·5	38·9	31·7	24·1
0·7	87·5	84·8	80·7	75·6	70·5	65·1	59·9	53·8	47·4	40·7	33·4	25·5
0·8	88·2	85·6	81·7	76·8	71·9	66·5	61·5	55·4	49·0	42·3	34·9	26·8
0·9	88·8	86·4	82·6	77·9	73·0	67·8	62·9	56·9	50·5	43·8	36·2	28·0
1·0	89·3	87·0	83·3	78·7	74·0	69·0	64·1	58·2	51·8	45·0	37·5	29·1
2	··	··	··	··	··	··	··	··	60·3	53·7	45·9	36·7
3	··	··	··	··	··	··	··	··	65·0	58·7	50·9	41·5
4	··	··	··	··	··	··	··	··	68·3	62·1	54·5	45·0
5	··	··	··	··	··	··	··	··	70·6	64·8	57·3	47·8
6	··	··	··	··	··	··	··	··	72·5	66·8	59·5	50·1
7	··	··	··	··	··	··	··	··	74·0	68·5	61·3	52·0
8	··	··	··	··	··	··	··	··	75·2	69·9	62·9	53·7
9	··	··	··	··	··	··	··	··	76·3	71·1	64·2	55·1
∞	100	100	100	100	100	100	100	100	100	100	100	100

22. Table of observed Results, with their corresponding Coefficients.

Series of D'Arcy and Bazin.	Materials and Form of Section.	Mean Dimensions.				Class of Coefficient.
		r	s	Surface Breadth.	Depth.	
No. 28	Carefully planed timber—rectangular	0·022	0·00489	0·10	0·042	II
29	Carefully planed timber—rectangular	0·016	0·01524	0·10	0·024	I + 2
24	Pure cement—semicircular ..	0·250	0·00142	1·00	0·45	I + 2
2	,, rectangular ..	0·150	0·00506	1·81	0·18	II + 1
25	Cement with one-third sand—semicircular	0·260	0·00138	1·00	0·49	II
26	Unplaned plank—semicircular	0·280	0·00152	1·10	0·49	III − 2
21	,, trapezoidal	0·250	0·00152	1·40	0·38	IV
22	,,	0·200	0·00488	1·30	0·30	III − 3
23	,, triangular 45°	0·200	0 00465	..	0·57	III − 2
6	,, rectangular	0·200	0·00221	1·99	0·26	IV − 2
7	,, ,,	0·160	0·00489	1·99	0·19	III − 3
8	,, ,,	0·140	0·00816	1·99	0·16	III − 1
9	,, ,,	0·220	0·00147	1·99	0·28	IV − 1
10	,, ,,	0·140	0·00587	1·99	0·17	III − 1
11	,, ,,	0·130	0·00838	1·99	0·15	III
18	,, ,,	0·200	0·00460	1·20	0·28	III − 2
19	,, ,,	0·150	0·00427	0·80	0·25	IV + 2
20	,, ,,	0·100	0·00598	0·48	0·19	IV + 1
27	Rammed gravel— 0·01ᵐ· to 0·02ᵐ· thick—semicircular	0·230	0·00136	1·00	0·41	IV
4	0·01ᵐ· to 0·02ᵐ· thick—rectangular	0·200	0·00497	1·83	0·26	VII
5	0·03ᵐ· to 0·04ᵐ· thick—rectangular	0·220	0·00497	1·80	0·30	VIII − 3
	Laths nailed on—					
12	0·01ᵐ· apart—rectangular	0·230	0·00147	1·96	0·31	VI
13	0·01ᵐ· ,, ,,	0·170	0·00597	1·96	0·20	VI + 2
14	0·01ᵐ· ,, ,,	0·150	0·00886	1·96	0·18	VI + 2
15	0·05ᵐ· ,, ,,	0·290	0·00147	1·96	0·40	IX + 1
16	0·05ᵐ· ,, ,,	0·210	0·00600	1·96	0·27	IX + 1
17	0·05ᵐ· ,, ,,	0·190	0·00886	1·96	0·24	IX + 1
1·2	Ashlar—rectangular	0·540	0·00084	2·59	0·93	III + 1
39	,, ,, ...	0·180	0·00810	1·20	0·26	IV − 1
3	Brickwork ,, ...	0·170	0·00502	1·91	0·20	IV − 1

CHAP. I.] FLOW IN OPEN CHANNELS. 49

Series of D'Arcy and Bazin. No.	Materials and Form of Section.	Mean Dimensions.				Class of Coefficient.
		r	s	Surface Breadth.	Depth.	
32	Rubble, damaged and covered with silt—rectangular	0·160	0·10076	1·80	0·19	VII + ½
33	Ditto ditto— „	0·200	0·03686	1·80	0·27	VII + ½
1·4	Rough rubble „	0·190	0·06000	1·00	0·29	VIII − 2½
1·3	„ „	0·220	0·02900	1·00	0·36	VIII + 4
1·6	„ „	0·250	0·01400	1·00	0·47	VIII + 1½
1·5	„ „	0·270	0·01220	1·00	0·49	VIII − 1
44	Rough rubble, the bed covered with stones and silt—rectangular	0·450	0·00032	2·00	0·80	IX + 3
45	Ditto ditto—ditto	0·400	0·00032	2·00	0·70	IX
35	Ditto ditto, damaged—trapezoidal	0·370	0·01422	1·50	0·70	IX − 1½
	Gontenbachschale, at Lake Thun, dry rubble, new and in good order—semicircular	0·100	0·04400	1·70	0·18	V − 2
	G'rumbachschale, dry rubble, damaged—semicircular	0·140	0·09927	2·80	0·25	VII − 1
	Gerbebachschale, ditto ditto..	0·059	0·16800	1·14	0·00	VII − 2
	Alpbachschale at Meiringen, much damaged	0·220	0·02740	2·50	0·36	IX − 2
	Canals, Streams, and Rivers, in Earth.					
	Marseilles Canal—rounded	0·875	0·000430	6·00	1·35	X − 3½
	Jard Canal „	0·600	0·000400	6·00	1·35	XI + 2
	Chesapeake-Ohio Canal—rounded	1·122	0·000698	6·90	2·40	XII + 1
	Canal in England „	0·740	0·000063	5·40	1·20	IX + 2½
	Lauter Canal near Neuberg „	0·554	0·000664	9·00	0·55	XI + 2½
	Pannerden Canal „	3·120	0·000224	170·0	3·00	XI − 1¼
	Linth Canal—trapezoidal	2·400	0·000340	37·5	3·30	XI + 4
	Canal at Marmels „	0·705	0·000500	8·00	0·78	XI − 3
	Hübengraben „	0·179	0·001300	1·48	0·24	X + 2
	Hockenbach	0·266	0·000787	3·40	0·35	X + 1
	Speyerbach, 1	0·446	0·000667	5·00	0·60	X − 3

E

50   THE NEW FORMULA FOR MEAN VELOCITY.   [CHAP. I.

	Mean Dimensions.				Class of Coefficient.
	r	s	Surface Breadth.	Depth.	
Mississippi	20·000		760·0	35·0	X
Bayou Plaquemine	5·130	0·000170	84·0	7·8	XII − 2
Bayou La Fourche	4·000	0·000040	67·0	7·2	IX
Ohio	4·048	0·000093	325·0	2·4	X + 1
Tiber	2·883	0·000130	73·0	4·5	XI + 3
Newka	5·309	0·000015	270·0	6·4	IX − 1
Newa	10·796	0·000014	370·0	16·0	IX + 5
Weser (Schwartz)	2·900	0·000200	120·0	3·0	XI
Elbe	3·325	0·000310	˙96·0	3·3	XII
Rheinarme in Holland (Brünings)	3·800	0·000150	400·0	4·5	XI
Seine at Paris	3·700	0·000137	..	..	XI
Seine at Poissy, Triel, and Meulan	4·100	0·000070	..	..	XI − 2
Saone at Roconay	3·600	0·000040	..	..	XI − 3
Haine	1·600	0·000100	..	..	XI
Rhine at Speyer	2·964	0·000112	439·0	2·96	XI − 2
Rhine at Germersheim—pebbles	3·308	0·000247	228·2	..	XI + 2
Rhine at Basle—pebbles	2·100	0·001218	201·27	2·78	XII + 1
Lech—pebbles	0·963	0·001150	48·0	1·13	X + ½
Saalach—pebbles	0·422	0·001100	20·7	0·65	XI + 3
Salzach—pebbles	1·260	0·001200	115·0	3·60	XII + 2
Yssar	1·200	0·002500	50·0	1·35	XI + 1½
Plessur— pebbles	1·070	0·009650	13·0	1·40	XI + 2
Rhine at Rheinwald	0·240	0·014200	4·3	0·30	XI
Mosa at Misox	0·380	0·011875	4·0	0·40	XI
Rhine at Domleschgerthal	0·600	0·007500	5·0	0·75	XI − 6
Escher Canal	1·240	0·003000	22·0	1·50	XII + 4
Simme at Lenk	0·500	0·010500	..	..	XII + 2

CHAPTER II.

FLOW IN OPEN CHANNELS IN EARTH.

23. THE APPLICATION OF THE VARIOUS FORMULÆ OF EYTELWEIN, PATZIG, HAGEN, BORNEMANN, BRUNINGS, BAZIN, HAGEN (NEW), HUMPHREYS AND ABBOT, FOR DETERMINING DISCHARGES OF CANALS AND RIVERS IN EARTHEN CHANNELS.

It is of the utmost importance to the hydraulic engineer, that the velocity formulæ he may employ in his calculations of discharge and velocity for projected canals should be such as will yield trustworthy results; it is also of the greatest advantage to him that such tables as he uses for shortening the labour of calculation should not only be based on accurate formulæ, but should include velocities and discharges for all cases that occur in practice, of canals in channels in earth. We have undertaken the laborious and lengthy task of calculating such tables, with the object of supplanting those now existing that are based on erroneous or defective principles, and of affording undoubtedly accurate results even for channels of extremely large dimensions.

Vincent, in his 'Der Wiesenbau dessen Theorie und Praxis,' makes use of the well-known formula $v = c \sqrt{RJ}$ with the coefficient of Eytelwein, 92·9 for Prussian feet, and 50·9 for metrical measures. This in modern times has been shown to give results undoubtedly too large, the velocities in small canals and drains in earth being actually and invariably less than those calculated with that coefficient; this conclusion is also supported by our own evidence.

At page 71, of the edition of 1858, Vincent gives an example taken from Patzig's 'Praktische Rieselwirth,' in which the latter gives a discharge of 30 cubic feet per second for a case which, according to Eytelwein, would be 98 cubic feet per second; according to Bazin in Category IV., would be 66; and according to the new general formula of Ganguillet and Kutter, already mentioned in the 'Zeitschrift des Oesterreichischen Ingenieur und Architekten-vereins' for the year 1869, would be 64 cubic feet per second, for a coefficient of roughness $n = 0\cdot 03$; this last result is an exact arithmetical mean between those of Vincent and Patzig.

In order to compare the results obtained in extreme cases by the various formulæ, we give the following small table containing three examples taken from page 266 of Vincent's work; the two inclinations adopted throughout the three cases are the highest and lowest, and the sectional areas are the minimum, mean, and maximum. As to these results, we would observe that the results of Vincent and Eytelwein are entirely, and those of Hagen mostly, worthless.

An example for the calculation of discharges is given at page 35 of an article in the second number of the 'Cultur-Ingenieur,' by Wasserbau-Inspector Hess. The smallest discharge calculated for this example, from among the results of the formulæ of Eytelwein, Prony, Hagen (old), and Lahmeyer, is that of the last named, and is $45\cdot 89$ cubic feet per second. The following comparison of this result with those obtained by the newer formulæ of Bazin, Bornemann (Gauckler's system), Hagen (1868), and Ganguillet and Kutter, show that the whole of these last give results still smaller.

CHAP. II.]   FLOW IN OPEN CHANNELS IN EARTH.   53

Authors.	$a = 2$ Square feet.		$a = 22$ Square feet.	
	$J =$ 0·000 069 44	$J =$ 0·000 416 66	$J =$ 0·000 069 44	$J =$ 0·000 416 66
	Discharges in cubic feet per second.			
Vincent (Eytelwein)	1·07	2·62	20·19	49·44
Hagen (1868)	1·26	1·70	24·15	32·58
Bazin, Category IV. ..	0·43	1·06	12·63	30·91
Ganguillet and Kutter $n = 0·030$	0·40	1·03	10·56	27·52

Authors.	$a = 80$ Square feet.	
	$J = 0·000\ 069\ 44$	$J = 0·000\ 416\ 66$
	Discharges in cubic feet per second.	
Vincent (Eytelwein)	102·45	250·89
Hagen (1868)	115·76	156·08
Bazin, Category IV.	75·84	185·76
Ganguillet and Kutter $n = 0·030$	62·64	156·16

	Cubic Feet per Second.
Lahmeyer	45·89
Bazin, Category IV.	35·61
Bornemann (Gauckler)	39·80
Ganguillet and Kutter	
a. For channels in good order $n = 0·025$ ..	35·70
b. In moderately good order $n = 0·030$ ..	31·06
c. For channels obstructed with detritus, and strewn with stones, &c. .. .. $n = 0·035$ ..	26·80

25. THE FORMULA OF BORNEMANN AND HAGEN.

Besides the tables based on the above-mentioned formulæ, there are some of a Prussian hydraulician based on a formula $v = 83 \sqrt{RJ}$; it is perhaps almost needless to remark that this gives too high discharges for small canals in channels in earth, in the same way, though not to so great a degree, as the formula of Eytelwein. We may hence conclude that the results of the most modern experimental observations, which are those of Bazin, are not yet generally known and employed.

We have already in the 'Zeitschrift des Oesterreichischen Ingenieur und Architekten-vereins,' for 1869, commented on the inapplicability of any of the old formulæ that have single constant coefficients to all the various degrees of roughness of wetted perimeter; we have also mentioned that we have based our conclusions principally on the careful and valuable observations of D'Arcy and Bazin, recorded in the 'Recherches Hydrauliques,' Paris, 1865; we have besides proved that any formula must assume a binomial form in order to give correct variable values of C, the coefficient in the general formula $v = c \sqrt{RJ}$. This is the case in the new formula of Bornemann, $RJ = \gamma \dfrac{\sqrt[5]{J}}{\sqrt[5]{R}} \times v$ (see 'Civil-Ingenieur'), which we consider the best of the older formulæ. We have not, however, enough space here to enable us to support our opinion on this subject by bringing forward results of observation, and comparing them fully with the results of these various formulæ, and we therefore refer to our previously mentioned article for further information about this formula, as well as for fuller detail as to the derivation of the formula which we have adopted.

For a stronger recommendation of the new formula of Hagen we must refer the reader to the articles contained in the 'Königlich Akademie der Wissen-Schaften,' Berlin, 1868, . and the 'Mittheilungen des Hannoverschen Gerverbevereins,' 1868; and confine ourselves at present to the following remarks on it. This formula $v = 2\cdot425 \sqrt{R}\sqrt[4]{J}$ for metrical measures is deduced from the results of the observations of Von Brünings, made with his own tachometer, on the

CHAP. II.] FLOW IN OPEN CHANNELS IN EARTH. 55

lower Rhine, from 1790 to 1792, on the Waal, the Leck, and the Yssel, on those seventy-five years afterwards, the results of the observations of the Mississippi Commission given in Humphreys and Abbot's work, on those on the Seine at Paris, by Poirée, and on those on the Rigoles de Chazilly et de Grosbois by Bazin, or altogether on sixty-six cases. While leaving the term $\sqrt{R}$ unaltered, Mr. Hagen introduces the sixth root of the sine of the inclination, instead of its square root, into his formula, with the object of combining the results of the experience gained on the Mississippi with that on the European rivers: the introduction of this sixth root also leads Mr. Hagen to the conclusion that the coefficient of Eytelwein, 50·9 for metrical measures, gives velocities that are nearly three times too high. A conclusion that can only be correct in some cases.

In making the trials necessary for determining the exponents most appropriate for the inclination, there is no objection to leaving the term $\sqrt{R}$ in the formula unchanged as the resulting errors introduced are approximately the same, when the exponents of J are taken at either $\frac{1}{5}$ and $\frac{1}{6}$, or $\frac{1}{4}$ and $\frac{1}{5}$.

The American results (see Hagen's article) require an exponent of $\frac{1}{5}$ or $J^{\frac{1}{5}}$, those of the Netherlands require $J^{\frac{1}{6}}$, those of the Seine at Paris $J^{\frac{1}{3}}$ or $J^{\frac{1}{4}}$, and those of the Rigoles, $J^{\frac{1}{4}}$. Hence the question arises whether it would not be more advisable to give the term R any other exponent instead of $\frac{1}{2}$, which could be suitably applied to both R and J in the velocity formula. In the article referred to the maximum and minimum values of R occurring in large rivers and small canals have very properly been taken into consideration, while however it is remarkable that the extreme values of J have been neglected, although the essential distinction between the American and the European formulæ lies in the difference of the exponent assigned to the inclination. All the rivers as well as all the small canals compared in his article have low inclinations, in no case exceeding 0·001 : if rivers of high as well as those of low inclination had been included, as is absolutely essential in attempting to deduce a general formula, there is no doubt that some other exponent for J would have been adopted instead of $\frac{1}{6}$. As also in addition to this the influence of the degree of roughness of the wetted perimeter on the velocity of discharge has been entirely neglected, in spite of the evidence afforded by the observations of D'Arcy and Bazin, the new formula of Hagen thus becomes entirely useless in calculations of discharge of the small canals and drains of the agriculturist, where this influence has most effect. This formula also appears to be not suited to artificial channels of any description, but merely to rivers; while even in these the various grades of roughness of the wetted perimeter are doubtless productive of effect, and the results due to weeds and detritus in their channels cannot be justly neglected.

The formula of Humphreys and Abbot has been previously demonstrated to be useful only under special conditions, and to be perfectly useless for high inclinations; since, then, the exponent in their formula is merely raised from $\frac{1}{2}$ to $\frac{1}{4}$, the same defect will show itself to a greater degree in that of Hagen, where the exponent is $\frac{1}{6}$. For example, in a case of well-constructed channels in masonry in good order, having an inclination of 0·1, the formula of Humphreys and Abbot gives only one quarter, and that of Hagen only one-eighth, of the actually observed velocity of discharge. In cases of lower inclination the differences are not so great.

We have compared several hundred results of observations on rivers of various hydraulic inclinations having the same degree of roughness of surface of channel, as well as similar values of R, and tried them in the expression

$$\frac{v_0}{v_1} = \left(\frac{J_0}{J_1}\right)^x;$$

but we have never found x to be $\frac{1}{8}$; on the Mississippi alone it was found to be $\frac{1}{4}$, while in most cases it was approximately from $\frac{2}{3}$ to $\frac{1}{3}$, or averaged $\frac{1}{2}$.

If we plot a series of values of c, for the formula $c = \frac{v}{\sqrt{RJ}}$, that have been obtained from observed results, and put them as ordinates to a series of abscissæ representing the corresponding values of R, they will be seen to show a steady increase corresponding to the increase of the values of R: these increments being greatest among the smaller values of R, and less among the greater, the resulting curve falling off very much indeed among the least values of R, showing that at last when R is infinitely small, $c = 0$.

When, however, we plot in the same way the coefficients of the Eytelwein formula, they give us a horizontal straight line, having an ordinate of $50 \cdot 9$; and when we plot those of the formula of Hagen, in which $C = \frac{2 \cdot 425}{\sqrt[3]{J}}$; we find them to vary not with R, but with J. These widely opposed deductions show how it is that both the formula of Eytelwein and Hagen often give results that are positively impossible;—a fact that is also true of the formula of Humphreys and Abbot.

26. SAFE BOTTOM VELOCITIES.

Before going on to our own formula and our tables of velocities and discharges, we will take the opportunity of mentioning the maximum velocities determined by Dubuat as suitable to channels in various descriptions of soil, which are taken from Morin's 'Aide Mémoire de Mécanique Pratique,' p. 63, 1864. The first column in the following table gives the safe bottom velocity, and the second the mean velocity of the cross section; the formula by which these are calculated is

$$v_m = v_n + 6\sqrt{RJ}$$. for metrical measures.

We are unable, for want of observations, to judge how far these figures are trustworthy. The inclinations certainly have no influence in this case, as the corresponding velocities are mutually interdependent, but the variation of the depth of water is most probably of consequence, and in shallower depths the soil of the bottom is possibly less easily and rapidly damaged than in greater depths, under similar conditions of soil and of inclination. Yet this effect is not very large, while that of the actual velocity of the water is of the highest importance. Hence it appears that these figures may be assumed to be rather disproportionately small than too large, and we therefore recommend them more confidently.

1. Soft brown earth	0·076	0·100
2. Soft loam	0·152	0·200
3. Sand	0·305	0·400
4. Gravel	0·609	0·800
5. Pebbles	0·914	1·200
6. Broken stone, flint	1·220	1·700
7. Conglomerate, soft slate	1·520	2·000
8. Stratified rock	1·830	2·500
9. Hard rock	3·050	4·000

27. The Derivation of the New Formula for Coefficients of Mean Velocity.

The derivation of this formula is entirely omitted in the articles of the 'Cultur-Ingenieur,' the reader being referred to the 'Zeitschrift des Oesterreichischen Ingenieur und Architekten-vereins,' 1869, where it is given at full length with explanatory diagrams.

The following brief mention of the mode in which the formula is derived, is therefore extracted from that work with the view of supplying in a small degree the information that Mr. Kutter was from want of space compelled to omit in his article in the 'Cultur-Ingenieur.'

The formulæ of Bazin have the general form

$$v = \sqrt{\frac{R J}{a + \frac{\beta}{R}}} \quad \text{where } c = \sqrt{\frac{1}{a + \frac{\beta}{R}}}$$

putting

$$\frac{1}{a} = a \text{ and } \frac{1}{\beta} = b$$

it becomes

$$v = \sqrt{\frac{a \cdot R \cdot J}{1 + \frac{b}{R}}} \quad \text{where } c = \sqrt{\frac{a}{1 + \frac{b}{R}}} \quad (1)$$

or by adopting other coefficients, $a', b',$ or a'', b'', it may be put into either of the forms

$$c = \frac{a'}{1 + \frac{b'}{\sqrt{R}}} \quad (2) \quad \text{or } c = \frac{a''}{1 + \frac{b''}{R}} \quad (3)$$

A tabulation of these coefficients, together with those based on observed results, is necessary to determine which of these three coefficients is most correct; we therefore attach the following tabulated results for the series Nos. 24, 2, 26, 6, 9, 32, 33, and 17 of D'Arcy and Bazin, which comprise values of the coefficients c, as calculated according to the three formulæ already mentioned, and their differences from the actual values of c, as obtained by observation in those series.

VALUES OF THE COEFFICIENTS c—(*Metrical*).

Observed. (c)	Formula 1. (c_1)	Differences.	Formula 2. (c_2)	Differences.	Formula 3. (c_3)	Differences.
			Series No. 24.			
73·0	73·0	0·0	73·0	0·0	73·0	0·0
76·8	77·6	+0·8	77·2	+0·4	77·8	+1·0
78·2	80·0	+0·8	79·7	+1·5	80·1	+1·9
81·4	81·4	0·0	81·2	−0·2	81·5	+0·1
82·2	82·5	+0·3	82·4	+0·2	82·6	+0·4
83·3	83·3	0·0	83·3	0·0	83·3	0·0
83·1	84·0	+0·9	84·1	+1·0	83·9	+0·8
84·3	84·6	+0·3	84·7	+0·4	84·4	+0·1
86·4	84·9	−1·5	85·2	−1·2	84·7	−1·7
86·9	85·2	−1·7	85·7	−1·2	85·1	−1·8
87·4	85·6	−1·8	86·1	−1·3	85·4	−2·0
87·9	85·7	−2·2	86·2	−1·7	85·5	−2·4
Totals of differences		10·3	..	9·1	..	12·2
			Series No. 2.			
63·3	63·3	0·0	63·3	0·0	63·3	0·0
68·0	67·7	−0·3	67·7	−0·9	68·0	0·0
69·0	70·0	+1·0	69·2	+0·2	70·3	+0·3
71·9	71·2	−0·7	70·5	−1·4	71·5	−0·4
71·9	72·2	+0·3	71·6	−0·3	72·4	+0·5
73·4	72·9	−0·5	72·4	−1·0	73·1	−0·3
73·6	73·5	−0·1	73·0	−0·6	73·6	0·0
74·0	73·9	−0·1	73·5	−0·5	74·0	0·0
74·5	74·3	−0·2	74·0	−0·5	74·3	−0·2
74·5	74·6	+0·1	74·4	−0·1	74·6	+0·1
74·9	74·8	−0·1	74·8	−0·1	74·9	0·0
75·1	75·1	0·0	75·1	0·0	75·1	0·0
Totals of differences		−3·4	..	5·6	..	1·8

CHAP. II.]   FLOW IN OPEN CHANNELS IN EARTH.   61

Observed. (c).	Formula 1. (c_1).	Differences.	Formula 2. (c_2).	Differences.	Formula 3. (c_3).	Differences.

Series No. 26.

59·4	59·4	0·0	59·4	0·0	59·4	0·0
62·9	64·2	+1·3	63·7	+0·8	64·5	+1·6
66·5	66·4	−0·1	65·7	−0·8	66·8	+0·3
67·9	68·1	+0·2	67·6	−0·3	68·5	+0·6
68·0	69·4	+1·4	68·9	+0·9	69·7	+1·7
69·5	70·3	+0·8	69·9	+0·4	70·6	+1·1
68·8	71·1	+2·3	70·7	+1·9	71·3	+2·5
70·7	71·6	+0·9	71·3	+0·6	71·8	+1·1
70·7	72·2	+1·5	71·9	+1·2	72·3	+1·6
72·0	72·6	+0·6	72·4	+0·4	72·7	+0·7
72·0	73·0	+1·0	72·9	+0·9	73·0	+1·0
73·1	73·3	+0·2	73·2	+0·1	73·3	+0·2
73·5	73·5	0·0	73·5	0·0	73·5	0·0
Totals of differences		10·3		8·3		12·4

Series No. 6.

49·8	49·8	0·0	49·8	0·0	49·8	0·0
52·3	54·8	+2·5	53·8	+1·5	54·7	+2·4
55·0	57·3	+2·3	56·6	+1·6	57·7	+2·7
57·0	58·9	+1·9	58·2	+1·2	59·3	+2·3
57·2	60·0	+2·8	59·5	+2·3	60·4	+3·2
60·2	60·8	+0·6	60·3	+0·1	61·1	+0·9
60·7	61·9	+1·2	61·5	+0·8	62·1	+1·4
60·7	62·2	+1·5	61·7	+1·0	62·3	+1·6
61·9	62·6	+0·7	62·3	+0·4	62·6	+0·7
62·2	63·0	+0·8	62·8	+0·6	62·8	+0·6
63·7	63·2	−0·5	63·2	−0·5	63·0	−0·7
63·6	63·6	0·0	63·6	0·0	63·6	0·0
Totals of differences		14·8		10·0		16·5

Series No. 9.

49·3	47·2	−2·1	47·9	−1·4	46·2	−3·1
53·7	53·7	0·0	53·7	0·0	53·7	0·0
58·2	59·9	+1·7	59·5	+1·3	60·2	+2·0
61·6	63·0	+1·4	62·7	+1·1	63·3	+1·7
64·2	65·0	+0·8	64·9	+0·7	65·2	+1·0
66·5	66·5	0·0	66·5	0·0	66·5	0·0
67·2	67·8	+0·6	67·9	+0·7	67·6	+0·4
Totals of differences		6·6		5·2		8·2

62 THE NEW FORMULA FOR MEAN VELOCITY. [CHAP. II.

(Observed. (c)).	Formula 1. (c_1).	Differences.	Formula 2. (c_2).	Differences.	Formula 3. (c_3).	Differences.

Series No. 32.

37·5	37·5	0·0	37·5	0·0	37·5	0·0
41·2	41·5	+0·3	41·4	+0·2	41·7	+0·5
42·7	43·8	+1·1	43·7	+1·0	43·9	+1·2
45·1	45·1	00	45·1	0·0	45·1	0·0
Totals of differences		1·4	..	1·2	..	1·7

Series No. 33.

39·9	39·9	0·0	39·9	0·0	39·9	0·0
44·9	43·9	+2·0	43·8	+1·9	44·1	+2·2
45·1	45·8	+0·7	45·6	+0·5	45·9	+0·8
47·0	47·0	0·0	47·0	0·0	47·0	0·0
Totals of differences		2·7		2·4		3·0

Series No. 17.

26·9	26·9	0·0	26·9	0·0	26·9	0·0
28·3	29·8	+1·5	29·4	+1·1	29·9	+1·6
30·8	32·0	+1·2	31·6	+0·8	32·1	+1·3
32·3	33·1	+0·8	32·8	+0·5	33·2	+0·9
33·4	33·8	+0·4	33·6	+0·2	33·9	+0·5
34·0	34·3	+0·3	34·2	+0·2	34·3	+0·3
34·7	34·7	0·0	34·7	0·9	34·7	0·0
Totals of differences		4·2		2·8		4·6

COLLECTION OF TOTALS OF DIFFERENCES.

Series 24	..	10·3	..	9·1	..	12·2
,, 2	..	3·4	..	5·6	..	1·8
,, 26	..	10·3	..	8·3	..	12·4
,, 6	..	14·8	..	10·0	..	16·5
,, 9	..	6·6	..	5·2	..	8·2
,, 32	..	1·4	..	1·2	..	1·7
,, 33	..	2·7	..	2·4	..	3·0
,, 17	..	4·2	..	2·8	..	4·6
Totals	..	53·7	..	44·6	..	60·4

CHAP. II.] FLOW IN OPEN CHANNELS IN EARTH. 63

The above is conclusive in demonstrating that formula No. 2 is the best of the three, and that it yields results at least as good as the established formula of Bazin; assuming therefore this form

$$c = \frac{a'}{1 + \frac{b'}{\sqrt{R}}}$$

and inverting it, it becomes

$$\frac{1}{c} = \frac{1 + \frac{b'}{\sqrt{R}}}{a'} = \frac{1}{a'} + \frac{b'}{a'} \times \frac{1}{\sqrt{R}};$$

and this is the equation to a straight line, whose abscissa $= \frac{1}{\sqrt{R}}$, and whose ordinates are $\frac{1}{c}$; the distance of its intersection with the axis of the ordinates from the origin of the co-ordinates is $\frac{1}{a'}$, and the tangent of its inclination with the axis of the abscissæ is $\frac{b'}{a'}$.

A practical examination and comparison of these plotted coefficients with the results of observation on the Seine, Saone, Weser, a branch of the Rhine in Holland, and the Linth canal, show that this equation to the straight line does not hold entirely good, and that the observed results on the contrary indicate a curvature; it also shows that a' is not a constant quantity, but is dependent on the value of b'; so that b' may either be taken as $= na'$ or $= n^2 a'$, where n represents the coefficient of roughness of the natural surface of the wetted perimeter.

Putting therefore the equation into the form

$$c = \frac{z}{1 + \dfrac{x}{\sqrt{R}}},$$

z may $= \dfrac{a}{\sqrt{n}}$ in which case $x = nz = a\sqrt{n}$,

or z may $= \dfrac{a}{n}$ in which case $x = n^2 z = an$.

After much examination, and further comparison, the following form is finally established as preferable:

$$z = a + \frac{l}{n}, \text{ and hence } x = nz - l = an;$$

and by introducing these quantities, the equation becomes

$$c = \frac{z}{1 + \dfrac{x}{\sqrt{R}}} = \frac{a + \dfrac{l}{n}}{1 + \dfrac{an}{\sqrt{R}}}.$$

We have, however, already shown that in very large rivers the coefficients c, obtained from observation, decrease with the increase of the inclination of the water-surface; and that the formula, in order to be rendered applicable to all cases whatever, must therefore be modified by introducing a term to suit the extremes of inclination, as well as the extreme limits of sectional area. When $R =$ infinity, c will $= z$, and the coefficients z will have their values represented by a hyperbolic curve; the terms of the equation to which curve can then be practically determined.

Hence, putting

$$z = A + \frac{m}{J}$$

the coefficients of the formula become

$$z = a + \frac{l}{n} + \frac{m}{J}$$

$$x = nz - l = \left(a + \frac{m}{J}\right)n,$$

CHAP. II.] FLOW IN OPEN CHANNELS IN EARTH. 65

and the formula itself takes the final form,

$$c = \frac{a + \frac{l}{n} + \frac{m}{J}}{1 + \left(a + \frac{m}{J}\right)\frac{n}{\sqrt{R}}}.$$

The effect of the introduction of these quantities into the equation is shown by comparing its values with those of the observed results on the Mississippi and other large rivers, after plotting their curves. They are found to be not only in accordance with them, but also with the following series of Bazin, Nos. 6, 8, 9, 11, 12, 14, 15, 17, 32, and 33. The form of the new general formula is hence perfectly established. The values of its various terms are deduced for metrical measures from a geometrical consideration of the hyperbolic curve plotted from it, and its coincidence with that obtained from the Mississippi observations at ten points in its length. Giving to R and J successively their ultimate values, and taking again the first general form of the equation

$$c = \frac{z}{1 + \frac{x}{\sqrt{R}}}$$

in which the new value of z will be $A + \frac{m}{J}$ after the introduction of the new term; in the extreme case, when J is of infinite value, A will $= a + \frac{l}{n}$, and this is found to be $= 60$ for metrical measures, and

$$\frac{1}{\sqrt{R}} = l, \text{ which is found } = 1,$$

and

$$\frac{1}{c} = n = 0 \cdot 027 \text{ for the Mississippi;}$$

hence

$$\frac{l}{n} = \frac{1}{0 \cdot 027} = 37;$$

therefore

$$a = A - \frac{l}{n} = 60 - 37 = 23.$$

Taking again the equation $z = A + \frac{m}{J}$; m will be the tangent of the inclination of the asymptote with the axis of abscissæ; this straight line having as abscissæ the values of $\frac{1}{J}$ and as ordinates the values of z; for the extreme case of $J = 0\cdot000\,003\,63$ and $z = 487$ as determined from the curve, we obtain from the equation $z = A + \frac{m}{J}$ where $A = 60$

$$m = 0\cdot00155.$$

The values of n are in the same way obtained by plotting observed results; and are found to vary between $0\cdot009$ and $0\cdot040$; their values as thus obtained are given in the following tables, as are also those of $a + \frac{l}{n}$ for various values of n, and those of $\frac{m}{J}$ for various values of J.

The values of x and z in the formula

$$c = \frac{z}{1 + \dfrac{x}{\sqrt{R}}}$$

are besides given for six successive values of n, namely $n = 0\cdot010, 0\cdot012, 0\cdot013, 0\cdot017, 0\cdot025,$ and $0\cdot030$, in the table immediately following them.

Substituting the values of the coefficients deduced in this manner in the formula

$$c = \frac{a + \dfrac{l}{n} + \dfrac{m}{J}}{1 + \left(a + \dfrac{m}{J}\right)\dfrac{n}{\sqrt{R}}}$$

CHAP. II.]   FLOW IN OPEN CHANNELS IN EARTH.   67

it becomes for metrical measures

$$c = \frac{23 + \dfrac{1}{n} + \dfrac{0\cdot 00155}{J}}{1 + \left(23 + \dfrac{0\cdot 00155}{J}\right)\dfrac{n}{\sqrt{R}}}$$

the formula for mean velocity of discharge thus becoming

$$v = \left\{\frac{23 + \dfrac{1}{n} + \dfrac{0\cdot 00155}{J}}{1 + \left(23 + \dfrac{0\cdot 00155}{J}\right)\dfrac{n}{\sqrt{R}}}\right\}\sqrt{RJ}$$

28. TABLE GIVING THE OBSERVED VALUES OF THE CO-EFFICIENT n, CORRESPONDING TO THEIR DATA OF OBSERVATION, IN METRICAL MEASURES.

No.	The Series of Bazin.	R	J	Breadth at water surface.	Depth.	n
28	Carefully planed plank	0·022	0·0048922	0·10	0·042	0·0096
29	,, ,,	0·016	0·0152370	0·10	0·024	0·00870
24	In cement—semicircular	0·250	0·0014243	1·00	0·45	0·01005
2	,, rectangular	0·150	0·0050600	1·81	0·18	0·01040
25	,, with one third sand—semicircular	0·260	0·0013802	1·00	0·49	0·01113
26	Plank—semicircular	0·280	0·0015227	1·10	0·49	0·01195
21	,, trapezoidal	0·250	0·0015213	1·40	0·38	0·01255
22		0·200	0·0048751	1·30	0·30	0·01190
23	Plank—triangular 45°	0·200	0·0046550	1·30	0·57	0·11900
6	,, rectangular	0·200	0·0022136	1·99	0·26	0·13000
7	,, ,,	0·160	0·0048889	1·99	0·19	0·01190
8	,, ,,	0·140	0·0081629	1·99	0·16	0·01150
9	,, ,,	0·220	0·0014678	1·99	0·28	0·01290
10	,, ,,	0·140	0·0058744	1·99	0·17	0·01170
11	,, ,,	0·130	0·0083805	1·99	0·15	0·01140
18	,, ,,	0·200	0·0045988	1·20	0·28	..
19	,, ,,	0·150	0·0042731	0·80	0·25	..
20	,, ,,	0·100	0·0059829	0·48	0·19	..
27	Rammed gravel— 0·01 to 0·02ᵐ thick—semi-circular	0·230	0·0013639	1·00	0·41	0·0163
4	0·01 to 0·02ᵐ thick—rect-angular	0·200	0·0049736	1·83	0·26	0·0170

No.	The Series of Basin.	R	J	Breadth at water surface.	Depth.	n
12	Battens placed— 0.01^m apart—rectangular	0·230	0·0014678	1·96	0·31	0·0149
13	0.01^m ,, ,,	0·170	0·0059664	1·96	0·20	0·0147
14	0.01^m ,, ,,	0·150	0·0088618	1·96	0·18	0·0149
15	0.05^m ,, ,,	0·290	0·0014678	1·96	0·40	0·0208
16	0.05^m ,, ,,	0·210	0·0059976	1·96	0·27	0·0211
17	0.05^m ,, ,,	0·190	0·0088618	1·96	0·24	0·0215
1·2	Ashlar—rectangular	0·540	0·0008400	2·59	0·93	0·0133
3	Brickwork ,,	0·170	0·0050250	1·91	0·20	0·0129
39	Ashlar—rectangular	0·180	0·0081000	1·20	0·26	0·0129
32	Rubble— Rather damaged—rectangular	0·160	0·1007600	1·80	0·19	0·0167
33	,, ,,	0·200	0·0368560	1·80	0·27	0·0170
1·4	,, ,, new	0·190	0·0600000	1·00	0·29	0·0180
1·3	,, ,, ,,	0·220	0·0290000	1·00	0·36	0·0184
1·6	,, ,, ,,	0·250	0·0140000	1·00	0·47	0·0182
1·5	,, ,,	0·270	0·0122000	1·00	0·49	0·0192
44	With deposits on the bed—rectangular	0·450	0·0003200	2·00	0·80	0·0204
46	,, ,,	0·400	0·0003200	2·00	0·70	0·0210
35	Damaged rubble—trapezoidal	0·370	0·0142210	1·50	0·70	0·0220

Other Observations.

The Series of Basin.	R	J	Breadth at water surface.	Depth.	n
Gontenbachschale, new rubble—semicircular	0·100	0·044000	1·70	0·18	0·0145
G'runnbachschale — semicircular—damaged	0·140	0·099270	2·60	0·25	0·0175
Gerbebachschale—semicircular—damaged	0·059	0·168000	1·14	0·09	0·0185
Alpbachschale — semicircular — much damaged	0·220	0·027400	2·50	0·36	0·0230
Marseilles Canal	0·875	0·000430	6·00	1·35	0·0244
Jard Canal	0·600	0·000400	..	1·35	0·0255
Chesapeake Ohio Canal	1·122	0·000698	6·90	2·40	0·0330
Canal in England	0·740	0·000063	5·40	1·20	0·0184
Lanter Canal, at Newbury	0·554	0·000664	9·00	0·55	0·0262
Pannerden Canal, in Holland	3·120	0·000224	170·00	3·00	0·0254
Canal of Marmels	0·705	0·000500	8·00	0·78	0·0301
Linth Canal	2·400	0·000340	37·50	3·30	0·0222
Hübengraben	0·179	0·001300	1·48	0·24	0·0237
Hockenbach	0·266	0·000787	3·40	0·35	0·0243
Speyerbach	0·446	0·000667	5·00	0·60	0·0260
Mississippi	20·000	0·000667	760·00	5·00	0·0270
Bayou Plaquemine	5·130	0·0001700	84·00	7·80	0·0204
Bayou Latorische	4·000	0·0000400	67·00	37·20	0·0200
Ohio, Point Pleasant	2·048	0·0000930	325·00	2·40	0·0210
Tiber, at Rome	2·883	0·0001300	73·00	4·50	0·0228
Newka	5·309	0·0000150	270·00	6·40	0·0252

CHAP. II.] FLOW IN OPEN CHANNELS IN EARTH. 69

The Series of Bazin.	R.	J	Breadth at water surface.	Depth.	n
Newa	10·796	0·0000140	370·00	6·00	0·0262
Weser	2·900	0·000200	120·00	3·00	0·0232
Elbe	3·325	0·000310	96·00	13·30	0·0285
Rhine, in Holland	3·800	0·000150	400·00	4·50	0·0243
Seine, at Paris	3·700	0·000137	..	..	0·0250
Seine, at Poissy, &c.	4·100	0·000070	..	..	0·0260
Saone, at Raconnay	3·600	0·000040	..	..	0·0280
Haine	1·600	0·000100	..	..	0·0260

Channels obstructed by Detritus.

	R.	J	Breadth	Depth.	n
The Rhine, at Speyer	2·964	0·000112	439·00	2·96	0·0260
Rhine, at Germersheim	3·308	0·000247	228·17	..	0·0227
Rhine, at Basle	2·100	0·001218	201·27	2·78	0·0300
Lech	0·963	0·001150	48·00	1·13	0·0220
Saalach	0·422	0·001100	20·70	0·65	0·0270
Salzach	1·260	0·001200	115·00	3·60	0·0280
Isaar	1·200	0·002500	50·00	1·35	0·0305
Escher Canal	1·240	0·003000	22·00	1·50	0·0300
Plessur	1·070	0·009650	13·00	1·40	0·0270
Rhine, at Rhinewald	0·240	0·01420	4·30	0·30	0·0310
Mösa, at Misox	0·380	0·01187	4·00	0·40	0·0310
Rhine, at Domleschgerthal	0·600	0·00750	5·00	0·75	0·0350
Simme, at Lenk	0·500	0·01050	..	..	0·0345

29. TABLE GIVING THE VALUES OF THE EXPRESSIONS $a + \dfrac{l}{n}$ AND $\dfrac{m}{J}$ FOR METRICAL MEASURES, CORRESPONDING TO VARIOUS VALUES OF n AND OF J RESPECTIVELY.

n	$a+\dfrac{l}{n}$	n	$a+\dfrac{l}{n}$	n	$a+\dfrac{l}{n}$
0·0090	134	0·0170	82	0·0250	63
0·0095	128	0·0175	80	0·0260	61
0·0100	123	0·0180	79	0·0270	60
0·0105	118	0·0185	77	0·0280	59
0·0110	114	0·0190	76	0·0290	57
0·0115	110	0·0195	74	0·0300	56
0·0120	106	0·0200	73	0·0310	55
0·0125	103	0·0205	72	0·0320	54
0·0130	100	0·0210	71	0·0330	53
0·0135	97	0·0215	70	0·0340	52
0·0140	94	0·0220	68	0·0350	52
0·0145	92	0·0225	67	0·0360	51
0·0150	90	0·0230	66	0·0370	50
0·0155	88	0·0235	66	0·0380	49
0·0160	86	0·0240	65	0·0390	48
0·0165	84	0·0245	64	0·0400	48

J	$\frac{m}{J}$	J	$\frac{m}{J}$	J	$\frac{m}{J}$
0·000000	∞	0·000050	31	0·00010	15·5
1	1550	51	30	11	14
2	775	52	30	12	13
3	517	53	29	13	12
4	387	54	29	14	11
5	310	55	28	15	10
6	258	56	28	16	10
7	221	57	27	17	9
8	194	58	27	18	9
9	172	59	26	19	8
0·000010	155	0·000060	26	0·00020	8
11	141	61	25	21	7
12	129	62	25	22	7
13	119	63	25	23	7
14	111	64	24	24	6
15	103	65	24	25	6
16	97	66	23	26	6
17	91	67	23	27	6
18	86	68	23	28	6
19	82	69	22	29	5
0·000020	77	0·000070	22	0·00030	5
21	84	71	22	31	5
22	70	72	22	32	5
23	67	73	21	33	5
24	65	74	21	34	5
25	62	75	21	35	4
26	60	76	20	36	4
27	57	77	20	37	4
28	55	78	20	38	4
29	53	79	20	39	4
0·000030	52	0·000080	19	0·00040	4
31	50	81	19	0·00050	3
32	48	82	19	0·00060	3
33	47	83	19	0·00070	2
34	46	84	18	0·00080	2
35	44	85	18	0·00090	2
36	43	86	18	0·001	1·55
37	42	87	18	2	0·8
38	41	88	18	3	0·5
39	40	89	17	4	0·4
0·000040	39	0·000090	17	5	0·3
41	38	91	17	6	0·3
42	37	92	17	7	0·2
43	36	93	17	8	0·2
44	35	94	16	9	0·2
45	34	95	16	0·010	0·15
46	34	96	16	0·100	0·02
47	33	97	16	∞	0·00
48	32	98	16		
49	32	99	16		

30. Table of the Values of the Expressions z and x, for Metrical Measures Corresponding to Different Values of n and J in the Formula

$$c = \frac{z}{1+\dfrac{x}{\sqrt{R}}}$$

$$z = a + \frac{l}{n} + \frac{m}{J} \text{ and } x = \left(a + \frac{m}{J}\right)n = nz - l$$

Inclination J	$n = 0.010$		$n = 0.012$		$n = 0.013$		$n = 0.017$	
	z	x	z	x	z	x	z	x
0·0000	∞	∞	∞	∞	∞	∞	∞	∞
0·0001	138·5	0·385	121·8	0·462	115·4	0·500	97·3	0·654
2	130·7	0·307	114·1	0·369	107·7	0·400	89·6	0·523
3	128·2	0·282	115·1	0·338	105·1	0·366	87·0	0·479
4	126·9	0·269	110·2	0·320	103·8	0·349	85·7	0·457
5	126·1	0·261	109·4	0·313	103·0	0·339	84·9	0·444
6	125·6	0·256	108·9	0·307	102·5	0·332	84·4	0·435
7	125·2	0·252	108·5	0·302	102·1	0·328	84·0	0·428
8	124·9	0·249	108·3	0·299	101·8	0·324	83·8	0·424
9	124·7	0·247	108·0	0·297	101·6	0·321	83·5	0·420
0·0010	124·5	0·245	107·9	0·295	101·5	0·319	83·4	0·417
20	123·8	0·238	107·1	0·285	100·7	0·309	82·6	0·404
30	123·5	0·235	106·8	0·282	100·4	0·306	82·3	0·400
40	123·4	0·234	106·7	0·281	100·3	0·304	82·2	0·398
50	123·3	0·233	106·6	0·280	100·2	0·303	82·1	0·396
60	123·3	0·233	106·6	0·279	100·2	0·302	82·1	0·395
70	123·2	0·232	106·5	0·279	100·1	0·301	82·0	0·395
80	123·2	0·232	106·5	0·278	100·1	0·301	82·0	0·394
90	123·2	0·232	106·5	0·278	100·1	0·301	82·0	0·394
0·0100	123·15	0·231	106·48	0·278	100·06	0·301	81·97	0·393
0·0200	123·08	0·230	106·41	0·277	99·99	0·300	81·90	0·392
0·0300	123·05	0·230	106·38	0·277	99·96	0·299	81·87	0·392
0·0400	123·04	0·230	106·37	0·276	99·95	0·299	81·86	0·392
0·0500	123·03	0·230	106·36	0·276	99·94	0·299	81·85	0·391
0·0600	123·03	0·230	106·36	0·276	99·94	0·299	81·85	0·391
0·0700	123·02	0·230	106·35	0·276	99·93	0·299	81·84	0·391
0·0800	123·02	0·230	106·35	0·276	99·93	0·299	81·84	0·391
0·0900	123·02	0·230	106·35	0·276	99·93	0·299	81·84	0·391
0·1000	123·01	0·230	106·34	0·276	99·92	0·299	81·83	0·391
∞	123·00	0·230	106·33	0·276	99·91	0·299	81·82	0·391

Inclination J.	$n = 0.025$		$n = 0.030$	
	z	x	z	x
0·000000	∞	∞	∞	∞
0·000001	1613·0	39·325	1606·3	47·190
3	579·7	13·492	573·0	16·190
5	373·0	8·325	366·3	9·990
7	284·4	6·111	277·8	7·333
0·000010	218·0	4·450	211·3	5·340
15	166·3	3·157	159·7	3·790
20	140·5	2·512	133·8	3·015
25	125·0	2·215	118·3	2·550
30	114·7	1·867	108·0	2·240
35	107·3	1·682	100·6	2·019
40	101·7	1·544	95·1	1·852
45	97·4	1·436	90·8	1·723
50	94·0	1·350	87·3	1·620
55	91·2	1·280	84·5	1·535
60	88·8	1·221	82·2	1·465
65	86·8	1·171	80·2	1·405
70	85·1	1·128	78·5	1·354
75	83·7	1·092	77·0	1·310
80	82·4	1·059	75·7	1·271
85	81·2	1·031	74·6	1·237
90	80·2	1·005	73·6	1·206
95	79·3	0·983	72·6	1·180
0·000100	78·5	0·962	71·8	1·155
150	73·3	0·833	66·7	1·000
200	70·7	0·769	64·1	0·922
300	68·2	0·704	61·5	0·845
400	66·9	0·672	60·2	0·806
500	66·1	0·652	59·4	0·783
600	65·6	0·640	58·9	0·767
700	65·2	0·630	58·5	0·756
800	64·9	0·623	58·3	0·748
900	64·7	0·618	58·0	0·741
0·001	64·55	0·614	57·88	0·736
0·002	63·77	0·594	57·10	0·713
0·003	63·52	0·588	56·85	0·705
0·004	63·39	0·585	56·72	0·702
0·005	63·31	0·583	56·64	0·699
0·006	63·26	0·581	56·59	0·698
0·007	63·22	0·580	56·55	0·697
0·008	63·19	0·580	56·52	0·696
0·009	63·17	0·579	56·50	0·695
0·01	63·15	0·579	56·48	0·694
0·02	63·08	0·577	56·41	0·692
0·03	63·05	0·576	56·38	0·691
0·04	63·04	0·576	56·37	0·691
0·05	63·03	0·576	56·36	0·691
∞	63·00	0·575	56·33	0·690

31. The Transformation of the Final Formula from Metrical into Swiss, English, and other Measures.

The general formula for coefficients of mean velocity as deduced in the preceding paragraph, is

$$c = \frac{z}{1+\dfrac{x}{\sqrt{R}}} \quad \text{where } c = \frac{v}{\sqrt{RJ}}$$

the terms of which are

$$z = a + \frac{l}{n} + \frac{m}{J}$$

$$x = \left(a + \frac{m}{J}\right)n.$$

In these formulæ

- v is the mean velocity of discharge;
- c is the coefficient of mean velocity;
- R is the hydraulic mean radius;
- J is the sine of the inclination of the water surface or fall in a length of 1;
- n is the natural coefficient, or coefficient dependent on the nature of the surface of the soil, or material over which the water flows;
- $a, l,$ and m are constant coefficients, determined from experimental observation in the mode already shown.

The expression giving the value of c in a single equation is

$$c = \frac{a + \dfrac{l}{n} + \dfrac{m}{J}}{1 + \left(a + \dfrac{m}{J}\right)\dfrac{n}{\sqrt{R}}}$$

and this is applicable to measures of any description that may be employed in the formula

$$v = c\sqrt{RJ}.$$

For metrical measures, the values of a, l, and m have been found to be respectively 23, 1, and 0·00155; and n for metrical as well as for all other measures has been found to vary between 0·008 and 0·050. The local values of n for various rivers, streams, and canals, have been already given in the table at pages 67 to 69, paragraph 28. Its general values, as suited to ordinary application, are

- 0·009 Well-planed timber.
- 0·010 Plaster in pure cement.
- 0·011 Plaster in cement, with one-third sand.
- 0·012 Unplaned timber.
- 0·013 Ashlar and brickwork.
- 0·015 Canvas lining on frames.
- 0·017 Rubble.
- 0·020 Canals in very firm gravel.
- 0·025 Rivers and canals in perfect order and regimen, and perfectly free from stones and weeds.
- 0·030 Rivers and canals in moderately good order and regimen, having stones and weeds occasionally.
- 0·035 Rivers and canals in bad order and regimen, overgrown with vegetation, and strewn with stones, or detritus of any sort.

The variable terms of the equation are v, c, R, and J; J, the inclination or fall in a length of unity, being a sine or a ratio, remains the same for all measures; in metrical measures R will be in mètres, v in mètres per second, and c is the corresponding coefficient of mean velocity.

The formula for metrical measures thus becomes

(1) $$v = \left\{ \frac{23 + \dfrac{1}{n} + \dfrac{0\cdot 00155}{J}}{1 + \left(23 + \dfrac{0\cdot 00155}{J}\right)\dfrac{n}{\sqrt{R}}} \right\} \sqrt{RJ}.$$

To transform this equation so as to be suitable to values of R and v in other measures, the constant coefficients a, l, m, require new values (n remaining the same), which will be obtained by multiplying those given for metrical measures by the square root of the ratio that the unit of the new system bears to the unit of the metrical system, or mètre.

FLOW IN OPEN CHANNELS IN EARTH.

The square roots of these ratios for the most useful and most general systems are:

	Ratio.	Square Root.
1. Metrical measures	1·000	1·000
2. English and Russian feet	3·281	1·811
3. Austrian feet	3·163	1·779
4. Prussian feet	3·186	1·785
5. Swiss and Baden feet	3·333	1·826

The equation for each of these sorts of measures then becomes as follows:

(2) For English and Russian feet,

$$v = \left\{ \frac{41\cdot6 + \frac{1\cdot811}{n} + \frac{0\cdot00281}{J}}{1 + \left(41\cdot6 + \frac{0\cdot00281}{J}\right)\frac{n}{\sqrt{R}}} \right\} \sqrt{R.J}\,.$$

(3) For Austrian feet,

$$v = \left\{ \frac{41 + \frac{1\cdot779}{n} + \frac{0\cdot00276}{J}}{1 + \left(41 + \frac{0\cdot00276}{J}\right)\frac{n}{\sqrt{R}}} \right\} \sqrt{RJ}\,.$$

(4) For Prussian feet,

$$v = \left\{ \frac{41 + \frac{1\cdot785}{n} + \frac{0\cdot00277}{J}}{1 + \left(41 + \frac{0\cdot00277}{J}\right)\frac{n}{\sqrt{R}}} \right\} \sqrt{RJ}\,.$$

(5) For Swiss feet,

$$v = \left\{ \frac{42 + \frac{1\cdot826}{n} + \frac{0\cdot00283}{J}}{1 + \left(42 + \frac{0\cdot00283}{J}\right)\frac{n}{\sqrt{R}}} \right\} \sqrt{RJ}\,.$$

This mode of reduction may be similarly applied to any other unit of measurement whatever. If the values of the coefficients and terms, c, x, and z, obtained through calculations in metrical measures require adaptation to other measures, they will in the same way require multiplying by the square root of the ratio that the new unit bears to the mètre. Thus if c the coefficient obtained for metrical measures either from a diagram or from tables or calculation is $50 \cdot 00$, its value for English measures will be $50 \times 1 \cdot 811 = 90 \cdot 55$, if we retain the same general formula $v = c\sqrt{RJ}$. In actual practice, however, the general formula $v = c \times 100\sqrt{RJ}$ is more convenient for English measures, as it affords a ready mode of at once reducing the number of cyphers in the term J; in this case then the corresponding coefficient would be $0 \cdot 9055$, or more simply $0 \cdot 91$.

It will have been noticed that the earlier tables in this work from the beginning up to page 42, par. 20, are in Swiss measures; and that all the later tables from that page to the end are in metrical measures. The former are principally tables of observed results, from Switzerland as well as elsewhere, and of reductions of Bazin's calculated coefficients arranged for purposes of comparison; as then these are never required by the hydraulic engineer as working tables for purposes of calculation; and as the Swiss is nearly equal to the English foot, no object would have been gained by reducing these tables into metrical measures in this translation, except an appearance of uniformity. As, however, there might be an occasional case in which a reduction of coefficients from Swiss into other measures might be required, we annex the following factors of reduction, which can be applied in the mode already described.

	Ratio.	Square Root.
1. Metrical measures	3·000	0·546
2. English and Russian feet	0·9843	0·992
3. Austrian feet	0·9489	0·974
4. Prussian feet	0·9558	0·977
5. Swiss and Baden feet	1·000	1·000

The following tables, for facilitating conversion of metrical into English measures, may also be occasionally of use.

CHAP. II.] FLOW IN OPEN CHANNELS IN EARTH. 77

32. CONVERSION TABLES FOR METRICAL MEASURES (Standard of 1872).

(From Jackson's Hydraulic Manual.)

Centimètres and Inches.

Units.	Inches into Centimètres.	Square Inches into Square Centimètres.	Cubic Inches into Cubic Centimètres.	Units.	Centimètres into Inches.	Square Centimètres into Square Inches.	Cubic Centimètres into Cubic Inches.
1	2·5392	6·4476	16·3721	1	0·3938	0·1551	0·0611
2	5·0785	12·8953	32·7441	2	0·7876	0·3102	0·1222
3	7·6177	19·3429	49·1162	3	1·1815	0·4653	0·1832
4	10·1569	25·7906	65·4883	4	1·5753	0·6204	0·2443
5	12·6961	32·2382	81·8603	5	1·9691	0·7754	0·3054
6	15·2354	38·6859	98·2324	6	2·3629	0·9305	0·3665
7	17·7746	45·1335	114·6045	7	2·7567	1·0856	0·4276
8	20·3138	51·5812	130·9766	8	3·1506	1·2407	0·4886
9	22·8531	58·0288	147·3486	9	3·5444	1·3958	0·5497
10	25·3923	64·4765	163·7207	10	3·9382	1·5509	0·6108

Measures of Length.

Units.	Feet into Mètres.	Chains into Decamètres.	Miles into Kilomètres.	Units.	Mètres into Feet.	Decamètres into Chains.	Kilomètres into Miles.
1	0·3047	2·0110	1·6089	1	3·2818	0·4972	0·6215
2	0·6094	4·0221	3·2177	2	6·5636	0·9945	1·2431
3	0·9141	6·0332	4·8266	3	9·8455	1·4917	1·8647
4	1·2188	8·0443	6·4354	4	13·1273	1·9890	2·4862
5	1·5235	10·0554	8·0443	5	16·4091	2·4862	3·1078
6	1·8282	12·0665	9·6532	6	19·6910	2·9835	3·7294
7	2·1329	14·0776	11·2620	7	22·9728	3·4807	4·3509
8	2·4376	16·0886	12·8708	8	26·2546	3·9780	4·9724
9	2·7423	18·0997	14·4797	9	29·5365	4·4752	5·5940
10	3·0471	20·1108	16·0886	10	32·8183	4·9725	6·2156

Measures of Weight.

Units.	Grains into Grammes.	Pounds into Kilogrammes.	Tons into Tonneaux.	Units.	Grammes into Grains.	Kilogrammes into Pounds.	Tonneaux into Tons.
1	0·0648	0·4536	1·0160	1	15·432	2·2046	0·9842
2	0·1296	0·9072	2·0321	2	30·864	4·4092	1·9684
3	0·1944	1·3608	3·0482	3	46·297	6·6138	2·9526
4	0·2592	1·8144	4·0642	4	61·729	8·8185	3·9368
5	0·3240	2·2679	5·0802	5	77·161	11·0231	4·9210
6	0·3888	2·7216	6·0963	6	92·594	13·2277	5·9053
7	0·4536	3·1751	7·1124	7	108·026	15·4323	6·8895
8	0·5184	3·6284	8·1284	8	123·458	17·6370	7·8737
9	0·5832	4·0824	9·1445	9	138·891	19·8416	8·8578
10	0·6480	4·5359	10·1605	10	154·323	22·0462	9·8421

Measures of Pressure.

Units.	Cwt. per Lineal Foot into Kilogrammes per Linear Mètre.	Pounds per Square Inch into Kilogrammes per Square Centimètre.	Tons per Square Inch into Tonneaux per Square Centimètre.	Units.	Kilogrammes per Linear Mètre into Cwt. per Lineal Foot.	Kilogrammes per Square Centimètre into Pounds per Square Inch.	Tonneaux per Square Centimètre into Tons per Square Inch.
1	15·4788	2·9246	6·5508	1	0·0646	0·3419	0·1526
2	30·9575	5·8492	13·1015	2	0·1292	0·6839	0·3053
3	46·4363	8·7739	19·6523	3	0·1938	1·0258	0·4579
4	61·9150	11·6985	26·2030	4	0·2584	1·3677	0·6106
5	77·3938	14·6231	32·7538	5	0·3230	1·7096	0·7632
6	92·8726	17·5477	39·3046	6	0·3877	2·0516	0·9159
7	108·3513	20·4724	45·8553	7	0·4523	2·3935	1·0685
8	123·8300	23·3970	52·4061	8	0·5169	2·7354	1·2212
9	139·3089	26·3217	58·9568	9	0·5815	3·0774	1·3738
10	154·7876	29·2463	65·5076	10	0·6461	3·4193	1·5265

CHAP. II.] FLOW IN OPEN CHANNELS IN EARTH. 79

MEASURES OF SURFACE.

Units.	Square Feet into Square Mètres.	Acres into Hectares.	Square Miles into Square Kilomètres.	Units.	Square Mètres into Square Feet.	Hectares into Acres.	Square Kilomètres into Square Miles.
1	0·0928	0·4044	2·5884	1	10·7704	2·4725	0·3863
2	0·1857	0·8089	5·1768	2	21·5409	4·9451	0·7727
3	0·2785	1·2133	7·7652	3	32·3113	7·4176	1·1590
4	0·3714	1·6178	10·3536	4	43·0817	9·8902	1·5454
5	0·4642	2·0222	12·9420	5	53·8521	12·3627	1·9317
6	0·5571	2·4266	15·5304	6	64·6226	14·8352	2·3180
7	0·6499	2·8311	18·1188	7	75·3928	17·3078	2·7043
8	0·7428	3·2356	20·7072	8	86·1634	19·7804	3·0908
9	0·8356	3·6399	23·2956	9	96·9339	22·2528	3·4770
10	0·9285	4·0444	25·8840	10	107·7043	24·7255	3·8634

MEASURES OF CAPACITY.

Units.	Cubic Feet into Cubic Mètres.	Gallons into Litres.	Bushels into Hectolitres.	Units.	Cubic Mètres into Cubic Feet.	Litres into Gallons.	Hectolitres into Bushels.
1	0·0283	4·5417	0·3633	1	35·347	0·2202	2·7522
2	0·0566	9·0835	0·7267	2	70·693	0·4404	5·5045
3	0·0849	13·6252	1·0900	3	106·040	0·6605	8·2567
4	0·1132	18·1669	1·4534	4	141·387	0·8807	11·0090
5	0·1414	22·7086	1·8167	5	176·733	1·1009	13·7612
6	0·1698	27·2504	2·1800	6	212·080	1·3210	16·5135
7	0·1980	31·7919	2·5433	7	247·427	1·5114	19·2657
8	0·2264	36·3338	2·9067	8	282·774	1·7614	22·0180
9	0·2547	40·8756	3·2700	9	318·120	1·9816	24·7702
10	0·2829	45·4173	3·6334	10	353·467	2·2018	27·5225

Continued.

1 ton per linear inch = 2·5798 tonneaux per linear centimètre.

1 pound per square foot = 420·941 kilogrammes per square centimètre.

1 cwt. per square foot = 47142 kilogrammes per square centimètre.

1 tonneau per linear centimètre = 0·3876 tons per linear inch.

1 kilogramme per square centimètre = 0·002 374 pounds per square foot.

1 kilogramme per square centimètre = 0·000 021 cwt. per square foot.

1 quintal = 100 kilogrammes = 0·1 tonneau = 0·0984 ton.
= 1·9684 cwt. = 220·4621 pounds.

Measures of Water Supply.

A Watering in Cubic Feet per Acre of		A Watering in Cubic Mètres per Hectare of	A Watering in Cubic Mètres per Hectare of		A Watering in Cubic Feet per Acre of
1000	=	11·44	100	=	8739
2000	=	22·88	200	=	17479
3000	=	34·32	300	=	26218
4000	=	45·76	400	=	34958
5000	=	57·20	500	=	43697
6000	=	68·64	600	=	52437
7000	=	80·08	700	=	61176
8000	=	91·52	800	=	69916
9000	=	102·96	900	=	78655
10000	=	114·40	1000	=	87395

A watering of 1000 cubic yards per acre = one of 308·9 cubic mètres per hectare.

A watering of 1000 cubic mètres per hectare = one of 3236·8 cubic yards per acre.

A supply of 0·01 cubic foot per second per acre = one of 0·1144 litre per second per hectare.

A supply of 1·00 litre per second per hectare = one of 0·0874 cubic foot per second per acre.

1 hectare = 10 000 square mètres.

1 litre = 0·001 cubic mètre.

CHAP. II.]   FLOW IN OPEN CHANNELS IN EARTH.   81

MEASURES OF HEAT. *old Fahr − 32°*

Old Fahrenheit.	Centigrade.	Reaumur.	Improved Fahrenheit.	Old Fahrenheit.	Centigrade.	Reaumur.	Improved Fahrenheit.
−13	−25	−20	−45	99·5	37·5	30	67·5
−10	−23·3	−18·6	−42	100	37·8	30·2	68
−8	−22·2	−17·8	−40	102	38·9	31·1	70
−4	−20	−16	−36	104	40	32	72·
0	−17·8	−14·2	−32	110	43·3	34·7	78
2	−16·7	−13·3	−30	112	44·4	35·6	80·
9·5	−12·5	−10	−22·5	120	48·9	39·1	88
10	−12·2	−9·8	−22	122	50	40	90·
12	−11·1	−8·9	−20	130	54·4	43·6	98
14	−10	−8	−18	132	55·6	44·4	100·
20	−6·6	−5·3	−12	140	60	48	108
22	−5·5	−4·5	−10	142	61·1	48·9	110·
30	−1·1	−0·9	−2	144·5	62·5	50	112·5
32	0	0	0	150	65·6	52·4	118·
				152	66·7	53·3	120
	Freezing point.			158	70	56	126·
35	1·7	1·3	3	160	71·1	56·9	128
40	4·4	3·6	8	162	72·2	57·8	130·
42	5·5	4·5	10	167	75	60	135
50	10	8	18	170	76·7	61·3	138·
52	11·1	8·9	20	172	77·8	62·2	140
54·5	12·5	10	22·5	176	80	64	144·
60	12·6	12·4	28	180	82·2	65·8	148
62	16·7	13·3	30	182	83·3	66·7	150·
68	20	16	36	189·5	87·5	70	157·5
70	21·1	16·9	38	190	87·8	70·2	158·
72	22·2	17·8	40	192	88·9	71·1	160
77	25	20	45	194	90	72	162·
80	26·7	21·3	48	200	93·3	74·7	168
82	27·8	22·2	50	202	94·4	75·6	170·
86	30	24	54	212	100·	80	180
90	32·2	25·8	58				
92	33·3	26·7	60		Boiling point.		

G

33. EQUIVALENTS OF FOREIGN MEASURES.

By Comparison with the Metrical Standards of 1872.

(From Jackson's Hydraulic Manual.)

The Feet of various Nations.

		Linear.		Square.		Cubic.	
		English Linear Feet.	Mètres.	English Square Feet.	Square Decimètres.	English Cubic Feet.	Cubic Decimètres or Litres.
1	English, American, and Russian foot	1·	0·3047	1·	9·2846	1·	28·2909
2	The mètre of France, Italy, Spain, and Portugal	3·2818	1·	10·7704	100·	35·3467	1000·
3	Rhein-fuss of Prussia, Denmark, and Norway	1·0299	0·3138	1·0609	9·8504	1·0928	30·9158
4	Austro-Hungarian and Bohemian Imperial foot	1·0375	0·3161	1·0762	9·9921	1·1164	31·5852
5	Swedish foot	0·9744	0·2969	0·9492	8·8130	0·9248	26·1629
6	Hanoverian foot	0·9586	0·2921	0·9189	8·5319	0·8809	24·9214
7	Bavarian foot	0·9580	0·2919	0·9174	8·5182	0·8788	24·8611
8	Wurtemberg foot	0·9402	0·2865	0·8840	8·2077	0·8311	23·5142
9	Baden foot, and Swiss (Vaud)	0·9846	0·3000	0·9693	9·0000	0·9544	27·0000
10	Portuguese foot	1·0830	0·3300	1·1729	10·8900	1·2702	35·9370
11	Spanish foot (Burgos)	0·9133	0·2783	0·8343	7·7469	0·7622	21·5623
12	Arabian foot	1·0502	0·3200	1·1029	10·2400	1·1582	32·7680

CHAP. II.]   FLOW IN OPEN CHANNELS IN EARTH.   83

EQUIVALENTS OF FOREIGN MEASURES OF LENGTH.

Miles.	In Local Measures.	Number in a degree of latitude.	English Statute Miles.	Kilomètres.
The geographical mile of England and America, and nautical mile of all nations	6076·98 ft.	60·	1·1509	1·8516
English statute mile since 1824	5280 ft.	69·06	1·	1·6089
Old English mile, now used on Indian canals	5000 ft.	72·93	0·9470	1·5236
Irish mile	6720 ft.	54·26	1·2728	2·0477
Scotch mile	5952 ft.	61·26	1·1273	1·8137
Kilomètre of France, Italy, Spain, and Portugal	1000 m.	111·10	0·6216	1·
Prussian and Danish post mile	24000 ft.	14·75	4·6816	7·5322
Austrian mile	24000 ft.	14·65	4·7136	7·5836
Russian verst	3500 ft.	104·18	0·6629	1·0604
Hungarian mile		13·33	5·1806	8·3350
Norwegian mile		10·	6·9055	11·1100
Swedish mile	36000 ft.	10·4	6·6395	10·6827
Belgian, Dutch, and Polish mile		20·	3·4527	5·5550
Wurtemberg geographical mile	26000 ft.	15·	4·6036	7·4067
Baden stunden	14815 ft.	25·	2·7622	4·4440
Bavarian mile of Anspach	28800 ft.	12·87	5·3666	8·6342
Swiss league	18000 ft.	20·58	3·3564	5·4000
Italian miglio		60·	1·1509	1·8516
Greek stadium (modern)		112·16	0·6156	0·9905
Arabian and Egyptian mile	6000 ft.	57·88	1·1933	1·9200
Portuguese milha	6236 ft.	54·	1·2788	2·0574
Spanish milla (Burgos)	5000 ft.	79·86	0·8650	1·3917
Turkish berri		66·66	1·0361	1·6670
Chinese li	360 paces.	199·72	0·3458	0·5563
Japanese ri	4 li.	49·93	1·3831	2·2253

G 2

Equivalents of Foreign Measures of Surface.

Acres.	In Local Measures.	English Acres.	French Hectares.	Acre-side in English Feet.
English and American acre	43 560 sq. ft.	1·	0·404 44	208·7
Irish acre	70 560 sq. ft.	1·6199	0·655 11	265·6
Scotch acre .. ·	55 353 sq. ft.	1·2708	0·513 92	235·3
French hectare	10 000 sq. m.	2·4725	1·	328·2
Russian dessatina	2 400 sq.sash	2·4954	1·092 50	343·0
Prussian morgen..	25 920 sq. ft.	0·6313	0·255 32	165·7
Wurtemberg morgen	38 400 sq. ft.	0·7793	0·315 17	184·1
Baden morgen	40 000 sq. ft.	0·8901	0·360 00	196·9
Amsterdam morgen	101 400 sq. ft.	2·0095	0·812 71	295·7
Polish morgow	67 500 sq. ft.	1·3843	0·559 87	245·4
Hanoverian morgen	30 720 sq. ft.	0·6476	0·261 92	167·7
Austrian jochart	57 600 sq. ft.	1·4230	0·575 54	249·0
Tyrolese jauchart	36 000 sq. ft.	0·8900	0·359 94	196·5
Swiss (Vaud) juchart	50 000 sq. ft.	1·1126	0·450 00	220·1
Norman journal	77 440 sq. ft.	2·0204	0·817 15	296·7
Bavarian tagwerk	40 000 sq. ft.	0·8425	0·340 73	191·6
Swedish tunnland	56 000 sq. ft.	1·2203	0·493 53	230·6
Danish toende-hartkorn ..	224 000 sq. ft.	5·4557	2·206 49	487·3
Piedmontese giornata.. ..	14 400 sq. ft.	0·9398	0·380 09	202·1
Venetian migliajo	25 000 sq. ft.	0·7474	0·302 30	180·1
Tuscan saccata	16 500 sq. br.	1·3895	0·561 97	245·7
Roman pezza	52 900 sq. pal.	0·6529	0·264 07	168·6
Arabian feddan	57 600 sq. ft.	1·4584	0·589 82	251·9
Portuguese geira	4 840 sq. va.	1·4480	0·585 64	251·3
Spanish cuadra cuadrada ..	22 500 sq. va.	3·9600	1·603 56	415·3
Spanish fanegada	82 944 sq. ft.	1·5888	0·642 56	262·8

CHAP. II.] FLOW IN OPEN CHANNELS IN EARTH. 85

EQUIVALENTS OF FOREIGN MEASURES OF CAPACITY.

WET AND DRY MEASURES.	Gallons.	Litres.	Side of Cube in English Feet.
English Imperial gallon of 10 lbs. water, 277·274 cub. inches ..	1·	4·54	0·543
Old English wine gallon (American) 231 cub. inches..	0·833	3·78	0·511
Old English beer gallon, 282 cub. inches	1·017	4·62	0·549
French litre, 1 cub. decimètre ..	·220	1·	0·328
Russian vedro	2·708	12·30	0·756
Prussian anker, ⅔ of a scheffel ..	7·564	34·35	1·065
Danish anker	8·242	37·43	1·096
Swedish anker	8·641	39·24	1·114
Dutch anker..	8·387	38·09	1·102
Austrian eimer	12·774	58·01	1·263
Bavarian eimer	15·066	68·42	1·340
Wurtemberg eimer	64·721	293·93	2·189
Swiss (Vaud) eimer	8·918	40·50	1·125
Turkish alma	1·154	5·24	0·569
Portuguese almude (Lisbon) ..	3·642	16·54	0·835
Spanish arroba (Castille)	3·554	16·14	0·828
	Bushels.	Litres.	Side of Cube in English Feet.
English Imperial bushel, 8 gallons	1·	36·33	1·087
Winchester bushel (American)..	0·969	35·22	1·074
French hectolitre..	2·7522	100·	1·523
Russian tschetvert	5·772	209·73	1·948
Prussian scheffel..	1·512	54·96	1·246
Danish skieppe	0·478	17·39	0·849
Bavarian scheffel..	6·119	222·35	1·986
Wurtemberg scheffel	4·878	177·23	1·842
Dutch schepel	0·275	10·	0·707
Austrian metze	1·693	61·49	1·293
Swedish spann	1·962	73·25	1·371
Portuguese fanga (Lisbon) ..	1·488	54·08	1·239
Spanish fanega (Castille)	1·572	57·15	1·262

Equivalents of Foreign Measures of Weight.

Pounds and Tons.	Equivalent in Distilled Water according to Local Measure.	English Grains.	French Grammes.
English pound avoirdupois .. nearly	$\frac{1}{62}$ of a cub. ft.	7000	453·6
English pound troy .. .. nearly	$\frac{1}{76}$ of a cub. ft.	5760	373·2
Old English and Scotch pound nearly	$\frac{1}{57}$ of a cub. ft.	7600	492·3
French kilogramme .. .. exactly	1 cub. decim.	15432	1000·
Prussian and Wurtemberg pound ..	$\frac{1}{60}$ of a cub. ft.	7217	467·7
Danish and Norwegian pound	$\frac{1}{56}$ of a cub. ft.	7707	499·4
Swiss (Vaud) pound	$\frac{1}{57}$ of a cub. ft.	7716	500·
Austrian and Bavarian pound		8642	560·
Russian pound		6317	409·4
Swedish skålpund		6535	423·5
Portuguese arratel		7083	459·
Spanish libra (Castille)		7099	460·
	In Local lbs.	English lbs.	Kilo- grammes.
English and American hundredweight	112	112	50·80
French quintal	100 kilog.	220·46	100·
Zollverein centner	100	110·23	50·
Prussian centner	110	113·43	51·45
Austrian centner	100	123·46	56·
Russian berkowitz	400	361·01	163·76
Danish centner	100	110·10	49·94
Swedish centner	120	112·05	50·82
Portuguese quintal	128	129·53	58·75
Spanish quintal (Castille)	100	101·42	46·00
English and American ton	2240	2240·	1016·05
French tonneau	1000 kileg.	2204·6	1000·
German ton (Hamburg)	2000	2135·8	968·80
Russian ton	2400	2166·0	982·53
Portuguese ton	1728	1748·5	793·15
Spanish tonelada	2000	2028·2	920·05

34. THE APPLICATION OF THE NEW FORMULA TO THE CALCULATION OF DISCHARGES IN OPEN CHANNELS IN EARTH, AND THE USE OF THE TABLES AND DIAGRAM.

The following tables of velocities and discharges in open channels in earth, having an object similar to those of Claudel for pipes, are intended principally for determining the dimensions of cross-section (the depth and bottom width) of any canal designed to carry a previously fixed amount of discharge with a given velocity under limited conditions of inclination. As in thèse we treat only of canals and channels in earth, and not of those in masonry, brickwork, or timber, we can confine ourselves to the three following grades of roughness of surface of cross-section, indicated by the three values of n, $0 \cdot 025$, $0 \cdot 030$, and $0 \cdot 035$ in our formula for metrical measures:

$$v = \left\{ \frac{23 + \frac{1}{n} + \frac{0 \cdot 00155}{J}}{1 + \left(23 + \frac{0 \cdot 00155}{J}\right)\frac{n}{\sqrt{R}}} \right\} \sqrt{R \cdot J}$$

First class.—Perfectly clear and well maintained channels in loamy earth, free from irregularities, and without stones, silt, or weeds, in which $n = 0 \cdot 025$.

Second class.—Channels, rather defectively maintained, having slight irregularities, as well as gravel, stones, and weeds occasionally, in which $n = 0 \cdot 030$.

Third class.—Very defectively maintained channels with great irregularities, and having grass, weeds, and large stones, in which $n = 0 \cdot 035$.

Although these grades are rather distant from each other, they will, in practice, be found to be close enough to render any intermediate degrees needless. We had at one time intended to include the results for these three classes in one table, but have since preferred the arrangement we have adopted, of making three separate tables, one for each class, as more convenient.

These tables are directly applicable to only one form of section, that shown in Figure 1, Plate I., a trapezoid with side slopes of $1\frac{1}{2}$ to 1; for this the true velocities and discharges are given direct; for the other forms of section, shown in Figure 2, the rectangle or the trapezoid with side slopes of 1 to 0·5, 1 to 1, 1 to 2, and 1 to 3, the velocities and discharges given for the original type of section must be reduced or modified by applying the percentages given in the additional small table constructed for that purpose, which immediately follows them. The following example will illustrate this method of reduction.

Example.—A channel of the first class, for which $n = 0·025$, having a fall of 1 per thousand, a bottom width of 5 mètres, and a depth of 0·8 mètre, will have its side slopes altered from $1\frac{1}{2}$ to 1, to 1 to 1, what will be the effect on the velocity and on the discharge?

An inspection of the additional table shows that the velocity given for the first case must be increased by 0·3 per cent. to obtain that for the second, and the discharge reduced by 9·1 per cent., the new velocity and discharge becoming

$$v = 0·910 + \frac{0·910 \times 0·3}{100} = 0·913 \text{ mètre per second.}$$

$$q = 4·513 - \frac{4·513 \times 9·1}{100} = 4·102 \text{ cubic mètres per second.}$$

It is generally found that in such cases the percentages of velocity and of discharge vary principally with the depth of channel and are not much affected by varying either the bottom width or the inclination.

For other sections not comprised in these tables, for which a percentage of reduction cannot be conveniently calculated, the coefficient corresponding to the special case under consideration may be obtained from the tables of coefficients, one of which accompanies and precedes those of velocity and discharge in each of the three classes; this coefficient can then be applied in the formula,

$$v = c \sqrt{RJ}$$

and the velocity and the discharge can then be calculated in the ordinary way. The values of the expression $\sqrt{RJ}$ have been tabulated by Mr. Kutter, but have been omitted in the 'Cultur-Ingenieur' for want of space; these, however, may be obtained from tables of other writers on hydraulics. For most ordinary purposes, however, this mode of determination will only be required for checking the velocities and discharges obtained direct from the tables.

Before using, as intended, the tables for reading off velocities and discharges, it will, of course, be necessary to decide whether the case under consideration is more nearly suited to the first, the second, or the third class, for which separate tables are given, or, in other words, whether the coefficient indicating the nature of the surface on which the water acts in the channel is nearer to 0·025, to 0·030, or to 0·035. Most cases fall in the second class, and intermediate classes are rarely required in actual practice. After deciding this point, and on referring to the tables, two quantities will be found to correspond to each inclination or fall per thousand and each bottom width; the upper of these, in thinner type, is the mean velocity of discharge per second in mètres, the lower, in thicker type, the discharge per second in cubic mètres corresponding to that velocity as well as to the inclination and the dimensions of cross section adopted.

Should any case happen to comprise any intermediates between the values of the dimensions or quantities, the velocities or discharges, given in the tables, there will be no need to calculate them independently, they can easily be interpolated by proportionate differences which may be added or subtracted, as the limits within which the differences of the quantities given in the tables are kept are such as to allow this to be done with sufficient accuracy.

The following examples will explain the use of the tables.

Example 1. A channel is required to discharge 5 cubic mètres per second with an inclination of 0·008, or 0·8 per thousand; its section to be trapezoidal, with side slopes of $1\frac{1}{2}$ to 1; and the highest water level in the canal is to be 0:3 mètre below the surface of the ground; the soil is clay, with one-third sand and earth; what will be the depth from the ground surface to the bottom of the channel?

The surface of the section being in smooth soil, and the channel being supposed to be kept in good order by yearly cleansing, the case may be considered as one of the first class. Now as with the given inclination several sections of different forms and dimensions may discharge the required quantity of water, it becomes a question whether greater depth and less bottom width or greater bottom width and less depth is to be preferred.

The following are the tabular depths and bottom widths that will allow of the discharge of 5 cubic mètres per second

Depths 0·8 mètre.   Bottom widths 6·3 mètres.
  „   1·0   „   „   4·0   „

and if we assume that a bottom width of 5·0 mètres would be the most convenient, the depth corresponding to this, obtained by proportionate differences, will be 0·91 mètre, and the depth from ground level to the bottom of the canal will be $0·30 + 0·91 = 1·21$ mètres.

Example 2. Required the mean velocity of discharge of a channel having an inclination of 0·5 per thousand, and a bottom width of 10 mètres, with side slopes of $1\frac{1}{2}$ to 1, first, when the depth of water is 1·5 mètres; secondly, when it is 1·45 mètres.

The mean velocity for neither of these cases being given direct by the tables, an intermediate velocity has to be obtained by proportionate differences.

		Mètres per second.
The tabular velocity given for a depth of	1·4 mètres is	0·971
And that for	1·6 ,,	1·043
Hence that for a depth of	1·5 ,,	1·007

For a depth of 1·45 mètres, one-fourth the difference between the two tabular velocities will be added to the first of them; thus the required velocity for that case will be

$$= 0\cdot 971 + \frac{0\cdot 072}{4} = 0\cdot 989 \text{ mètre per second.}$$

Example 3. A channel has to be conducted down sloping ground, whose soil is of such a quality as not to admit of a mean velocity of more than 1 mètre per second without injury to its bed and banks. Its maximum discharge is to be 0·5 cubic mètre per second, its section trapezoidal, with a depth of water of 0·4 mètre, and side slopes of 1½ to 1; what will be the bottom width and the inclination of the channel?

In this case it would appear that the description of soil, and the probable necessity of the adoption of a curved course down the descent would place the example in the second class, but as the table for that class is still in the press we may, for convenience sake, make use of the table for the first class, which we have at hand, as, although the results will differ, the mode of procedure will be exactly the same.

Putting, therefore, the example in the first class, and using the portion of table corresponding to the given depth of water 0·4 mètre, we find that the following inclinations and bottom widths are all applicable to the case as a discharge of 0·5 cubic mètre per second.

0·2 per thousand inclination with			4·50 metres bottom width	
0·3	,,	,,	3·50	,,
0·4	,,	,,	3·00	,,
0·5	,,	,,	2·75	,,
0·6	,,	,,	2·50	,,
0·7	,,	,,	2·25	,,
0·8	,,	,,	2·00	,,
0·9	,,	,,	1·90	,,
1·0	,,	,,	1·80	,,
1·2	,,	,,	1·60	,,
1·4	,,	,,	1·45	,,
1·6	,,	,,	1·40	,,
1·8	,,	,,	1·00	,,

In none of these cases does the mean velocity resulting exceed 1 mètre per second, being 0·250 in the first case and 0·780 in the last; hence, as land may be saved by adopting the smallest bottom width of 1·00 mètre with a fall of 2·8 per thousand, this will probably be the best in practice: or, if preferred, a higher inclination and a narrower bottom width may be calculated.

Example 4. What will be the mean velocity of discharge of a river, having an inclination of water surface of 0·000040393, a sectional area of 1864·9 square mètres, with a wetted perimeter of 514·2 mètres?

To calculate this direct from the formula without the aid of the tables, the steps are as follows:

The formula for mean velocity is

$$v = c\sqrt{RJ}$$

where

$$c = \frac{z}{1 + \frac{x}{\sqrt{R}}}$$

$$z = a + \frac{l}{n} + \frac{m}{J}$$

$$x = \left(a + \frac{m}{J}\right)n$$

where for metrical measures $a = 23$, $l = 1$, $m = 0\cdot00155$, and n lies between $0\cdot008$ and $0\cdot050$, remaining the same for all systems of measures.

As in all cases it is necessary that the adopted value of n should be determined by comparison with observed results, and the degree of roughness of the surface of the channel acted on by the water fixed so as to be suitable to the case under consideration; we will in this case assume a value of n of $0\cdot025$, which is that suited to rivers and canals in very good order.

Having then all the numerical values needful, we obtain

$$z = 23 + \frac{1}{n} + \frac{0\cdot00155}{J}$$

$$= 23 + 40 + 38\cdot373 = 101\cdot373.$$

$$x = \left(23 + \frac{0\cdot00155}{J}\right)0\cdot025,$$

$$= \left(\frac{23 + 38\cdot373}{40}\right) = 1\cdot5343,$$

and

$$R = \frac{1864\cdot9}{514\cdot2} = 3\cdot621,$$

hence

$$c = \frac{z}{1 + \frac{x}{\sqrt{R}}} = \frac{101\cdot373}{1 + \frac{1\cdot5343}{\sqrt{3\cdot621}}}$$

$$= \frac{101\cdot373}{1\cdot80631} = 56\cdot122$$

but

$$\sqrt{RJ} = \sqrt{3\cdot621 \times 0\cdot000\,040\,393} = 0\cdot012\,094$$

hence

$$v = 56\cdot122 \times 0\cdot012\,094 \quad = 0\cdot678\,73 \text{ mètre per second.}$$

The actually observed mean velocity of the Danube at Szob, of which this is an example, is $0\cdot686$ mètre per second; the small difference of 0·007 mètre between the calculated and the observed velocity is due to our having assumed too high a value of n; this, to be in accordance with the observed velocity, should be 0·0247 instead of 0·0250.

In the case mentioned in the last example, as well as in all similar cases where the mean velocity has been actually observed, the value of the correct coefficient c may be calculated by the formula $c = \dfrac{v}{\sqrt{RJ}}$, and the exact local value of the coefficient n by means of the formula

$$n = \sqrt{\dfrac{\sqrt{R}}{Ac} + \dfrac{1}{4}\left(\dfrac{c-A}{cA}\right)^2 R} - \dfrac{1}{2} \cdot \dfrac{c-A}{cA} \cdot \sqrt{R}$$

where

$$A = a + \dfrac{m}{J}.$$

In the same way, if any three of the four quantities R, J, c, n, be given, the fourth may be calculated by means of the above formula.

Calculations of this nature, as shown in the last example, present no difficulty whatever; a large number of such examples would, however, occupy a considerable amount of time, as each would have to be calculated separately. We therefore attach a diagram, Plate I., by means of which the values of coefficients c, corresponding to given values of R, J, and n, can be read off in a few seconds with the aid of a simple straight edge, or by which any one of the four quantities R, J, n, and c can be obtained from the remaining three, in any number of cases with the least possible expenditure of time and thought.

In this diagram the diverging lines n, radiating from an origin or point where $\sqrt{R}$ and $R = 1$ mètre, indicate the grade of roughness of the surface of the channel, the curved lines indicate the degree of inclination J of the water surface; the scale on the axis of abscissæ denotes values of R in mètres, and the scale of equal parts on the axis of ordinates gives values of the coefficient c. It is evident, therefore, that if a straight edge be laid across this diagram, in such a manner as to cut three of these lines in points corresponding to the three values given in any example, it will also cut the fourth line in a point, which will indicate to scale the value of the fourth required quantity.

We recommend the employment of this diagram to all hydraulicians that make use of our formula.

In bringing our work to a conclusion, we refer our readers for fuller information as to the derivation of our formula to the 'Zeitschrift des Oesterreichischen Ingenieur und Architekten-vereins' for 1869,* and express a hope that our formula may be universally employed.

* See Extracts therefrom introduced in paragraph 27, pages 59 to 72.

TABLES

OF COEFFICIENTS OF MEAN VELOCITY,

AND OF

MEAN VELOCITIES AND OF DISCHARGES PER SECOND,

FOR

OPEN CHANNELS IN EARTH,

APPLICABLE TO RIVERS AND CANALS OF THREE CLASSES.

CLASS I.—Those having their beds and banks in good order, and perfectly free from all irregularities, deposits of stone, and overgrowth.

CLASS II.—Those with beds and banks in moderately good order in every respect.

CLASS III.—Those with beds and banks in bad order, having irregularities and deposits of stone and pebbles, or much overgrown with vegetation.

The quantities given in the following Tables are in metrical* measures, and are calculated according to the following formulæ of Ganguillet and Kutter;

$$v = c \sqrt{RJ}$$

$$c = \frac{z}{1 + \frac{x}{\sqrt{R}}}$$

$$z = \frac{1}{n} + 23 + \frac{0 \cdot 00155}{J}$$

$$x = n \left(23 + \frac{0 \cdot 00155}{J}\right)$$

Where v is the mean velocity of discharge per second in metres,
    c is the coefficient of mean velocity,
    R is the hydraulic mean radius,
    J is the fall of the water-surface in a length of unity,
    n is the coefficient of roughness, having the fixed values of $0 \cdot 025$ for channels of Class I., of $0 \cdot 030$ for those of Class II., and of $0 \cdot 035$ for Class III.

The results are applicable to channels having side slopes† of $1\frac{1}{2}$ to 1, having bottom-widths of from $0 \cdot 2$ to 270 metres, to depths of water of from $0 \cdot 2$ to 6 metres, and to inclinations of from $0 \cdot 00002$ to $0 \cdot 00300$, or of $0 \cdot 02$ to $3 \cdot 00$ per thousand.

* For conversion tables, see Paragraph No. 32 of the text.
† An additional table enables the quantities to be reduced and applied to various forms of section.

FIRST CLASS.

RIVERS AND CANALS,

HAVING THEIR BEDS AND BANKS IN GOOD ORDER,

AND PERFECTLY FREE FROM ALL IRREGULARITIES,

DEPOSITS OF STONE, AND OVERGROWTH.

$n = 0 \cdot 025.$

(iv)

CLASS I. ($n = 0·025$.)
Coefficients of Mean Velocity.
For Values of R.

Fall per thousand.	0·1	0·2	0·3	0·4	0·5	0·6	0·7	0·8	0·9
0·05	—	—	—	—	32·4	34·0	35·7	37·3	38·7
0·07	—	—	—	—	33·0	34·6	36·1	37·5	38·8
0·1	19·5	25·0	28·5	31·0	33·2	35·0	36·5	37·8	39·0
0·2	20·6	26·2	29·3	31·8	33·8	35·5	36·9	38·0	39·0
0·3	21·3	26·5	29·6	32·2	34·2	35·6	36·9	38·0	39·0
0·4	21·5	26·7	29·8	32·3	34·3	35·8	37·0	38·0	39·0
0·5	21·7	26·8	30·0	32·4	34·3	35·8	37·1	38·1	39·1
0·6	21·8	26·9	30·0	32·5	34·4	35·8	37·1	38·1	39·1
0·7	21·9	27·0	30·1	32·5	34·4	35·8	37·1	38·1	39·1
0·8	22·0	27·1	30·2	32·5	34·5	35·9	37·2	38·2	39·1
0·9	22·0	27·2	30·3	32·6	34·5	35·9	37·2	38·2	39·1
1·0	22·0	27·2	30·3	32·6	34·5	35·9	37·2	38·2	39·1

For Values of R.

Fall per thousand.	2·6	2·8	3·0	3·2	3·4	3·6	3·8	4·0	4·2
0·02	—	—	—	—	—	60·7	61·7	62·5	63·3
0·03	—	—	—	—	—	57·4	58·3	59·0	59·7
0·05	51·0	51·9	52·7	53·4	54·1	54·8	55·4	56·0	56·5
0·07	50·0	50·7	51·5	52·1	52·6	53·3	53·7	54·2	54·7
0·1	49·0	49·7	50·3	50·8	51·3	51·8	52·4	52·8	53·2
0·2	47·7	48·2	48·7	49·2	49·6	50·0	50·4	50·8	51·2
0·3	47·4	48·0	48·4	48·8	49·1	49·5	49·9	50·2	50·5
0·4	47·1	47·7	48·1	48·5	48·9	49·3	49·8	50·1	50·4
0·5	46·9	47·4	47·8	48·2	48·6	49·0	49·3	49·6	49·9
0·6	46·8	47·3	47·7	48·1	48·5	48·9	49·1	49·4	49·7
0·7	46·8	47·2	47·6	48·0	48·4	48·8	49·0	49·3	49·6
0·8	46·7	47·1	47·5	47·9	48·3	48·7	49·0	49·3	49·6
0·9	46·7	47·1	47·4	47·8	48·2	48·6	48·9	49·2	49·5
1·0	46·7	47·0	47·4	47·8	48·2	48·6	48·9	49·2	49·5

The coefficients remain unaltered for steeper inclinations.

(v.)

CLASS I. ($n = 0{\cdot}025$.)

Coefficients of Mean Velocity.

For Values of R.

1·0	1·2	1·4	1·6	1·8	2·0	2·2	2·4	Fall per thousand.
40·0	42·1	43·8	45·2	46·6	47·9	49·0	50·0	0·05
40·0	42·0	43·3	44·7	46·1	47·2	48·2	49·1	0·07
40·0	41·7	43·0	44·3	45·5	46·5	47·4	48·3	0·1
40·0	41·4	42·7	43·8	44·7	45·6	46·4	47·0	0·2
40·0	41·4	42·5	43·5	44·4	45·3	46·1	46·7	0·3
40·0	41·3	42·4	43·4	44·4	45·2	45·9	46·5	0·4
40·0	41·3	42·4	43·4	44·3	45·0	45·7	46·3	0·5
40·0	41·3	42·4	43·4	44·3	45·0	45·7	46·2	0·6
40·0	41·3	42·4	43·4	44·3	45·0	45·7	46·2	0·7
40·0	41·3	42·4	43·4	44·3	45·0	45·7	46·1	0·8
40·0	41·3	42·4	43·4	44·3	45·0	45·7	46·1	0·9
40·0	41·3	42·4	43·4	44·3	45·0	45·7	46·1	1·0

For Values of R.

4·4	4·6	4·8	5·0	5·2	5·4	5·6	5·8	6·0	Fall per thousand.
64·2	64·9	65·6	66·3	67·0	67·7	68·4	69·0	69·6	0·02
60·4	61·1	61·8	62·4	62·9	63·4	63·9	64·4	64·9	0·03
57·1	57·7	58·3	58·9	59·4	59·8	60·1	60·3	60·5	0·05
55·1	55·5	55·9	56·3	56·7	57·1	57·5	57·8	58·1	0·07
53·6	54·0	54·4	54·8	55·1	55·4	55·7	56·0	56·2	0·1
51·5	51·8	52·1	52·4	52·7	53·0	53·2	53·4	53·6	0·2
50·8	51·1	51·4	51·7	52·0	52·2	52·4	52·5	52·6	0·3
50·7	51·0	51·2	51·4	51·6	51·8	52·0	52·2	52·3	0·4
50·2	50·5	50·8	51·0	51·2	51·4	51·6	51·8	52·0	0·5
50·0	50·3	50·6	50·8	51·0	51·2	51·4	51·6	51·8	0·6
49·9	50·2	50·4	50·6	50·8	51·0	51·2	51·4	51·6	0·7
49·9	50·1	50·3	50·5	50·7	50·9	51·1	51·3	51·5	0·8
49·8	50·0	50·2	50·4	50·6	50·8	51·0	51·2	51·4	0·9
49·8	50·0	50·2	50·4	50·6	50·8	51·0	51·2	51·4	1·0

The coefficients remain unaltered for steeper inclinations.

CLASS I. ($n = 0.025$.)

Mean Velocities and Quantities of Discharge per second

For a Depth of Water of 0·2.

For Bottom-Widths of

Fall per thousand.	0·2	0·3	0·4	0·5	0·6	0·7	0·8	0·9	1·0	1·2	1·4	1·6	1·8	2·0	2·5
0·1	0·066 0·007	0·070 0·008	0·073 0·010	0·076 0·012	0·079 0·014	0·081 0·016	0·083 0·018	0·085 0·019	0·087 0·021	0·089 0·025	0·091 0·031	0·093 0·035	0·095 0·039	0·097 0·043	0·099 0·052
0·2	0·099 0·010	0·105 0·013	0·110 0·015	0·114 0·018	0·118 0·021	0·121 0·024	0·124 0·027	0·127 0·030	0·129 0·032	0·133 0·040	0·137 0·046	0·140 0·053	0·142 0·060	0·144 0·066	0·146 0·082
0·3	0·125 0·012	0·132 0·016	0·138 0·019	0·144 0·023	0·148 0·027	0·152 0·030	0·155 0·034	0·158 0·038	0·161 0·042	0·166 0·050	0·170 0·058	0·174 0·066	0·177 0·074	0·180 0·083	0·182 0·102
0·4	0·145 0·014	0·154 0·018	0·161 0·022	0·167 0·027	0·172 0·031	0·177 0·035	0·181 0·040	0·184 0·044	0·187 0·049	0·192 0·058	0·197 0·068	0·202 0·077	0·206 0·086	0·209 0·096	0·212 0·119
0·5	0·164 0·016	0·173 0·021	0·181 0·025	0·188 0·030	0·194 0·035	0·199 0·040	0·203 0·045	0·207 0·050	0·210 0·055	0·216 0·065	0·222 0·075	0·227 0·086	0·231 0·097	0·236 0·108	0·236 0·134
0·6	0·180 0·018	0·190 0·023	0·199 0·028	0·207 0·033	0·213 0·038	0·219 0·043	0·223 0·049	0·227 0·055	0·231 0·060	0·238 0·071	0·244 0·083	0·250 0·095	0·254 0·107	0·258 0·119	0·262 0·147
0·7	0·195 0·019	0·206 0·025	0·216 0·030	0·224 0·036	0·229 0·041	0·233 0·047	0·240 0·053	0·246 0·059	0·251 0·065	0·258 0·077	0·266 0·090	0·271 0·103	0·276 0·116	0·280 0·129	0·284 0·159
0·8	0·210 0·021	0·222 0·027	0·232 0·032	0·241 0·038	0·249 0·044	0·255 0·051	0·260 0·057	0·265 0·064	0·269 0·070	0·277 0·083	0·284 0·097	0·291 0·110	0·298 0·124	0·300 0·138	0·304 0·170

(vii)

0·9	0·223 / 0·022	0·235 / 0·028	0·245 / 0·034	0·266 / 0·041	0·264 / 0·047	0·271 / 0·054	0·277 / 0·061	0·282 / 0·067	0·287 / 0·075	0·294 / 0·088	0·301 / 0·102	0·308 / 0·117	0·314 / 0·132	0·319 / 0·147	0·324 / 0·181
1·0	0·236 / 0·023	0·247 / 0·030	0·259 / 0·036	0·270 / 0·043	0·278 / 0·050	0·286 / 0·057	0·292 / 0·064	0·297 / 0·071	0·302 / 0·078	0·310 / 0·093	0·318 / 0·108	0·325 / 0·123	0·331 / 0·139	0·337 / 0·155	0·342 / 0·191
1·2	0·257 / 0·026	0·270 / 0·032	0·283 / 0·039	0·296 / 0·047	0·305 / 0·055	0·314 / 0·063	0·320 / 0·071	0·326 / 0·078	0·331 / 0·086	0·340 / 0·102	0·348 / 0·118	0·356 / 0·135	0·362 / 0·152	0·368 / 0·168	0·374 / 0·210
1·4	0·278 / 0·028	0·293 / 0·035	0·307 / 0·043	0·320 / 0·051	0·332 / 0·060	0·343 / 0·068	0·348 / 0·076	0·353 / 0·084	0·368 / 0·093	0·367 / 0·110	0·376 / 0·128	0·385 / 0·146	0·392 / 0·165	0·398 / 0·181	0·404 / 0·226
1·6	0·297 / 0·030	0·313 / 0·037	0·328 / 0·046	0·342 / 0·055	0·352 / 0·063	0·362 / 0·072	0·369 / 0·081	0·376 / 0·090	0·382 / 0·099	0·392 / 0·118	0·402 / 0·137	0·411 / 0·156	0·418 / 0·175	0·426 / 0·195	0·432 / 0·243
1·8	0·315 / 0·031	0·331 / 0·040	0·347 / 0·049	0·362 / 0·058	0·373 / 0·067	0·384 / 0·076	0·392 / 0·086	0·399 / 0·095	0·406 / 0·105	0·416 / 0·125	0·426 / 0·145	0·436 / 0·166	0·444 / 0·186	0·451 / 0·207	0·458 / 0·256
2·0	0·332 / 0·033	0·350 / 0·042	0·367 / 0·051	0·382 / 0·061	0·394 / 0·071	0·405 / 0·081	0·413 / 0·091	0·421 / 0·101	0·428 / 0·111	0·439 / 0·132	0·450 / 0·153	0·460 / 0·175	0·468 / 0·197	0·476 / 0·219	0·483 / 0·270
2·2	0·348 / 0·035	0·368 / 0·044	0·386 / 0·054	0·401 / 0·064	0·413 / 0·074	0·424 / 0·084	0·433 / 0·095	0·441 / 0·106	0·448 / 0·116	0·460 / 0·138	0·472 / 0·160	0·483 / 0·183	0·491 / 0·206	0·499 / 0·230	0·507 / 0·284
2·4	0·364 / 0·036	0·384 / 0·045	0·402 / 0·056	0·418 / 0·067	0·431 / 0·077	0·443 / 0·088	0·452 / 0·099	0·460 / 0·110	0·468 / 0·122	0·480 / 0·144	0·492 / 0·167	0·504 / 0·191	0·513 / 0·215	0·521 / 0·240	0·529 / 0·295
2·6	0·379 / 0·038	0·400 / 0·048	0·420 / 0·059	0·436 / 0·070	0·450 / 0·081	0·461 / 0·092	0·470 / 0·103	0·479 / 0·115	0·487 / 0·127	0·500 / 0·150	0·512 / 0·174	0·524 / 0·198	0·534 / 0·224	0·543 / 0·250	0·551 / 0·308
2·8	0·393 / 0·039	0·416 / 0·050	0·436 / 0·061	0·452 / 0·072	0·466 / 0·084	0·479 / 0·095	0·489 / 0·107	0·498 / 0·119	0·506 / 0·131	0·520 / 0·156	0·532 / 0·181	0·544 / 0·206	0·554 / 0·232	0·563 / 0·259	0·572 / 0·317
3·0	0·407 / 0·041	0·430 / 0·051	0·451 / 0·063	0·468 / 0·075	0·483 / 0·087	0·498 / 0·099	0·506 / 0·111	0·515 / 0·123	0·523 / 0·136	0·537 / 0·160	0·550 / 0·187	0·563 / 0·214	0·573 / 0·241	0·583 / 0·268	0·592 / 0·331

CLASS I. ($n = 0.025$.)

Mean Velocities and Quantities of Discharge per second.

For a Depth of Water of 0·4.
For Bottom-Widths of

Fall per thousand.	0·4	0·6	0·8	1·0	1·2	1·4	1·6	1·8	2·0	2·5	3·0	3·5	4·0	4·5	5·0
0·1	0·120 0·048	0·128 0·061	0·134 0·075	0·139 0·089	0·143 0·103	0·147 0·118	0·151 0·133	0·154 0·148	0·157 0·163	0·162 0·201	0·166 0·239	0·169 0·277	0·171 0·315	0·173 0·353	0·175 0·392
0·2	0·177 0·068	0·187 0·087	0·196 0·107	0·203 0·130	0·209 0·150	0·215 0·172	0·220 0·194	0·224 0·215	0·228 0·237	0·235 0·291	0·241 0·347	0·245 0·402	0·248 0·456	0·251 0·512	0·254 0·569
0·3	0·219 0·086	0·231 0·110	0·242 0·135	0·251 0·161	0·260 0·187	0·267 0·214	0·273 0·240	0·278 0·267	0·282 0·293	0·290 0·360	0·298 0·429	0·304 0·499	0·309 0·569	0·313 0·638	0·316 0·708
0·4	0·254 0·102	0·268 0·129	0·282 0·158	0·292 0·187	0·302 0·217	0·310 0·248	0·317 0·279	0·323 0·310	0·328 0·341	0·337 0·418	0·346 0·498	0·353 0·579	0·359 0·661	0·363 0·740	0·366 0·820
0·5	0·281 0·116	0·300 0·146	0·317 0·179	0·328 0·210	0·339 0·244	0·348 0·278	0·357 0·314	0·363 0·348	0·369 0·384	0·380 0·471	0·390 0·562	0·397 0·651	0·405 0·745	0·408 0·832	0·410 0·918
0·6	0·314 0·127	0·332 0·161	0·348 0·197	0·361 0·232	0·373 0·269	0·382 0·306	0·391 0·343	0·398 0·382	0·404 0·420	0·416 0·516	0·427 0·615	0·436 0·713	0·441 0·812	0·446 0·910	0·451 1·010
0·7	0·340 0·136	0·360 0·173	0·377 0·211	0·390 0·250	0·403 0·290	0·414 0·331	0·424 0·373	0·431 0·414	0·438 0·456	0·450 0·558	0·462 0·665	0·471 0·772	0·478 0·879	0·484 0·987	0·489 1·095
0·8	0·364 0·145	0·384 0·184	0·403 0·225	0·423 0·267	0·431 0·310	0·443 0·354	0·453 0·399	0·461 0·443	0·468 0·487	0·481 0·596	0·494 0·711	0·503 0·825	0·510 0·938	0·516 1·053	0·522 1·169
0·9	0·386 0·154	0·407 0·195	0·427 0·239	0·443 0·283	0·457 0·329	0·469 0·375	0·481 0·423	0·489 0·469	0·498 0·516	0·510 0·632	0·524 0·755	0·534 0·876	0·543 0·998	0·550 1·122	0·556 1·254

(ix)

1·0	0·406 0·162	0·430 0·206	0·451 0·253	0·467 0·299	0·482 0·347	0·494 0·395	0·507 0·446	0·515 0·494	0·523 0·544	0·538 0·667	0·553 0·796	0·563 0·923	0·671 1·050	0·679 1·181	0·586 1·313
1·2	0·445 0·178	0·470 0·225	0·494 0·276	0·411 0·327	0·528 0·380	0·542 0·434	0·555 0·488	0·584 0·540	0·573 0·596	0·590 0·732	0·606 0·871	0·616 1·010	0·625 1·150	0·633 1·291	0·641 1·436
1·4	0·481 0·193	0·508 0·243	0·533 0·298	0·552 0·353	0·571 0·411	0·585 0·468	0·599 0·527	0·609 0·585	0·619 0·644	0·637 0·790	0·654 0·942	0·666 1·092	0·676 1·244	0·686 1·397	0·693 1·552
1·6	0·514 0·206	0·542 0·260	0·570 0·319	0·590 0·378	0·610 0·439	0·626 0·501	0·641 0·564	0·652 0·625	0·662 0·688	0·681 0·844	0·699 1·006	0·714 1·171	0·726 1·336	0·735 1·500	0·741 1·660
1·8	0·545 0·218	0·575 0·276	0·604 0·339	0·626 0·401	0·647 0·466	0·664 0·531	0·680 0·598	0·681 0·663	0·703 0·730	0·723 0·895	0·741 1·067	0·766 1·240	0·767 1·411	0·777 1·585	0·786 1·760
2·0	0·575 0·230	0·606 0·291	0·637 0·357	0·650 0·423	0·682 0·491	0·699 0·559	0·716 0·630	0·728 0·699	0·740 0·769	0·761 0·944	0·783 1·126	0·798 1·309	0·909 1·488	0·819 1·671	0·828 1·855
2·2	0·603 0·241	0·636 0·305	0·658 0·374	0·692 0·443	0·716 0·515	0·734 0·587	0·751 0·661	0·764 0·733	0·776 0·807	0·798 0·989	0·830 1·181	0·837 1·373	0·850 1·564	0·860 1·754	0·869 1·947
2·4	0·630 0·252	0·665 0·319	0·698 0·390	0·723 0·463	0·748 0·539	0·767 0·614	0·785 0·691	0·798 0·766	0·810 0·842	0·833 1·033	0·856 1·233	0·874 1·433	0·887 1·632	0·898 1·832	0·907 2·032
2·6	0·653 0·262	0·692 0·332	0·727 0·406	0·753 0·482	0·778 0·549	0·798 0·638	0·817 0·719	0·830 0·797	0·843 0·877	0·867 1·075	0·881 1·283	0·910 1·492	0·923 1·698	0·934 1·905	0·944 2·115
2·8	0·680 0·272	0·718 0·345	0·754 0·422	0·781 0·500	0·807 0·581	0·828 0·662	0·848 0·746	0·882 0·827	0·875 0·910	0·900 1·116	0·926 1·332	0·944 1·548	0·956 1·759	0·969 1·977	0·980 2·195
3·0	0·704 0·282	0·744 0·358	0·781 0·437	0·810 0·518	0·836 0·602	0·867 0·686	0·877 0·772	0·892 0·856	0·908 0·942	0·932 1·156	0·957 1·378	0·977 1·602	0·992 1·825	1·004 2·048	1·014 2·272

CLASS I. ($n = 0.025$).

MEAN VELOCITIES AND QUANTITIES OF DISCHARGE PER SECOND.

FOR A DEPTH OF WATER OF 0.6.

FOR BOTTOM-WIDTHS OF

Fall per thousand.	0·6	0·8	1·0	1·2	1·4	1·6	1·8	2·0	2·5	3·0	3·5	4·0	4·5	5·0	5·5
0·1	0·166 0·149	0·173 0·176	0·180 0·205	0·186 0·234	0·191 0·264	0·196 0·294	0·200 0·324	0·205 0·354	0·212 0·432	0·218 0·510	0·223 0·589	0·227 0·667	0·231 0·748	0·234 0·828	0·237 0·910
0·2	0·241 0·217	0·252 0·257	0·262 0·299	0·270 0·340	0·277 0·382	0·283 0·424	0·289 0·468	0·295 0·513	0·307 0·626	0·315 0·737	0·322 0·850	0·328 0·964	0·334 1·082	0·339 1·200	0·344 1·321
0·3	0·299 0·269	0·312 0·318	0·326 0·370	0·335 0·422	0·344 0·475	0·352 0·528	0·360 0·583	0·369 0·640	0·380 0·775	0·391 0·915	0·402 1·061	0·409 1·202	0·416 1·345	0·421 1·490	0·427 1·640
0·4	0·347 0·312	0·362 0·369	0·376 0·429	0·388 0·489	0·399 0·551	0·408 0·612	0·416 0·674	0·424 0·738	0·441 0·900	0·452 1·058	0·463 1·222	0·471 1·385	0·478 1·549	0·486 1·717	0·492 1·889
0·5	0·391 0·352	0·407 0·415	0·422 0·481	0·436 0·548	0·448 0·618	0·457 0·685	0·466 0·755	0·475 0·826	0·494 1·008	0·507 1·186	0·519 1·370	0·528 1·552	0·536 1·737	0·544 1·926	0·552 2·120
0·6	0·427 0·384	0·446 0·455	0·464 0·529	0·478 0·602	0·491 0·678	0·502 0·753	0·512 0·829	0·522 0·908	0·543 1·108	0·557 1·303	0·570 1·505	0·580 1·705	0·590 1·908	0·599 2·120	0·608 2·335
0·7	0·464 0·418	0·483 0·493	0·501 0·571	0·517 0·651	0·532 0·734	0·543 0·815	0·553 0·896	0·563 0·979	0·587 1·198	0·602 1·409	0·616 1·626	0·626 1·840	0·636 2·061	0·645 2·284	0·664 2·511
0·8	0·497 0·447	0·517 0·527	0·537 0·612	0·553 0·697	0·569 0·785	0·580 0·872	0·591 0·959	0·602 1·049	0·625 1·280	0·642 1·504	0·658 1·739	0·668 1·966	0·678 2·206	0·688 2·439	0·697 2·682
0·9	0·529 0·476	0·550 0·561	0·571 0·651	0·588 0·741	0·605 0·835	0·617 0·926	0·629 1·019	0·641 1·114	0·666 1·357	0·683 1·597	0·700 1·847	0·711 2·089	0·722 2·343	0·732 2·590	0·742 2·846

0·558	0·580	0·609	0·620	0·638	0·661	0·683	0·678	0·701	0·720	0·738	0·749	0·760	0·771	0·781
0·502	0·592	0·686	0·781	0·880	0·977	1·074	1·174	1·430	1·685	1·948	2·202	2·462	2·730	3·000
0·611	0·636	0·660	0·680	0·699	0·713	0·726	0·739	0·768	0·789	0·809	0·821	0·833	0·845	0·857
0·550	0·649	0·752	0·857	0·965	1·070	1·176	1·286	1·567	1·846	2·135	2·413	2·699	2·992	3·291
0·660	0·687	0·713	0·734	0·755	0·770	0·785	0·800	0·830	0·852	0·873	0·887	0·900	0·913	0·926
0·594	0·701	0·813	0·925	1·042	1·155	1·272	1·392	1·693	1·993	2·305	2·607	2·916	3·232	3·556
0·706	0·736	0·762	0·785	0·807	0·823	0·839	0·856	0·887	0·911	0·934	0·948	0·962	0·976	0·988
0·635	0·750	0·869	0·989	1·112	1·235	1·359	1·488	1·809	2·132	2·466	2·787	3·117	3·452	3·794
0·748	0·778	0·808	0·832	0·856	0·873	0·890	0·907	0·941	0·966	0·990	1·006	1·021	1·038	1·061
0·673	0·794	0·921	1·048	1·181	1·310	1·442	1·578	1·920	2·260	2·613	2·957	3·308	3·668	4·036
0·789	0·821	0·852	0·878	0·903	0·921	0·938	0·955	0·992	1·018	1·044	1·060	1·076	1·091	1·106
0·710	0·837	0·971	1·106	1·246	1·382	1·519	1·662	2·024	2·382	2·756	3·116	3·486	3·862	4·246
0·827	0·860	0·893	0·920	0·947	0·966	0·984	1·002	1·040	1·068	1·095	1·112	1·128	1·144	1·160
0·744	0·877	1·018	1·159	1·307	1·449	1·594	1·743	2·122	2·499	2·891	3·269	3·654	4·050	4·455
0·864	0·900	0·933	0·962	0·989	1·009	1·028	1·047	1·086	1·115	1·144	1·161	1·178	1·196	1·212
0·778	0·918	1·064	1·212	1·365	1·514	1·665	1·822	2·215	2·609	3·020	3·413	3·817	4·231	4·654
0·900	0·936	0·971	1·001	1·029	1·050	1·070	1·090	1·131	1·153	1·190	1·208	1·226	1·244	1·262
0·810	0·955	1·107	1·261	1·420	1·575	1·733	1·896	2·307	2·714	3·141	3·552	3·972	4·404	4·844
0·933	0·970	1·005	1·037	1·068	1·090	1·110	1·130	1·173	1·204	1·236	1·264	1·272	1·280	1·308
0·840	0·991	1·149	1·307	1·474	1·635	1·798	1·966	2·393	2·817	3·261	3·687	4·121	4·567	5·024
0·966	1·006	1·043	1·074	1·102	1·127	1·149	1·171	1·214	1·247	1·279	1·298	1·317	1·336	1·355
0·869	1·026	1·189	1·353	1·521	1·690	1·861	2·038	2·476	2·918	3·377	3·816	4·267	4·730	5·202

(xii)

CLASS I. ($n = 0.025$.)

Mean Velocities and Quantities of Discharge per second.

For a Depth of Water of 0·8.

For Bottom-Widths of

Fall per thousand.	1·0	1·2	1·4	1·6	1·8	2·0	2·5	3·0	3·5	4·0	4·5	5·0	5·5	6·0	6·5
0·05	0·148 0·260	0·153 0·294	0·157 0·327	0·161 0·361	0·164 0·394	0·167 0·427	0·174 0·515	0·178 0·598	0·182 0·684	0·186 0·774	0·180 0·866	0·193 0·957	0·196 1·050	0·198 1·141	0·200 1·232
0·1	0·216 0·380	0·222 0·426	0·228 0·474	0·233 0·522	0·238 0·571	0·243 0·622	0·251 0·743	0·259 0·870	0·266 1·000	0·272 1·132	0·277 1·263	0·281 1·394	0·285 1·528	0·288 1·659	0·291 1·793
0·2	0·312 0·549	0·322 0·618	0·331 0·688	0·338 0·757	0·344 0·826	0·350 0·896	0·362 1·072	0·373 1·253	0·382 1·436	0·390 1·623	0·396 1·806	0·402 1·994	0·407 2·182	0·412 2·373	0·416 2·563
0·3	0·386 0·679	0·397 0·762	0·407 0·847	0·416 0·932	0·424 1·018	0·432 1·106	0·446 1·320	0·459 1·542	0·470 1·767	0·479 1·993	0·487 2·221	0·494 2·450	0·500 2·680	0·506 2·914	0·511 3·148
0·4	0·447 0·787	0·460 0·883	0·472 0·982	0·483 1·082	0·492 1·181	0·501 1·283	0·518 1·533	0·532 1·787	0·544 2·045	0·554 2·305	0·563 2·567	0·572 2·837	0·579 3·104	0·586 3·375	0·591 3·641
0·5	0·500 0·880	0·515 0·989	0·528 1·098	0·540 1·209	0·550 1·320	0·560 1·434	0·578 1·711	0·594 1·996	0·608 2·286	0·620 2·579	0·631 2·878	0·641 3·179	0·650 3·484	0·657 3·785	0·662 4·079
0·6	0·549 0·966	0·566 1·087	0·580 1·206	0·592 1·326	0·604 1·450	0·614 1·572	0·635 1·880	0·653 2·194	0·668 2·512	0·681 2·833	0·693 3·160	0·703 3·487	0·712 3·817	0·719 4·141	0·726 4·473
0·7	0·593 1·044	0·612 1·175	0·627 1·304	0·640 1·434	0·652 1·565	0·663 1·697	0·686 2·029	0·707 2·375	0·722 2·715	0·736 3·062	0·748 3·411	0·759 3·765	0·769 4·122	0·777 4·475	0·784 4·830
0·8	0·636 1·120	0·655 1·260	0·672 1·398	0·687 1·539	0·700 1·680	0·711 1·820	0·737 2·182	0·757 2·543	0·774 2·910	0·788 3·278	0·801 3·653	0·813 4·033	0·823 4·412	0·832 4·792	0·839 5·169

0·9	0·676 / 1·193	0·696 / 1·336	0·716 / 1·487	0·728 / 1·631	0·741 / 1·778	0·764 / 1·930	0·780 / 2·309	0·803 / 2·698	0·820 / 3·083	0·836 / 3·478	0·850 / 3·876	0·862 / 4·276	0·873 / 4·680	0·882 / 5·081	0·890 / 5·483
1·0	0·718 / 1·264	0·735 / 1·413	0·752 / 1·564	0·768 / 1·720	0·782 / 1·877	0·795 / 2·035	0·822 / 2·433	0·846 / 2·843	0·855 / 3·252	0·882 / 3·670	0·897 / 4·091	0·910 / 4·513	0·921 / 4·936	0·930 / 5·357	0·938 / 5·778
1·2	0·779 / 1·371	0·803 / 1·542	0·824 / 1·714	0·841 / 1·884	0·857 / 2·057	0·871 / 2·230	0·901 / 2·667	0·925 / 3·111	0·948 / 3·565	0·966 / 4·019	0·982 / 4·478	0·996 / 4·941	1·008 / 5·403	1·019 / 5·870	1·027 / 6·327
1·4	0·842 / 1·482	0·867 / 1·665	0·890 / 1·854	0·908 / 2·034	0·926 / 2·220	0·941 / 2·409	0·972 / 2·878	0·998 / 3·353	1·022 / 3·842	1·043 / 4·339	1·050 / 4·834	1·076 / 5·337	1·089 / 5·837	1·100 / 6·336	1·110 / 6·838
1·6	0·900 / 1·584	0·928 / 1·782	0·951 / 1·980	0·971 / 2·175	0·989 / 2·374	1·006 / 2·575	1·041 / 3·081	1·070 / 3·595	1·094 / 4·113	1·115 / 4·639	1·134 / 5·171	1·150 / 5·704	1·154 / 6·239	1·176 / 6·773	1·186 / 7·306
1·8	0·964 / 1·679	0·984 / 1·889	1·009 / 2·099	1·030 / 2·307	1·049 / 2·518	1·087 / 2·732	1·105 / 3·271	1·134 / 3·810	1·160 / 4·362	1·183 / 4·922	1·202 / 5·482	1·220 / 6·052	1·236 / 6·625	1·248 / 7·188	1·259 / 7·755
2·0	1·005 / 1·771	1·035 / 1·989	1·062 / 2·209	1·085 / 2·431	1·106 / 2·652	1·124 / 2·878	1·164 / 3·446	1·196 / 4·015	1·223 / 4·598	1·247 / 5·188	1·267 / 5·778	1·286 / 6·378	1·302 / 6·979	1·316 / 7·574	1·325 / 8·168
2·2	1·065 / 1·857	1·087 / 2·087	1·114 / 2·317	1·138 / 2·550	1·159 / 2·782	1·179 / 3·018	1·218 / 3·605	1·253 / 4·209	1·283 / 4·824	1·308 / 5·441	1·330 / 6·065	1·349 / 6·691	1·366 / 7·322	1·381 / 7·954	1·394 / 8·588
2·4	1·102 / 1·940	1·136 / 2·181	1·166 / 2·423	1·180 / 2·666	1·212 / 2·909	1·233 / 3·154	1·274 / 3·772	1·310 / 4·402	1·340 / 5·039	1·366 / 5·682	1·388 / 6·330	1·409 / 6·989	1·427 / 7·649	1·441 / 8·300	1·453 / 8·952
2·6	1·147 / 2·019	1·182 / 2·269	1·212 / 2·521	1·238 / 2·773	1·261 / 3·026	1·282 / 3·282	1·326 / 3·925	1·364 / 4·583	1·394 / 5·242	1·421 / 5·912	1·445 / 6·591	1·467 / 7·276	1·485 / 7·960	1·501 / 8·646	1·513 / 9·320
2·8	1·191 / 2·096	1·227 / 2·356	1·258 / 2·617	1·284 / 2·876	1·305 / 3·139	1·330 / 3·405	1·375 / 4·073	1·416 / 4·758	1·448 / 5·445	1·475 / 6·136	1·500 / 6·841	1·522 / 7·549	1·541 / 8·260	1·556 / 8·952	1·570 / 9·672
3·0	1·233 / 2·168	1·271 / 2·440	1·302 / 2·708	1·329 / 2·977	1·354 / 3·250	1·377 / 3·525	1·424 / 4·215	1·465 / 4·922	1·498 / 5·636	1·527 / 6·352	1·552 / 7·078	1·576 / 7·813	1·598 / 8·555	1·612 / 9·285	1·626 / 10·01

(xiv)

CLASS I. -($n = 0.025$.)
Mean Velocities and Quantities of Discharge per second.
For a Depth of Water of 1·0.
For Bottom-Widths of

Fall per thousand	2·0	2·5	3·0	3·5	4·0	4·5	5·0	5·5	6·0	6·5	7·0	7·5	8·0	8·5	9·0
0·05	0·192	0·200	0·206	0·212	0·217	0·221	0·226	0·228	0·231	0·234	0·237	0·239	0·241	0·243	0·244
	0·672	0·800	0·927	1·060	1·193	1·326	1·462	1·596	1·732	1·872	2·014	2·151	2·289	2·430	2·562
0·1	0·280	0·290	0·298	0·306	0·313	0·319	0·324	0·329	0·332	0·336	0·338	0·341	0·344	0·347	0·349
	0·980	1·160	1·341	1·530	1·721	1·914	2·106	2·296	2·490	2·680	2·873	3·069	3·268	3·470	3·664
0·2	0·400	0·414	0·426	0·438	0·446	0·454	0·461	0·468	0·473	0·477	0·481	0·485	0·488	0·491	0·494
	1·400	1·656	1·917	2·190	2·453	2·624	2·996	3·276	3·547	3·816	4·008	4·365	4·636	4·910	5·187
0·3	0·491	0·509	0·524	0·536	0·547	0·556	0·564	0·571	0·578	0·584	0·589	0·594	0·598	0·602	0·605
	1·718	2·036	2·358	2·680	3·008	3·336	3·666	3·997	4·335	4·672	5·006	5·346	5·681	6·020	6·352
0·4	0·571	0·590	0·607	0·621	0·634	0·644	0·654	0·664	0·670	0·675	0·681	0·686	0·691	0·696	0·699
	1·998	2·360	2·731	3·105	3·487	3·864	4·251	4·648	5·075	5·400	5·788	6·174	6·564	6·950	7·339
0·5	0·638	0·659	0·679	0·696	0·710	0·722	0·732	0·742	0·749	0·756	0·763	0·769	0·774	0·779	0·784
	2·233	2·636	3·055	3·480	3·905	4·332	4·758	5·194	5·617	6·048	6·485	6·921	7·353	7·790	8·232
0·6	0·699	0·724	0·744	0·762	0·778	0·791	0·802	0·812	0·820	0·828	0·836	0·843	0·848	0·853	0·858
	2·446	2·896	3·348	3·810	4·279	4·746	5·213	5·684	6·151	6·624	7·106	7·587	8·056	8·530	9·009
0·7	0·755	0·780	0·803	0·824	0·840	0·854	0·867	0·878	0·887	0·895	0·903	0·910	0·916	0·922	0·927
	2·642	3·120	3·613	4·120	4·620	5·124	5·635	6·146	6·652	7·160	7·675	8·190	8·702	9·220	9·733
0·8	0·809	0·838	0·862	0·883	0·901	0·916	0·930	0·941	0·950	0·969	0·967	0·975	0·982	0·988	0·994
	2·831	3·352	3·879	4·415	4·955	5·496	6·045	6·587	7·125	7·672	8·219	8·775	9·329	9·880	10·44

0.9	0.859 / 3.026	0.889 / 3.556	0.914 / 4.112	0.936 / 4.680	0.956 / 5.252	0.971 / 5.826	0.986 / 6.409	0.998 / 6.986	1.008 / 7.560	1.017 / 8.136	1.026 / 8.721	1.035 / 9.315	1.042 / 9.899	1.048 / 10.48	1.054 / 11.07
1.0	0.905 / 3.167	0.937 / 3.748	0.954 / 4.338	0.987 / 4.935	1.007 / 5.538	1.023 / 6.138	1.038 / 6.747	1.052 / 7.364	1.063 / 7.965	1.073 / 8.576	1.082 / 9.197	1.091 / 9.819	1.098 / 10.43	1.105 / 11.05	1.111 / 11.66
1.2	0.991 / 3.468	1.027 / 4.108	1.057 / 4.756	1.081 / 5.405	1.102 / 6.061	1.121 / 6.726	1.137 / 7.390	1.152 / 8.064	1.164 / 8.730	1.175 / 9.400	1.186 / 10.07	1.195 / 10.75	1.203 / 11.43	1.210 / 12.10	1.217 / 12.78
1.4	1.071 / 3.748	1.109 / 4.436	1.140 / 5.130	1.168 / 5.840	1.191 / 6.550	1.211 / 7.266	1.228 / 7.982	1.244 / 8.708	1.257 / 9.427	1.269 / 10.31	1.280 / 10.88	1.291 / 11.62	1.299 / 12.34	1.307 / 13.07	1.315 / 13.81
1.6	1.146 / 4.007	1.186 / 4.744	1.219 / 5.485	1.248 / 6.240	1.273 / 7.001	1.295 / 7.770	1.313 / 8.538	1.330 / 9.310	1.343 / 10.07	1.356 / 10.85	1.368 / 11.63	1.380 / 12.42	1.389 / 13.20	1.398 / 13.98	1.406 / 14.76
1.8	1.214 / 4.249	1.258 / 5.032	1.293 / 5.818	1.324 / 6.620	1.350 / 7.425	1.373 / 8.238	1.392 / 9.048	1.411 / 9.877	1.425 / 10.69	1.439 / 11.51	1.451 / 12.33	1.463 / 13.17	1.473 / 13.99	1.484 / 14.82	1.491 / 15.65
2.0	1.280 / 4.480	1.326 / 5.304	1.364 / 6.138	1.396 / 6.980	1.424 / 7.832	1.448 / 8.688	1.469 / 9.548	1.487 / 10.41	1.502 / 11.26	1.516 / 12.13	1.529 / 13.00	1.542 / 13.88	1.552 / 14.74	1.562 / 15.62	1.572 / 16.51
2.2	1.342 / 4.697	1.390 / 5.560	1.430 / 6.435	1.464 / 7.320	1.493 / 8.211	1.518 / 9.108	1.540 / 10.01	1.560 / 10.92	1.576 / 11.81	1.590 / 12.72	1.604 / 13.63	1.618 / 14.56	1.628 / 15.47	1.638 / 16.38	1.648 / 17.30
2.4	1.402 / 4.907	1.452 / 5.808	1.494 / 6.723	1.529 / 7.645	1.560 / 8.580	1.586 / 9.516	1.609 / 10.46	1.628 / 11.40	1.645 / 12.34	1.661 / 13.29	1.676 / 14.25	1.690 / 15.21	1.701 / 16.16	1.712 / 17.12	1.723 / 18.09
2.6	1.469 / 5.106	1.513 / 6.048	1.556 / 6.997	1.591 / 7.955	1.623 / 8.926	1.650 / 9.900	1.674 / 10.88	1.696 / 11.87	1.713 / 12.85	1.729 / 13.83	1.744 / 14.82	1.759 / 15.83	1.770 / 16.81	1.781 / 17.81	1.792 / 18.82
2.8	1.514 / 5.299	1.569 / 6.276	1.614 / 7.263	1.652 / 8.260	1.684 / 9.262	1.713 / 10.28	1.738 / 11.30	1.760 / 12.32	1.777 / 13.33	1.794 / 14.35	1.811 / 15.39	1.827 / 16.44	1.838 / 17.37	1.849 / 18.49	1.859 / 19.52
3.0	1.587 / 5.484	1.624 / 6.496	1.671 / 7.519	1.710 / 8.550	1.744 / 9.622	1.773 / 10.64	1.798 / 11.69	1.821 / 12.75	1.839 / 13.79	1.857 / 14.86	1.873 / 15.92	1.889 / 17.00	1.901 / 18.06	1.913 / 19.13	1.925 / 20.21

(xvi)

CLASS I. ($n = 0.025$.)
MEAN VELOCITIES AND QUANTITIES OF DISCHARGE PER SECOND.
For a Depth of Water of 1·2.
For Bottom-Widths of

Fall per thousand	3·5	4·0	4·5	5·0	5·5	6·0	6·5	7·0	7·5	8·0	8·5	9·0	9·5	10	11
0·05	0·239 1·520	0·244 1·698	0·249 1·892	0·253 2·074	0·257 2·205	0·261 2·443	0·264 2·630	0·267 2·820	0·270 3·013	0·272 3·199	0·274 3·386	0·276 3·577	0·279 3·764	0·281 3·979	0·283 4·347
0·1	0·342 2·175	0·349 2·429	0·356 2·691	0·362 2·953	0·367 3·215	0·372 3·482	0·376 3·745	0·379 4·002	0·382 4·263	0·385 4·528	0·388 4·795	0·391 5·068	0·394 5·342	0·397 5·621	0·400 6·145
0·2	0·485 3·085	0·496 3·452	0·505 3·818	0·512 4·178	0·519 4·547	0·525 4·914	0·531 5·288	0·536 5·660	0·541 6·037	0·545 6·409	0·549 6·786	0·553 7·166	0·558 7·567	0·562 7·958	0·566 8·694
0·3	0·595 3·785	0·608 4·232	0·618 4·672	0·627 5·117	0·636 5·572	0·644 6·028	0·651 6·483	0·657 6·940	0·663 7·398	0·668 7·857	0·673 8·318	0·678 8·788	0·684 9·270	0·689 9·757	0·694 10·66
0·4	0·686 4·363	0·702 4·885	0·714 5·398	0·724 5·909	0·734 6·431	0·743 6·955	0·752 7·490	0·759 8·015	0·765 8·537	0·771 9·066	0·777 9·603	0·783 10·15	0·789 10·70	0·795 11·26	0·801 12·30
0·5	0·770 4·898	0·787 5·478	0·800 6·048	0·812 6·627	0·823 7·210	0·833 7·797	0·843 8·397	0·850 8·976	0·857 9·563	0·863 10·15	0·869 10·74	0·876 11·34	0·882 11·96	0·888 12·59	0·895 13·75
0·6	0·843 5·362	0·862 6·000	0·877 6·630	0·890 7·263	0·902 7·901	0·913 8·545	0·923 9·194	0·932 9·842	0·940 10·25	0·947 11·13	0·953 11·78	0·959 12·43	0·967 13·11	0·974 13·79	0·981 15·42
0·7	0·910 5·788	0·931 6·479	0·947 7·160	0·961 7·862	0·974 8·531	0·986 9·228	0·997 9·929	1·006 10·62	1·016 11·33	1·022 12·02	1·029 12·72	1·035 13·41	1·043 14·14	1·051 14·88	1·059 16·27
0·8	0·974 6·195	0·998 6·949	1·013 7·658	1·028 8·389	1·041 9·118	1·054 9·865	1·066 10·62	1·076 11·36	1·085 12·11	1·092 12·84	1·099 13·55	1·106 14·33	1·114 15·10	1·122 15·88	1·131 17·38

0·9	1·036 / 6·583	1·066 / 7·350	1·074 / 8·119	1·090 / 8·983	1·104 / 9·672	1·118 / 10·46	1·131 / 11·26	1·141 / 12·05	1·151 / 12·84	1·169 / 13·63	1·167 / 14·42	1·174 / 15·22	1·182 / 16·03	1·190 / 16·85	1·201 / 18·44
1·0	1·093 / 6·962	1·113 / 7·747	1·132 / 8·559	1·149 / 9·376	1·164 / 10·20	1·178 / 11·03	1·192 / 11·87	1·203 / 12·70	1·213 / 13·54	1·222 / 14·37	1·230 / 15·20	1·238 / 16·04	1·246 / 16·90	1·255 / 17·77	1·266 / 19·44
1·2	1·196 / 7·600	1·219 / 8·484	1·240 / 9·374	1·259 / 10·27	1·275 / 11·17	1·291 / 12·08	1·306 / 13·01	1·318 / 13·92	1·329 / 14·83	1·338 / 15·74	1·347 / 16·65	1·356 / 17·57	1·365 / 18·51	1·374 / 19·45	1·386 / 21·29
1·4	1·291 / 8·211	1·317 / 9·167	1·340 / 10·13	1·360 / 11·10	1·377 / 12·06	1·394 / 13·05	1·410 / 14·04	1·423 / 15·03	1·435 / 16·01	1·445 / 16·99	1·455 / 17·98	1·466 / 18·98	1·476 / 20·00	1·486 / 21·03	1·498 / 23·01
1·6	1·380 / 8·776	1·408 / 9·800	1·432 / 10·83	1·454 / 11·87	1·474 / 12·91	1·491 / 13·96	1·508 / 15·02	1·521 / 16·06	1·534 / 17·12	1·545 / 18·17	1·556 / 19·23	1·566 / 20·30	1·577 / 21·38	1·588 / 22·48	1·602 / 24·61
1·8	1·464 / 9·311	1·493 / 10·39	1·519 / 11·48	1·542 / 12·58	1·562 / 13·69	1·583 / 14·81	1·603 / 15·93	1·615 / 17·05	1·627 / 18·17	1·639 / 19·29	1·650 / 20·41	1·661 / 21·53	1·673 / 22·66	1·685 / 23·80	1·699 / 26·10
2·0	1·543 / 9·813	1·574 / 10·95	1·601 / 12·10	1·625 / 13·26	1·646 / 14·42	1·666 / 15·60	1·686 / 16·79	1·701 / 17·96	1·715 / 19·14	1·727 / 20·31	1·739 / 21·49	1·750 / 22·68	1·763 / 23·90	1·776 / 25·15	1·791 / 27·51
2·2	1·619 / 10·30	1·651 / 11·49	1·680 / 12·70	1·705 / 13·91	1·727 / 15·13	1·748 / 16·36	1·768 / 17·61	1·784 / 18·84	1·798 / 20·08	1·812 / 21·31	1·824 / 22·54	1·836 / 23·80	1·849 / 25·07	1·862 / 26·36	1·878 / 28·85
2·4	1·691 / 10·75	1·724 / 12·00	1·754 / 13·26	1·780 / 14·52	1·803 / 15·79	1·825 / 17·08	1·847 / 18·40	1·863 / 19·67	1·879 / 20·97	1·892 / 22·25	1·905 / 23·54	1·917 / 24·84	1·930 / 26·17	1·943 / 27·51	1·962 / 30·14
2·6	1·760 / 11·19	1·796 / 12·49	1·826 / 13·80	1·853 / 15·12	1·877 / 16·44	1·900 / 17·78	1·922 / 19·14	1·937 / 20·45	1·956 / 21·83	1·970 / 23·17	1·983 / 24·51	1·998 / 25·87	2·009 / 27·24	2·022 / 28·63	2·042 / 31·36
2·8	1·828 / 11·61	1·863 / 12·97	1·896 / 14·33	1·923 / 15·69	1·948 / 17·06	1·971 / 18·45	1·994 / 19·86	2·012 / 21·25	2·029 / 22·64	2·043 / 24·03	2·057 / 25·42	2·071 / 26·84	2·085 / 28·27	2·100 / 29·74	2·119 / 32·54
3·0	1·890 / 12·03	1·928 / 13·44	1·961 / 14·86	1·991 / 16·27	2·016 / 17·68	2·041 / 19·09	2·065 / 20·53	2·083 / 21·96	2·101 / 23·40	2·118 / 24·85	2·130 / 26·31	2·144 / 27·78	2·158 / 29·26	2·172 / 30·75	2·183 / 33·68

CLASS I. ($n = 0.025$.)

Mean Velocities and Quantities of Discharge per second.

For a Depth of Water of 1·4.

For Bottom-Widths of

Fall per thousand.	5·0	5·5	6·0	6·5	7·0	7·5	8·0	8·5	9·0	9·5	10	11	12	13	14
0·05	0·281	0·285	0·289	0·292	0·295	0·298	0·301	0·303	0·306	0·308	0·310	0·314	0·317	0·319	0·321
	2·793	3·035	3·277	3·519	3·762	4·005	4·250	4·498	4·748	4·999	5·252	5·746	6·242	6·738	7·236
0·1	0·397	0·403	0·408	0·412	0·416	0·420	0·424	0·427	0·430	0·433	0·436	0·441	0·445	0·449	0·463
	3·946	4·284	4·623	4·963	5·303	5·644	5·987	6·332	6·680	7·032	7·386	8·089	8·795	9·504	10·21
0·2	0·561	0·570	0·577	0·582	0·587	0·592	0·596	0·600	0·606	0·610	0·614	0·620	0·625	0·630	0·635
	5·577	6·049	6·523	7·000	7·477	7·956	8·438	8·923	9·411	9·902	10·40	11·37	12·35	13·33	14·31
0·3	0·689	0·698	0·706	0·712	0·719	0·726	0·732	0·737	0·742	0·747	0·752	0·762	0·772	0·778	0·784
	6·849	7·426	8·006	8·588	9·172	9·757	10·34	10·93	11·53	12·13	12·74	13·96	15·19	16·43	17·67
0·4	0·795	0·804	0·815	0·823	0·831	0·838	0·845	0·852	0·858	0·863	0·868	0·876	0·884	0·891	0·898
	7·903	8·568	9·236	9·917	10·59	11·26	11·93	12·61	13·30	14·00	14·70	16·08	17·46	18·85	20·24
0·5	0·889	0·901	0·911	0·920	0·929	0·937	0·945	0·952	0·959	0·966	0·971	0·980	0·989	0·997	1·004
	8·837	9·581	10·33	11·08	11·83	12·59	13·35	14·11	14·88	15·66	16·45	18·00	19·54	21·08	22·63
0·6	0·974	0·986	0·997	1·007	1·017	1·027	1·036	1·043	1·050	1·057	1·063	1·073	1·083	1·092	1·100
	9·685	10·50	11·32	12·14	12·97	13·80	14·63	15·46	16·30	17·15	18·00	19·70	21·40	23·10	24·79
0·7	1·052	1·066	1·078	1·088	1·099	1·109	1·118	1·127	1·134	1·141	1·148	1·159	1·170	1·180	1·189
	10·46	11·34	12·23	13·12	14·01	14·90	15·80	16·71	17·62	18·53	19·44	21·27	23·11	24·95	26·80
0·8	1·125	1·139	1·151	1·163	1·174	1·186	1·196	1·207	1·214	1·221	1·227	1·239	1·251	1·261	1·270
	11·18	12·12	13·07	14·02	14·97	15·92	16·88	17·85	18·82	19·80	20·78	22·73	24·69	26·65	28·62

0·9	1·193 / 11·86	1·208 / 12·86	1·221 / 13·87	1·234 / 14·87	1·246 / 15·88	1·257 / 16·89	1·268 / 17·90	1·278 / 18·92	1·288 / 19·95	1·294 / 21·00	1·302 / 22·05	1·316 / 24·12	1·337 / 26·20	1·338 / 28·29	1·348 / 30·38
1·0	1·257 / 12·49	1·274 / 13·55	1·288 / 14·61	1·301 / 15·68	1·314 / 16·75	1·326 / 17·82	1·337 / 18·90	1·347 / 19·98	1·356 / 21·07	1·365 / 22·16	1·313 / 23·26	1·386 / 25·44	1·399 / 27·63	1·410 / 29·82	1·421 / 32·02
1·2	1·377 / 13·69	1·396 / 14·85	1·410 / 16·01	1·426 / 17·18	1·439 / 18·35	1·452 / 19·52	1·464 / 20·70	1·476 / 21·89	1·486 / 23·08	1·495 / 24·27	1·504 / 25·47	1·518 / 27·86	1·632 / 30·26	1·544 / 32·62	1·566 / 35·07
1·4	1·488 / 14·79	1·507 / 16·03	1·524 / 17·28	1·539 / 18·54	1·554 / 19·80	1·568 / 21·07	1·581 / 22·34	1·593 / 23·62	1·604 / 24·91	1·614 / 26·20	1·624 / 27·51	1·640 / 30·10	1·665 / 32·70	1·668 / 35·30	1·691 / 37·89
1·6	1·590 / 15·80	1·611 / 17·14	1·629 / 18·49	1·645 / 19·84	1·661 / 21·19	1·677 / 22·54	1·691 / 23·90	1·704 / 25·27	1·716 / 26·64	1·728 / 28·02	1·736 / 29·40	1·753 / 32·16	1·769 / 34·93	1·783 / 37·71	1·797 / 40·50
1·8	1·687 / 16·77	1·709 / 18·19	1·728 / 19·61	1·746 / 21·03	1·762 / 22·46	1·778 / 23·90	1·793 / 25·35	1·807 / 26·80	1·819 / 28·26	1·830 / 29·72	1·841 / 31·19	1·854 / 34·15	1·877 / 37·11	1·894 / 40·08	1·910 / 43·05
2·0	1·778 / 17·67	1·801 / 19·17	1·822 / 20·67	1·840 / 22·18	1·857 / 23·68	1·874 / 25·19	1·890 / 26·71	1·905 / 28·24	1·917 / 29·78	1·929 / 31·33	1·941 / 32·88	1·960 / 35·97	1·978 / 39·07	1·994 / 42·17	2·009 / 45·28
2·2	1·865 / 18·54	1·889 / 20·11	1·910 / 21·68	1·930 / 23·26	1·948 / 24·84	1·966 / 26·42	1·982 / 28·01	1·998 / 29·61	2·011 / 31·22	2·024 / 32·85	2·038 / 34·49	2·055 / 37·73	2·074 / 40·98	2·091 / 44·23	2·107 / 47·49
2·4	1·948 / 19·36	1·973 / 21·00	1·994 / 22·64	2·013 / 24·29	2·033 / 25·84	2·053 / 27·59	2·070 / 29·25	2·086 / 30·93	2·100 / 32·62	2·113 / 34·32	2·126 / 36·02	2·147 / 39·41	2·167 / 42·80	2·184 / 46·19	2·200 / 49·59
2·6	2·027 / 20·15	2·054 / 21·86	2·077 / 23·57	2·098 / 25·28	2·118 / 27·00	2·137 / 28·72	2·155 / 30·45	2·172 / 32·20	2·187 / 33·95	2·201 / 35·71	2·213 / 37·49	2·234 / 41·01	2·265 / 44·54	2·273 / 48·08	2·290 / 51·62
2·8	2·104 / 20·91	2·131 / 22·68	2·156 / 24·46	2·177 / 26·24	2·198 / 28·02	2·218 / 29·81	2·236 / 31·61	2·253 / 33·42	2·268 / 35·24	2·282 / 37·07	2·296 / 38·90	2·318 / 42·56	2·340 / 46·23	2·359 / 49·90	2·377 / 53·58
3·0	2·180 / 21·67	2·206 / 23·50	2·230 / 25·34	2·253 / 27·18	2·275 / 29·02	2·295 / 30·86	2·315 / 32·71	2·333 / 34·58	2·348 / 36·46	2·363 / 38·36	2·377 / 40·26	2·400 / 44·05	2·422 / 47·85	2·441 / 51·65	2·460 / 55·45

(xx)

CLASS I. ($n = 0.025$.)

Mean Velocities and Quantities of Discharge per Second.

For a Depth of Water of 1·6.
For Bottom-Widths of

Fall per thousand	7·0	7·5	8·0	8·5	9·0	9·5	10	11	12	13	14	15	16	17	18
0·05	0·321 4·827	0·324 5·143	0·328 5·457	0·331 5·773	0·334 6·085	0·336 6·396	0·338 6·706	0·342 7·335	0·345 7·964	0·348 8·594	0·351 9·225	0·354 9·856	0·357 10·49	0·359 10·63	0·361 11·78
0·1	0·450 6·769	0·454 7·198	0·458 7·628	0·462 8·058	0·466 8·492	0·469 8·930	0·472 9·365	0·477 10·23	0·481 11·10	0·485 11·97	0·489 12·84	0·493 13·72	0·496 14·61	0·499 15·50	0·502 16·39
0·2	0·634 9·535	0·640 10·13	0·645 10·72	0·649 11·32	0·654 11·93	0·659 12·54	0·663 13·15	0·670 14·36	0·676 15·58	0·682 16·81	0·687 18·04	0·692 19·27	0·697 20·52	0·702 21·78	0·706 23·05
0·3	0·776 11·67	0·783 12·40	0·788 13·13	0·795 13·86	0·800 14·59	0·806 15·33	0·810 16·07	0·819 17·56	0·826 19·05	0·833 20·54	0·840 21·05	0·846 23·55	0·851 25·04	0·855 26·53	0·869 28·03
0·4	0·894 13·45	0·902 14·29	0·909 15·13	0·915 15·96	0·921 16·81	0·927 17·66	0·933 18·51	0·943 20·24	0·952 21·97	0·960 23·70	0·968 25·43	0·976 27·15	0·980 28·86	0·986 30·57	0·989 32·28
0·5	1·000 15·04	1·008 15·97	1·014 16·90	1·023 17·84	1·031 18·79	1·037 19·74	1·043 20·69	1·055 22·63	1·064 24·56	1·073 26·49	1·082 28·42	1·090 30·35	1·096 32·27	1·101 34·19	1·106 36·10
0·6	1·095 16·47	1·102 17·50	1·112 18·53	1·121 19·55	1·129 20·59	1·136 21·63	1·143 22·68	1·155 24·79	1·166 26·90	1·176 29·01	1·186 31·11	1·193 33·21	1·199 35·32	1·205 37·43	1·211 39·53
0·7	1·184 17·81	1·191 18·91	1·201 20·01	1·211 21·12	1·218 22·24	1·227 23·36	1·234 24·48	1·248 26·77	1·259 29·06	1·270 31·35	1·280 33·63	1·290 35·91	1·296 38·17	1·302 40·43	1·308 42·70
0·8	1·265 19·02	1·273 20·21	1·284 21·40	1·295 22·58	1·304 23·78	1·312 24·98	1·320 26·19	1·334 28·62	1·346 31·05	1·357 33·48	1·368 35·92	1·378 38·36	1·386 40·79	1·392 43·22	1·398 45·64

(xxi)

0·9	1·341 20·17	1·360 21·43	1·382 22·68	1·373 23·94	1·382 25·22	1·391 26·50	1·400 27·78	1·416 30·37	1·438 32·95	1·440 35·53	1·451 38·11	1·462 40·70	1·469 43·27	1·476 45·84	1·483 48·41
1·0	1·414 21·27	1·423 22·60	1·436 23·93	1·448 25·25	1·458 26·59	1·467 27·93	1·476 29·28	1·491 32·01	1·506 34·73	1·518 37·45	1·530 40·17	1·541 42·90	1·549 45·62	1·557 48·34	1·564 51·05
1·2	1·549 23·30	1·569 24·75	1·572 26·20	1·585 27·64	1·586 29·11	1·608 30·58	1·616 32·06	1·634 35·05	1·649 38·03	1·663 41·01	1·676 44·00	1·688 46·99	1·697 49·96	1·705 52·93	1·713 55·91
1·4	1·671 25·13	1·684 26·71	1·698 28·29	1·712 29·86	1·724 31·45	1·735 33·04	1·746 34·64	1·761 37·87	1·779 41·09	1·796 44·31	1·810 47·53	1·823 50·76	1·832 53·97	1·841 57·18	1·850 60·38
1·6	1·788 26·89	1·800 28·57	1·816 30·25	1·831 31·93	1·843 33·62	1·855 35·32	1·866 37·02	1·888 40·47	1·903 43·92	1·920 47·37	1·935 50·82	1·949 54·26	1·959 57·70	1·969 61·14	1·976 64·57
1·8	1·897 28·53	1·909 30·32	1·927 32·11	1·944 33·90	1·958 35·69	1·968 37·48	1·980 39·28	2·001 42·94	2·019 46·59	2·036 50·24	2·052 53·89	2·067 57·54	2·078 61·19	2·088 64·84	2·098 68·49
2·0	2·000 30·08	2·013 31·96	2·030 33·84	2·047 35·71	2·061 37·61	2·074 39·51	2·087 41·41	2·109 45·27	2·128 49·13	2·146 52·99	2·163 56·84	2·180 60·69	2·191 64·52	2·201 68·34	2·211 72·16
2·2	2·097 31·54	2·111 33·50	2·130 35·47	2·147 37·45	2·161 39·44	2·175 41·43	2·189 43·43	2·212 47·48	2·232 51·52	2·251 55·56	2·269 59·60	2·286 63·64	2·297 67·66	2·309 71·67	2·319 75·68
2·4	2·191 32·95	2·206 34·99	2·224 37·04	2·242 39·10	2·257 41·17	2·272 43·25	2·286 45·35	2·310 49·57	2·331 53·79	2·351 58·01	2·369 62·23	2·387 66·45	2·400 70·65	2·411 74·85	2·422 79·05
2·6	2·280 34·29	2·294 36·42	2·314 38·56	2·334 40·70	2·349 42·85	2·364 45·02	2·379 47·20	2·405 51·59	2·428 55·98	2·447 60·38	2·466 64·78	2·485 69·18	2·497 73·55	2·509 77·92	2·521 82·28
2·8	2·368 35·59	2·381 37·80	2·401 40·01	2·421 42·23	2·438 44·48	2·454 46·73	2·469 48·99	2·495 53·56	2·519 58·12	2·540 62·68	2·560 67·24	2·579 71·80	2·593 76·33	2·604 80·86	2·616 85·39
3·0	2·449 36·83	2·466 39·13	2·486 41·43	2·507 43·72	2·524 46·04	2·540 48·36	2·556 50·69	2·583 55·42	2·607 60·14	2·629 64·86	2·650 69·58	2·669 74·30	2·684 79·00	2·696 83·70	2·706 88·39

(xxii)

CLASS I. ($n = 0·025$.)
MEAN VELOCITIES AND QUANTITIES OF DISCHARGE PER SECOND.
For a Depth of Water of 1·8.
For Bottom-Widths of

Fall per thousand.	9·0	9·5	10	11	12	13	14	15	16	17	18	19	20	21	22
0·05	0·358 7·539	0·361 7·930	0·364 8·322	0·368 9·090	0·372 9·860	0·376 10·63	0·379 11·40	0·382 12·17	0·385 12·94	0·387 13·71	0·389 14·49	0·391 15·27	0·393 16·06	0·395 16·84	0·396 17·63
0·1	0·496 10·49	0·502 11·01	0·505 11·54	0·511 12·59	0·517 13·65	0·521 14·71	0·525 15·78	0·529 16·85	0·533 17·92	0·537 19·00	0·540 20·08	0·543 21·17	0·546 22·27	0·547 23·36	0·549 24·46
0·2	0·699 14·72	0·704 15·46	0·709 16·21	0·717 17·70	0·725 19·19	0·732 20·68	0·738 22·17	0·743 23·67	0·747 25·17	0·751 26·67	0·755 28·17	0·759 29·67	0·763 31·17	0·767 32·67	0·770 34·17
0·3	0·864 17·98	0·869 18·86	0·864 19·75	0·873 21·55	0·882 23·36	0·890 25·17	0·897 26·98	0·904 28·80	0·911 30·63	0·918 32·47	0·921 34·31	0·926 36·15	0·930 38·00	0·934 39·85	0·937 41·70
0·4	0·984 20·72	0·990 21·74	0·996 22·77	1·007 24·85	1·017 26·94	1·026 29·03	1·034 31·11	1·042 33·20	1·049 35·30	1·055 37·41	1·061 39·52	1·067 41·64	1·071 43·76	1·076 45·88	1·079 48·00
0·5	1·100 23·16	1·107 24·30	1·113 25·44	1·126 27·77	1·138 30·10	1·148 32·44	1·157 34·78	1·165 37·12	1·173 39·47	1·180 41·83	1·186 44·19	1·192 46·55	1·197 48·91	1·202 51·27	1·207 53·63
0·6	1·204 25·36	1·212 26·61	1·219 27·87	1·233 30·42	1·246 32·98	1·257 35·54	1·267 38·09	1·276 40·65	1·286 43·22	1·292 45·80	1·299 48·38	1·306 50·97	1·311 53·57	1·316 56·17	1·321 58·77
0·7	1·301 27·40	1·309 28·75	1·317 30·11	1·332 32·87	1·346 35·63	1·358 38·40	1·369 41·16	1·379 43·93	1·388 46·70	1·396 49·48	1·403 52·27	1·410 55·06	1·416 57·86	1·422 60·66	1·428 63·46
0·8	1·391 29·30	1·400 30·74	1·408 32·19	1·424 35·13	1·439 38·08	1·451 41·03	1·463 43·99	1·474 46·96	1·484 49·93	1·492 52·91	1·500 55·89	1·507 58·87	1·514 61·86	1·520 64·85	1·526 67·84

(xxiii)

0·9	1·476 / 31·06	1·484 / 32·60	1·493 / 34·13	1·510 / 37·26	1·526 / 40·39	1·539 / 43·53	1·552 / 46·66	1·563 / 49·80	1·573 / 52·95	1·582 / 56·11	1·591 / 59·27	1·599 / 62·44	1·606 / 65·62	1·613 / 68·80	1·619 / 71·98
1·0	1·555 / 32·75	1·565 / 34·36	1·574 / 35·98	1·593 / 39·27	1·609 / 42·57	1·623 / 45·87	1·636 / 49·17	1·647 / 52·47	1·658 / 55·78	1·667 / 59·11	1·676 / 62·46	1·685 / 65·82	1·693 / 69·18	1·700 / 72·54	1·707 / 75·90
1·2	1·703 / 35·87	1·714 / 37·64	1·724 / 39·41	1·744 / 43·01	1·762 / 46·62	1·778 / 50·24	1·792 / 53·87	1·806 / 57·50	1·817 / 61·14	1·827 / 64·79	1·837 / 68·45	1·847 / 72·12	1·856 / 75·79	1·862 / 79·46	1·869 / 83·14
1·4	1·840 / 38·75	1·851 / 40·66	1·862 / 42·57	1·884 / 46·48	1·904 / 50·39	1·920 / 54·30	1·936 / 58·21	1·950 / 62·13	1·962 / 66·05	1·973 / 69·98	1·984 / 73·92	1·994 / 77·88	2·003 / 81·85	2·011 / 85·82	2·019 / 89·80
1·6	1·967 / 41·43	1·980 / 43·47	1·991 / 45·51	2·014 / 49·66	2·035 / 53·82	2·053 / 57·99	2·069 / 62·17	2·083 / 66·36	2·097 / 70·56	2·109 / 74·77	2·121 / 78·99	2·132 / 83·23	2·141 / 87·48	2·150 / 91·73	2·168 / 95·98
1·8	2·087 / 43·96	2·100 / 46·12	2·112 / 48·28	2·137 / 52·69	2·159 / 57·11	2·178 / 61·54	2·195 / 65·97	2·210 / 70·41	2·225 / 74·86	2·237 / 79·32	2·249 / 83·80	2·261 / 88·29	2·271 / 92·79	2·281 / 97·29	2·290 / 101·8
2·0	2·200 / 46·33	2·213 / 48·61	2·226 / 50·89	2·252 / 55·55	2·276 / 60·21	2·296 / 64·88	2·314 / 69·55	2·330 / 74·23	2·345 / 78·92	2·358 / 83·62	2·371 / 88·34	2·384 / 93·07	2·394 / 97·81	2·404 / 102·5	2·413 / 107·2
2·2	2·306 / 48·56	2·321 / 50·97	2·336 / 53·38	2·362 / 58·26	2·387 / 63·15	2·408 / 68·05	2·427 / 72·95	2·444 / 77·86	2·460 / 82·78	2·474 / 87·72	2·487 / 92·67	2·500 / 97·63	2·511 / 102·6	2·521 / 107·6	2·531 / 112·6
2·4	2·409 / 50·74	2·424 / 53·24	2·438 / 55·73	2·468 / 60·84	2·492 / 65·96	2·515 / 71·08	2·535 / 76·21	2·553 / 81·34	2·569 / 86·49	2·584 / 91·65	2·598 / 96·82	2·612 / 102·0	2·623 / 107·2	2·634 / 112·4	2·644 / 117·6
2·6	2·507 / 52·80	2·523 / 55·41	2·538 / 58·02	2·567 / 63·33	2·594 / 68·65	2·617 / 73·98	2·638 / 79·31	2·657 / 84·65	2·674 / 90·00	2·689 / 95·37	2·704 / 100·8	2·718 / 106·2	2·730 / 111·6	2·741 / 117·0	2·752 / 122·4
2·8	2·602 / 54·80	2·618 / 57·50	2·634 / 60·21	2·666 / 65·72	2·693 / 71·24	2·716 / 76·77	2·737 / 82·30	2·757 / 87·84	2·775 / 93·40	2·790 / 98·97	2·805 / 104·5	2·820 / 110·1	2·832 / 115·7	2·844 / 121·3	2·856 / 126·9
3·0	2·693 / 56·72	2·710 / 59·53	2·727 / 62·35	2·759 / 68·05	2·787 / 73·76	2·812 / 79·48	2·834 / 85·20	2·854 / 90·93	2·873 / 96·68	2·889 / 102·4	2·906 / 108·2	2·920 / 114·0	2·932 / 119·8	2·844 / 125·6	2·955 / 131·4

(xxiv)

CLASS I. ($n = 0·025$.)

Mean Velocities and Quantities of Discharge per second.

For a Depth of Water of 2·0.

For Bottom-Width of

Fall per thousand	12	13	14	15	16	17	18	19	20	21	22	23	24	25	26
0·05	0·398 11·94	0·402 12·87	0·405 13·80	0·409 14·73	0·412 15·66	0·415 16·60	0·417 17·54	0·420 18·48	0·422 19·42	0·424 20·36	0·426 21·30	0·428 22·24	0·430 23·18	0·431 24·12	0·432 25·06
0·1	0·551 16·53	0·556 17·81	0·560 19·09	0·565 20·38	5·670 21·67	0·674 22·96	0·577 24·25	0·580 25·54	0·582 26·83	0·585 28·12	0·588 29·40	0·590 30·69	0·593 31·99	0·595 33·30	0·597 34·62
0·2	0·771 23·13	0·778 24·92	0·784 26·70	0·790 28·48	0·796 30·26	0·801 32·04	0·806 33·82	0·809 35·60	0·813 37·38	0·816 39·16	0·819 40·95	0·822 42·74	0·825 44·54	0·828 46·34	0·830 48·14
0·3	0·937 28·11	0·946 30·28	0·954 32·46	0·962 34·64	0·969 36·82	0·976 39·00	0·981 41·19	0·986 43·38	0·991 45·57	0·996 47·76	0·999 49·95	1·002 52·14	1·006 54·33	1·009 56·52	1·012 58·70
0·4	1·080 32·40	1·090 34·89	1·099 37·38	1·108 39·88	1·116 42·38	1·122 44·88	1·128 47·39	1·135 49·91	1·141 52·44	1·146 54·97	1·160 57·50	1·154 60·04	1·158 62·60	1·162 65·16	1·166 67·73
0·5	1·208 36·24	1·220 39·03	1·230 41·82	1·239 44·61	1·247 47·40	1·256 50·20	1·262 53·00	1·268 55·80	1·274 58·60	1·279 61·40	1·284 64·20	1·289 67·01	1·294 69·84	1·298 72·68	1·302 75·52
0·6	1·323 39·69	1·336 42·75	1·347 45·81	1·358 48·87	1·368 51·93	1·375 55·00	1·382 58·07	1·389 61·14	1·395 64·21	1·401 67·28	1·407 70·35	1·412 73·43	1·417 76·53	1·422 79·65	1·427 82·77
0·7	1·429 42·87	1·443 46·16	1·456 49·46	1·465 52·76	1·475 56·05	1·484 59·36	1·493 62·68	1·501 66·01	1·508 69·34	1·514 72·67	1·520 76·00	1·526 79·34	1·531 82·68	1·536 86·03	1·541 99·38
0·8	1·528 45·84	1·542 49·35	1·556 52·87	1·566 56·40	1·577 59·94	1·587 63·48	1·596 67·03	1·604 70·58	1·611 74·13	1·618 77·60	1·625 81·25	1·631 84·82	1·637 88·39	1·642 91·96	1·647 95·53

0·9	1·621 48·63	1·636 52·36	1·650 56·09	1·682 59·83	1·673 63·57	1·683 67·32	1·692 71·08	1·701 74·84	1·709 78·61	1·716 82·38	1·723 86·15	1·730 89·91	1·735 93·67	1·742 97·43	1·747 101·2
1·0	1·708 51·24	1·724 55·17	1·739 59·11	1·751 63·06	1·763 67·01	1·774 70·96	1·785 74·92	1·793 78·89	1·801 82·86	1·809 86·83	1·816 90·80	1·823 94·82	1·830 98·81	1·836 102·8	1·842 106·8
1·2	1·872 56·16	1·880 60·46	1·905 64·77	1·919 69·08	1·932 73·40	1·943 77·72	1·954 82·05	1·964 86·40	1·974 90·76	1·982 95·13	1·990 99·50	1·998 103·9	2·006 108·3	2·011 112·6	2·017 117·0
1·4	2·022 60·66	2·041 65·30	2·058 69·95	2·072 74·60	2·085 79·26	2·093 83·92	2·111 88·60	2·122 93·29	2·132 97·99	2·141 102·8	2·150 107·5	2·156 112·2	2·165 116·9	2·172 121·6	2·179 126·4
1·6	2·161 64·83	2·182 69·80	2·200 74·78	2·216 79·77	2·231 84·76	2·244 89·76	2·257 94·77	2·268 99·79	2·279 104·8	2·289 109·8	2·288 114·9	2·307 119·9	2·315 125·0	2·322 130·0	2·329 135·1
1·8	2·292 68·76	2·314 74·03	2·333 79·31	2·350 84·60	2·366 89·90	2·380 95·20	2·394 100·5	2·406 105·8	2·417 111·1	2·427 116·4	2·437 121·8	2·446 127·1	2·461 132·4	2·466 137·6	2·461 142·7
2·0	2·416 72·48	2·439 78·15	2·465 83·73	2·477 89·31	2·494 94·90	2·510 100·4	2·524 106·0	2·536 111·6	2·547 117·2	2·558 122·8	2·569 128·4	2·580 134·0	2·589 139·6	2·587 145·3	2·604 151·0
2·2	2·534 76·02	2·568 81·87	2·679 87·72	2·599 93·58	2·616 99·44	2·632 105·3	2·647 111·2	2·660 117·1	2·673 123·0	2·685 128·9	2·696 134·8	2·705 140·7	2·715 146·6	2·724 152·5	2·732 158·5
2·4	2·647 79·41	2·672 85·94	2·694 91·58	2·714 97·68	2·732 103·8	2·748 109·9	2·764 116·0	2·778 122·1	2·791 128·3	2·803 134·5	2·814 140·7	2·825 146·8	2·834 153·0	2·843 159·2	2·852 165·4
2·6	2·775 82·65	2·781 89·00	2·804 95·35	2·825 101·7	2·843 108·0	2·861 114·4	2·877 120·8	2·892 127·2	2·906 133·6	2·918 140·0	2·929 146·4	2·940 152·8	2·960 159·3	2·960 165·8	2·970 172·3
2·8	2·858 85·74	2·885 92·35	2·910 98·96	2·931 105·6	2·951 112·2	2·869 118·8	2·986 125·4	3·000 132·0	3·014 138·6	3·027 145·3	3·040 152·0	3·052 158·6	3·062 165·3	3·072 172·0	3·081 178·7
3·0	2·960 88·80	2·987 95·62	3·012 102·4	3·034 109·2	3·054 116·0	3·073 122·9	3·091 129·8	3·106 136·6	3·120 143·5	3·134 150·4	3·147 157·3	3·150 164·2	3·171 171·1	3·181 178·0	3·190 185·0

CLASS I. ($n = 0{\cdot}025$.)

Mean Velocities and Quantities of Discharge per second.

For a Depth of Water of 2·2.

For Bottom-Widths of

Fall per thousand.	16	17	18	19	20	21	22	23	24	25	26	27	28	29	30
0·05	0·436 18·51	0·439 19·63	0·442 20·75	0·445 21·87	0·448 22·99	0·451 24·11	0·453 25·22	0·455 26·33	0·456 27·44	0·458 28·55	0·460 29·65	0·462 30·75	0·463 31·85	0·464 32·95	0·465 34·06
0·1	0·602 25·56	0·607 27·09	0·611 28·62	0·614 30·15	0·617 31·68	0·621 33·20	0·624 34·72	0·627 36·24	0·629 37·76	0·631 39·28	0·633 40·80	0·635 42·32	0·637 43·84	0·639 45·36	0·640 46·88
0·2	0·837 35·54	0·843 37·64	0·848 39·74	0·853 41·84	0·857 43·94	0·861 46·03	0·865 48·15	0·869 50·27	0·872 52·40	0·876 54·53	0·879 56·66	0·882 58·80	0·885 60·95	0·888 63·11	0·891 65·27
0·3	1·017 43·18	1·025 45·75	1·032 48·32	1·038 50·89	1·043 53·46	1·048 56·03	1·052 58·60	1·057 61·17	1·061 63·75	1·066 66·33	1·069 68·91	1·073 71·50	1·076 74·09	1·079 76·68	1·082 79·27
0·4	1·175 49·89	1·183 52·85	1·191 55·81	1·198 58·77	1·204 61·73	1·210 64·69	1·216 67·65	1·220 70·61	1·225 73·56	1·229 76·51	1·233 79·47	1·236 82·44	1·240 85·41	1·244 88·38	1·247 91·35
0·5	1·312 55·71	1·321 59·01	1·329 62·31	1·337 65·60	1·344 68·89	1·350 72·18	1·356 75·47	1·360 78·76	1·365 82·05	1·370 85·34	1·375 88·63	1·379 91·92	1·383 95·21	1·387 98·50	1·390 101·8
0·6	1·437 61·01	1·447 64·61	1·456 68·21	1·464 71·81	1·472 75·41	1·478 79·01	1·484 82·63	1·490 86·24	1·496 89·85	1·501 93·46	1·506 97·07	1·510 100·7	1·514 104·3	1·518 107·9	1·522 111·5
0·7	1·563 65·93	1·563 69·82	1·573 73·71	1·582 77·60	1·590 81·49	1·597 85·37	1·603 89·26	1·609 93·14	1·616 97·02	1·621 100·9	1·626 104·8	1·631 108·7	1·636 112·6	1·640 116·5	1·644 120·4
0·8	1·660 70·49	1·671 74·65	1·681 78·81	1·691 82·97	1·700 87·12	1·707 91·27	1·714 95·43	1·721 99·59	1·727 103·8	1·733 108·0	1·739 112·1	1·744 116·2	1·749 120·4	1·754 124·6	1·758 128·8

1·831	1·838	1·844	1·850	1·855	1·860	1·864
110·0	114·4	118·8	123·2	127·6	132·0	136·5
1·928	1·935	1·942	1·949	1·955	1·960	1·965
115·8	120·5	125·2	129·8	134·5	139·2	143·9
2·116	2·122	2·129	2·136	2·142	2·147	2·152
127·1	132·2	137·2	142·3	147·4	152·5	157·6
2·286	2·293	2·300	2·307	2·313	2·319	2·325
137·2	142·7	148·2	153·7	159·2	164·7	170·3
2·442	2·450	2·458	2·466	2·473	2·479	2·485
146·6	152·5	158·4	164·3	170·2	176·1	182·0
2·591	2·600	2·608	2·616	2·623	2·630	2·636
155·7	161·9	168·1	174·3	180·5	186·8	193·1
2·730	2·739	2·748	2·757	2·765	2·772	2·779
164·1	170·7	177·2	183·8	190·4	197·0	203·6
2·864	2·874	2·883	2·892	2·900	2·908	2·915
172·0	178·9	185·8	192·7	199·6	206·5	213·5
2·991	3·001	3·011	3·021	3·029	3·037	3·044
179·7	186·9	194·1	201·3	208·5	215·7	223·0
3·113	3·124	3·134	3·144	3·152	3·160	3·168
187·0	194·5	202·0	209·5	217·0	224·5	232·1
3·231	3·242	3·252	3·262	3·271	3·280	3·288
194·0	201·8	209·6	217·4	225·2	233·0	240·9
3·344	3·356	3·366	3·377	3·386	3·395	3·403
200·8	208·9	217·0	225·1	233·2	241·2	249·3

(xxviii)

CLASS I. ($n = 0.025$.)

Mean Velocities and Quantities of Discharge per second.

For a Depth of Water of 2·4.
For Bottom-Widths of

Fall per thousand.	20	21	22	23	24	25	26	27	28	29	30	31	32	33	34
0·05	0·474	0·477	0·479	0·481	0·483	0·485	0·487	0·489	0·491	0·493	0·494	0·495	0·496	0·497	0·498
	26·85	28·13	29·42	30·71	32·00	33·29	34·59	35·90	37·21	38·52	39·83	41·12	42·40	43·67	44·94
0·1	0·652	0·656	0·659	0·661	0·663	0·666	0·668	0·670	0·672	0·674	0·676	0·678	0·680	0·682	0·683
	36·93	38·68	40·43	42·19	43·95	45·71	47·47	49·23	50·99	52·75	54·51	56·28	58·06	59·84	61·63
0·2	1·904	0·908	0·912	0·916	0·920	0·923	0·926	0·930	0·933	0·936	0·939	0·941	0·943	0·945	0·947
	51·20	53·63	56·06	58·49	60·92	63·36	65·81	68·28	70·75	73·23	75·72	78·19	80·63	83·06	85·45
0·3	1·100	1·105	1·110	1·115	1·119	1·123	1·127	1·130	1·133	1·136	1·139	1·142	1·146	1·148	1·151
	62·30	65·25	68·20	71·16	74·12	77·08	80·03	82·98	85·94	88·90	91·86	94·83	97·81	100·8	103·8
0·4	1·267	1·273	1·279	1·285	1·290	1·295	1·299	1·302	1·306	1·309	1·313	1·316	1·319	1·322	1·326
	71·76	75·18	78·60	82·02	85·45	88·88	92·39	95·79	99·19	102·5	105·9	109·3	112·7	116·1	119·6
0·5	1·411	1·417	1·423	1·429	1·435	1·440	1·445	1·450	1·454	1·458	1·462	1·466	1·469	1·472	1·475
	79·91	83·69	87·47	91·25	95·04	98·83	102·6	106·3	110·1	113·9	117·7	121·5	125·3	129·1	133·0
0·6	1·545	1·552	1·559	1·566	1·572	1·578	1·583	1·588	1·593	1·598	1·602	1·606	1·610	1·614	1·617
	87·50	91·65	95·81	100·0	104·2	108·3	112·5	116·7	120·9	125·1	129·2	133·4	137·6	141·8	145·9
0·7	1·669	1·677	1·684	1·691	1·698	1·704	1·710	1·715	1·720	1·726	1·730	1·734	1·738	1·742	1·746
	94·54	99·01	103·5	107·9	112·4	116·9	121·4	125·9	130·4	134·9	139·4	143·9	148·4	152·9	157·5
0·8	1·785	1·793	1·801	1·809	1·816	1·822	1·828	1·834	1·839	1·844	1·849	1·854	1·858	1·862	1·866
	101·1	105·8	110·6	115·4	120·2	125·0	129·8	134·6	139·4	144·2	149·1	153·9	158·7	163·5	168·4

(xxix)

	125·5	129·6	133·4	141·5	147·2	153·1	158·9	164·8	170·7	176·6	182·5	188·4	194·3	200·2	206·0
1·4	2·361 / 133·7	2·372 / 140·0	2·382 / 146·3	2·392 / 152·6	2·402 / 159·0	2·410 / 165·4	2·418 / 171·7	2·425 / 178·0	2·432 / 184·4	2·439 / 190·8	2·446 / 197·2	2·453 / 203·6	2·459 / 210·0	2·464 / 216·4	2·469 / 222·8
1·6	2·524 / 143·0	2·535 / 149·7	2·548 / 156·5	2·557 / 163·3	2·568 / 170·1	2·577 / 176·9	2·585 / 183·7	2·593 / 190·5	2·600 / 197·3	2·608 / 204·1	2·616 / 210·9	2·622 / 217·7	2·628 / 224·5	2·634 / 231·3	2·640 / 238·2
1·8	2·677 / 151·6	2·689 / 158·8	2·701 / 166·0	2·712 / 173·2	2·723 / 180·4	2·733 / 187·6	2·742 / 194·8	2·750 / 202·0	2·758 / 209·2	2·766 / 216·4	2·774 / 223·7	2·781 / 230·9	2·788 / 238·1	2·794 / 245·3	2·800 / 252·6
2·0	2·822 / 159·8	2·835 / 167·4	2·847 / 175·0	2·859 / 182·6	2·870 / 190·2	2·880 / 197·8	2·890 / 205·4	2·899 / 213·0	2·908 / 220·6	2·916 / 228·2	2·924 / 235·8	2·932 / 243·4	2·939 / 251·0	2·945 / 258·6	2·951 / 266·3
2·2	2·960 / 167·6	2·973 / 175·5	2·986 / 183·4	2·998 / 191·3	3·010 / 199·3	3·021 / 207·3	3·031 / 215·3	3·040 / 223·3	3·049 / 231·3	3·058 / 239·3	3·067 / 247·3	3·075 / 255·3	3·082 / 263·3	3·089 / 271·3	3·095 / 279·3
2·4	3·091 / 175·1	3·106 / 183·4	3·118 / 191·7	3·131 / 200·0	3·144 / 208·3	3·155 / 216·6	3·166 / 224·9	3·176 / 233·2	3·185 / 241·5	3·194 / 249·9	3·203 / 258·3	3·212 / 266·6	3·219 / 274·9	3·226 / 283·3	3·232 / 291·7
2·6	3·217 / 182·2	3·232 / 190·8	3·246 / 199·4	3·260 / 208·0	3·273 / 216·7	3·284 / 225·4	3·295 / 234·0	3·305 / 242·7	3·316 / 251·4	3·326 / 260·1	3·334 / 268·6	3·343 / 277·5	3·351 / 286·2	3·358 / 294·9	3·365 / 303·7
2·8	3·338 / 189·1	3·353 / 198·0	3·368 / 207·0	3·383 / 216·0	3·397 / 225·0	3·409 / 234·0	3·419 / 243·0	3·430 / 252·0	3·440 / 261·0	3·450 / 270·0	3·459 / 278·9	3·468 / 288·0	3·476 / 297·0	3·484 / 306·0	3·492 / 315·1
3·0	3·456 / 195·7	3·472 / 205·0	3·487 / 214·3	3·502 / 223·6	3·516 / 232·9	3·528 / 242·2	3·539 / 251·5	3·550 / 260·8	3·561 / 270·1	3·571 / 279·4	3·581 / 288·8	3·590 / 298·1	3·598 / 307·4	3·606 / 316·7	3·614 / 326·1

CLASS I. ($n = 0.025$.)

Mean Velocities and Quantities of Discharge per second.

For a Depth of Water of 2·6.
For Bottom-Widths of

Fall per thousand.	26	27	28	29	30	31	32	33	34	35	36	37	38	39	40
0·05	0·513 39·89	0·515 41·41	0·517 42·93	0·519 44·44	0·521 45·95	0·523 47·46	0·524 48·95	0·526 50·44	0·527 51·92	0·528 53·40	0·529 54·88	0·530 56·37	0·531 57·86	0·532 59·35	0·533 60·84
0·1	0·702 54·58	0·705 56·63	0·707 58·67	0·710 60·71	0·712 62·75	0·714 64·79	0·715 66·81	0·717 68·83	0·718 70·85	0·720 72·88	0·722 74·91	0·724 76·95	0·726 78·99	0·727 81·04	0·728 83·10
0·2	0·972 75·56	0·975 78·34	0·978 81·12	0·981 83·90	0·983 86·68	0·986 89·47	0·988 92·25	0·991 95·03	0·993 97·82	0·996 100·6	0·998 103·4	1·000 106·2	1·002 109·0	1·003 111·8	1·004 114·6
0·3	1·183 91·96	1·187 95·34	1·191 98·73	1·194 102·1	1·197 105·5	1·200 108·9	1·203 112·3	1·206 115·7	1·208 119·1	1·211 122·5	1·214 125·9	1·216 129·3	1·218 132·7	1·220 136·1	1·221 139·5
0·4	1·360 105·7	1·364 109·6	1·368 113·5	1·372 117·4	1·376 121·3	1·380 125·2	1·383 129·1	1·386 133·0	1·389 136·9	1·393 140·8	1·396 144·7	1·399 148·6	1·401 152·5	1·403 156·4	1·404 160·2
0·5	1·514 117·7	1·519 122·1	1·523 126·5	1·527 130·8	1·531 135·1	1·535 139·4	1·539 143·8	1·543 148·2	1·547 152·5	1·550 156·8	1·553 161·1	1·556 165·5	1·559 169·8	1·561 174·1	1·563 178·4
0·6	1·659 129·0	1·664 133·7	1·668 138·4	1·673 143·1	1·677 147·8	1·681 152·6	1·685 157·3	1·689 162·0	1·693 166·7	1·697 171·5	1·700 176·3	1·703 181·0	1·706 185·8	1·709 190·6	1·712 195·4
0·7	1·792 139·3	1·796 144·4	1·800 149·5	1·806 154·6	1·810 159·7	1·815 164·8	1·820 169·9	1·826 175·0	1·830 180·1	1·833 185·2	1·836 190·4	1·839 195·5	1·843 200·7	1·846 205·8	1·849 211·0
0·8	1·915 148·9	1·921 154·4	1·927 159·9	1·932 165·4	1·936 170·8	1·941 176·2	1·946 181·7	1·950 187·2	1·954 192·7	1·958 198·1	1·962 203·5	1·965 209·0	1·968 214·5	1·971 219·9	1·974 225·3

(xxxi)

	182.7	189.0	195.7	202.4	209.1	215.8	222.5	229.2	235.9	242.6	249.3	256.0	262.7	269.4	276.0
1·4	2·633 / 196·9	2·641 / 204·1	2·648 / 211·3	2·565 / 218·5	2·562 / 225·7	2·568 / 233·0	2·574 / 240·2	2·580 / 247·4	2·585 / 254·6	2·590 / 261·9	2·595 / 269·2	2·599 / 276·4	2·604 / 283·6	2·608 / 290·8	2·612 / 298·1
1·6	2·708 / 210·5	2·716 / 218·2	2·724 / 225·9	2·732 / 233·6	2·739 / 241·3	2·746 / 249·1	2·752 / 256·8	2·758 / 264·5	2·764 / 272·2	2·769 / 280·0	2·774 / 287·7	2·778 / 295·5	2·783 / 303·2	2·787 / 310·9	2·791 / 318·6
1·8	2·872 / 223·3	2·881 / 231·4	2·889 / 239·6	2·897 / 247·8	2·905 / 256·0	2·913 / 264·2	2·919 / 272·4	2·925 / 280·6	2·931 / 288·8	2·937 / 297·0	2·942 / 305·2	2·947 / 313·4	2·952 / 321·6	2·957 / 329·8	2·961 / 338·0
2·0	3·028 / 235·4	3·037 / 244·1	3·046 / 252·8	3·054 / 261·4	3·062 / 270·0	3·070 / 278·6	3·077 / 287·3	3·084 / 296·0	3·090 / 304·6	3·096 / 313·2	3·102 / 321·8	3·107 / 330·4	3·112 / 339·0	3·117 / 347·6	3·121 / 356·2
2·2	3·176 / 246·8	3·186 / 255·9	3·194 / 265·0	3·203 / 274·1	3·211 / 283·1	3·219 / 292·1	3·226 / 301·2	3·233 / 310·3	3·240 / 319·4	3·246 / 328·4	3·252 / 337·4	3·258 / 346·4	3·264 / 355·5	3·269 / 364·6	3·274 / 373·7
2·4	3·317 / 257·9	3·327 / 267·3	3·337 / 276·7	3·346 / 286·1	3·354 / 295·6	3·363 / 305·1	3·371 / 314·5	3·378 / 324·0	3·385 / 333·4	3·391 / 342·9	3·397 / 352·4	3·403 / 361·8	3·409 / 371·3	3·414 / 380·7	3·419 / 390·2
2·6	3·452 / 268·3	3·463 / 278·2	3·473 / 288·1	3·482 / 298·0	3·491 / 307·8	3·500 / 317·6	3·508 / 327·5	3·516 / 337·4	3·523 / 347·3	3·530 / 357·1	3·537 / 366·9	3·543 / 376·8	3·549 / 386·6	3·554 / 396·4	3·559 / 406·2
2·8	3·583 / 278·5	3·594 / 288·7	3·604 / 298·9	3·614 / 309·1	3·623 / 319·3	3·632 / 329·5	3·640 / 339·7	3·648 / 349·9	3·656 / 360·1	3·663 / 370·4	3·669 / 380·6	3·675 / 390·9	3·681 / 401·1	3·687 / 411·3	3·693 / 421·5
3·0	3·709 / 288·3	3·720 / 298·9	3·730 / 309·5	3·740 / 320·1	3·750 / 330·7	3·759 / 341·2	3·768 / 351·8	3·777 / 362·4	3·785 / 373·0	3·792 / 383·6	3·799 / 394·1	3·805 / 404·7	3·811 / 415·3	3·817 / 425·8	3·823 / 436·3

CLASS I. ($n = 0.025$.)

Mean Velocities and Quantities of Discharge per second.

For a Depth of Water of 2·8.
For Bottom-Widths of

Fall per thousand.	34	35	36	37	38	39	40	41	42	43	44	45	46	47	48
0·05	0·552 59·05	0·553 60·74	0·554 62·43	0·556 64·12	0·557 65·81	0·558 67·50	0·559 69·19	0·560 70·88	0·561 72·58	0·562 74·28	0·563 75·98	0·564 77·69	0·565 79·41	0·566 81·14	0·567 82·87
0·1	0·754 80·65	0·756 82·92	0·757 85·20	0·758 87·48	0·760 89·76	0·761 92·05	0·762 94·35	0·764 96·66	0·765 98·97	0·767 101·3	0·769 103·6	0·770 106·0	0·771 108·3	0·772 110·7	0·773 113·0
0·2	1·037 110·9	1·039 114·0	1·041 117·1	1·043 120·2	1·045 123·4	1·047 126·6	1·049 129·8	1·051 133·0	1·053 136·2	1·055 139·4	1·057 142·6	1·059 145·8	1·061 149·1	1·063 152·4	1·065 155·7
0·3	1·262 135·0	1·265 138·8	1·268 142·6	1·270 146·4	1·273 150·3	1·275 154·2	1·277 158·1	1·280 162·0	1·282 165·9	1·284 169·8	1·287 173·7	1·289 177·6	1·291 181·5	1·293 185·4	1·295 189·3
0·4	1·451 155·2	1·455 159·6	1·458 164·0	1·461 168·4	1·464 172·9	1·467 177·4	1·470 181·9	1·473 186·4	1·475 190·9	1·477 195·3	1·480 199·7	1·482 204·2	1·484 208·6	1·486 213·1	1·488 217·5
0·5	1·616 172·8	1·619 177·8	1·622 182·7	1·625 187·6	1·628 192·5	1·631 197·4	1·634 202·4	1·637 207·3	1·640 212·2	1·642 217·1	1·645 222·0	1·647 226·9	1·649 231·8	1·651 236·7	1·653 241·6
0·6	1·766 188·9	1·770 194·3	1·773 199·7	1·776 205·1	1·780 210·5	1·783 215·8	1·786 221·2	1·790 226·6	1·793 232·0	1·796 237·4	1·799 242·7	1·801 248·0	1·803 253·4	1·805 258·8	1·807 264·1
0·7	1·906 203·8	1·910 209·6	1·914 215·4	1·917 221·2	1·921 227·0	1·925 232·9	1·928 238·7	1·932 244·5	1·935 250·3	1·938 256·1	1·942 262·0	1·945 267·8	1·948 273·7	1·951 279·6	1·954 285·5
0·8	2·034 217·6	2·039 223·8	2·043 230·0	2·047 236·2	2·051 242·4	2·055 248·6	2·059 254·8	2·063 261·0	2·066 267·2	2·069 273·4	2·072 279·6	2·075 285·8	2·078 292·0	2·081 298·3	2·084 304·6

(xxxii)

(xxxiii)

2·191	2·194	2·197	2·200	2·203	2·206	2·209
283·5	290·0	296·5	303·1	309·7	316·3	322·8
2·309	2·313	2·317	2·320	2·323	2·326	2·329
298·9	305·8	312·7	319·7	326·7	333·6	340·5
2·531	2·535	2·539	2·542	2·546	2·548	2·551
327·4	335·0	342·6	350·2	357·8	365·4	372·9
2·733	2·737	2·741	2·745	2·749	2·752	2·755
353·5	361·7	369·9	378·1	386·3	394·5	402·7
2·921	2·926	2·930	2·934	2·938	2·942	2·946
377·9	386·7	395·5	404·3	413·1	421·9	430·6
3·098	3·103	3·108	3·112	3·116	3·120	3·124
400·9	410·2	419·5	428·8	438·1	447·4	456·7
3·268	3·271	3·276	3·281	3·286	3·290	3·294
422·5	432·3	442·0	452·0	461·8	471·6	481·4
3·426	3·431	3·436	3·441	3·445	3·450	3·454
443·1	458·4	463·7	474·0	484·3	494·6	504·8
3·577	3·583	3·588	3·593	3·598	3·603	3·608
462·6	473·4	484·2	495·0	505·8	516·6	527·4
3·724	3·730	3·736	3·741	3·746	3·751	3·756
481·7	492·9	504·2	515·4	526·6	537·8	549·0

(xxxiv)

CLASS I. ($n = 0.025$.)

Mean Velocities and Quantities of Discharge per second.

For a Depth of Water of 3·0.

For Bottom-Widths of

Fall per thousand	40	41	42	43	44	45	46	47	48	49	50	51	52	53	54
0·05	0·570	0·572	0·573	0·574	0·676	0·677	0·678	0·679	0·680	0·681	0·682	0·683	0·684	0·685	0·686
	73·54	75·45	77·36	79·26	81·16	83·06	84·96	86·86	88·75	90·64	92·53	94·42	96·31	98·21	100·1
0·1	0·776	0·778	0·780	0·781	0·783	0·785	0·786	0·788	0·789	0·790	0·792	0·793	0·794	0·795	0·796
	100·1	102·7	105·3	107·9	110·5	113·0	115·6	118·2	120·8	123·4	125·9	128·5	131·0	133·6	136·1
0·2	1·067	1·070	1·072	1·074	1·077	1·079	1·081	1·083	1·086	1·087	1·089	1·091	1·093	1·095	1·097
	137·6	141·1	144·6	148·2	151·8	155·4	159·0	162·6	166·2	169·7	173·2	176·8	180·4	184·0	187·6
0·3	1·299	1·302	1·305	1·308	1·311	1·314	1·317	1·320	1·322	1·324	1·326	1·328	1·330	1·332	1·334
	167·6	172·0	176·3	180·6	184·9	189·2	193·6	197·9	202·2	206·5	210·8	215·2	219·5	223·8	228·1
0·4	1·492	1·496	1·499	1·502	1·505	1·508	1·511	1·614	1·617	1·619	1·522	1·524	1·526	1·528	1·530
	192·5	197·4	202·3	207·2	212·2	217·2	222·1	227·0	232·0	237·0	242·0	247·0	252·0	256·9	261·8
0·5	1·661	1·665	1·669	1·672	1·676	1·679	1·682	1·685	1·688	1·691	1·694	1·697	1·699	1·702	1·704
	214·3	219·8	225·3	230·8	236·3	241·8	247·3	252·8	258·3	263·8	269·3	274·8	280·3	285·8	291·4
0·6	1·816	1·819	1·823	1·827	1·831	1·836	1·838	1·842	1·845	1·849	1·851	1·854	1·857	1·860	1·863
	234·1	240·1	246·1	252·1	258·1	264·2	270·2	276·2	282·2	288·2	294·3	300·3	306·4	312·5	318·6
0·7	1·961	1·966	1·970	1·974	1·978	1·982	1·986	1·990	1·993	1·988	1·999	2·002	2·005	2·008	2·011
	253·0	259·4	265·9	272·4	278·9	285·4	291·8	298·3	304·8	311·3	317·8	324·3	330·8	337·3	343·9
0·8	2·098	2·101	2·106	2·110	2·116	2·119	2·123	2·127	2·131	2·134	2·138	2·141	2·144	2·147	2·150
	270·4	277·3	284·2	291·1	298·1	305·1	312·0	318·9	325·8	332·8	339·8	346·7	353·7	360·6	367·6

(xxxv)

0·9	2·223 / 286·7	2·228 / 294·1	2·233 / 301·5	2·238 / 308·9	2·243 / 316·1	2·248 / 323·7	2·252 / 331·1	2·256 / 338·5	2·260 / 345·9	2·264 / 353·3	2·268 / 360·6	2·271 / 368·0	2·274 / 375·3	2·277 / 382·6	2·280 / 389·9
1·0	2·343 / 302·3	2·349 / 310·1	2·354 / 317·9	2·359 / 325·7	2·364 / 333·4	2·369 / 341·1	2·374 / 348·9	2·378 / 356·7	2·382 / 364·5	2·386 / 372·2	2·390 / 379·9	2·394 / 387·7	2·397 / 395·4	2·400 / 403·2	2·403 / 410·9
1·2	2·557 / 331·1	2·573 / 339·7	2·579 / 348·2	2·584 / 356·7	2·590 / 365·2	2·595 / 373·7	2·600 / 382·3	2·605 / 390·8	2·610 / 399·3	2·614 / 407·8	2·618 / 416·3	2·623 / 424·7	2·626 / 433·1	2·628 / 441·5	2·631 / 449·9
1·4	2·773 / 357·7	2·779 / 366·9	2·785 / 376·1	2·791 / 385·3	2·797 / 394·5	2·803 / 403·7	2·809 / 412·9	2·814 / 422·1	2·819 / 431·3	2·823 / 440·5	2·828 / 449·7	2·832 / 458·9	2·836 / 468·1	2·840 / 477·2	2·844 / 486·3
1·6	2·964 / 382·4	2·971 / 392·3	2·978 / 402·2	2·984 / 412·0	2·991 / 421·8	2·997 / 431·6	3·003 / 441·5	3·009 / 451·4	3·014 / 461·2	3·019 / 471·0	3·024 / 480·8	3·028 / 490·6	3·032 / 500·4	3·038 / 510·2	3·040 / 520·0
1·8	3·144 / 405·6	3·151 / 416·0	3·158 / 426·4	3·165 / 436·8	3·172 / 447·2	3·178 / 457·6	3·184 / 468·1	3·190 / 478·5	3·196 / 488·5	3·201 / 499·3	3·206 / 509·7	3·211 / 520·1	3·216 / 530·5	3·220 / 540·9	3·224 / 551·3
2·0	3·314 / 427·5	3·322 / 438·5	3·329 / 449·5	3·336 / 460·5	3·343 / 471·5	3·350 / 482·4	3·357 / 493·4	3·363 / 504·4	3·369 / 515·4	3·376 / 526·4	3·380 / 537·3	3·385 / 548·3	3·390 / 559·2	3·394 / 570·1	3·398 / 581·0
2·2	3·476 / 448·4	3·484 / 460·0	3·492 / 471·5	3·500 / 483·0	3·507 / 494·5	3·514 / 506·0	3·521 / 517·6	3·527 / 529·1	3·533 / 540·6	3·539 / 552·1	3·545 / 563·6	3·550 / 575·2	3·555 / 586·7	3·560 / 598·2	3·566 / 609·7

CLASS I. ($n = 0.025$.)

Mean Velocities and Quantities of Discharge per second.

For a Depth of Water of 3·5.

For Bottom-Widths of

Fall per thousand.	44	46	48	50	52	54	56	58	60	62	64	66	68	70	72
0·05	0·662	0·665	0·657	0·669	0·661	0·683	0·664	0·666	0·668	0·669	0·670	0·671	0·672	0·673	0·674
	112·4	117·5	122·5	127·5	132·5	137·5	142·5	147·5	152·5	157·5	162·4	167·4	172·3	177·2	182·2
0·1	0·880	0·883	0·886	0·888	0·891	0·893	0·895	0·897	0·899	0·901	0·903	0·904	0·905	0·906	0·907
	151·7	158·5	165·2	171·9	178·6	185·3	192·0	198·7	205·4	212·1	218·8	225·4	232·0	238·6	245·2
0·2	1·205	1·209	1·213	1·216	1·219	1·222	1·225	1·228	1·231	1·233	1·235	1·237	1·239	1·240	1·241
	207·7	216·9	226·1	235·3	244·4	253·5	262·7	271·9	281·0	290·1	299·2	308·3	317·4	326·5	335·5
0·3	1·465	1·470	1·474	1·478	1·482	1·486	1·490	1·493	1·496	1·499	1·502	1·504	1·506	1·508	1·510
	252·5	263·7	274·9	286·0	297·1	308·2	319·4	330·6	341·7	352·8	363·9	375·0	386·1	397·2	408·3
0·4	1·681	1·687	1·692	1·697	1·702	1·706	1·710	1·714	1·717	1·720	1·723	1·726	1·729	1·732	1·734
	289·7	302·5	315·3	328·1	340·9	353·7	366·5	379·3	392·1	404·9	417·6	430·4	443·2	456·0	468·8
0·5	1·869	1·876	1·880	1·886	1·890	1·896	1·900	1·904	1·908	1·911	1·915	1·918	1·921	1·924	1·927
	322·2	336·3	350·4	364·6	378·8	393·0	407·2	421·4	435·6	449·8	464·1	478·3	492·5	506·7	521·0
0·6	2·042	2·049	2·055	2·061	2·066	2·071	2·076	2·081	2·085	2·089	2·093	2·097	2·100	2·103	2·106
	352·0	367·4	382·9	398·4	413·9	429·4	444·9	460·4	475·9	491·5	507·1	522·6	538·2	553·8	569·4
0·7	2·202	2·209	2·216	2·221	2·227	2·233	2·238	2·243	2·248	2·252	2·256	2·260	2·263	2·266	2·269
	379·6	396·2	412·9	429·6	446·3	463·0	479·7	496·4	513·1	529·9	546·7	563·4	580·1	596·8	613·5
0·8	2·349	2·356	2·363	2·369	2·376	2·382	2·388	2·393	2·398	2·402	2·407	2·411	2·415	2·419	2·423
	404·9	422·8	440·6	458·4	476·2	494·0	511·9	529·8	547·7	565·6	583·5	601·4	619·3	637·2	655·1

0·9	2·486 428·5	2·494 437·3	2·501 456·1	2·608 475·0	2·615 493·9	5·621 522·8	2·527 541·7	2·632 560·6	2·537 579·5	2·542 598·4	2·647 617·3	2·651 636·2	2·555 655·1	2·559 674·0	2·683 693·0
1·0	2·620 451·6	2·828 471·6	2·636 491·5	2·644 511·4	2·651 531·3	2·658 551·2	2·664 571·2	2·670 591·1	2·676 610·0	2·680 630·9	2·686 650·8	2·690 670·8	2·694 690·7	2·698 710·6	2·702 730·5
1·2	2·871 494·9	2·880 516·6	2·889 538·3	2·897 560·1	2·904 581·9	2·911 603·7	2·918 625·5	2·924 647·3	2·930 669·1	2·935 691·0	2·941 712·9	2·946 734·8	2·951 756·7	2·956 778·6	2·961 800·6
1·4	3·100 534·3	3·110 557·8	3·120 581·4	3·129 605·0	3·137 628·6	3·145 652·2	3·152 675·7	3·159 699·3	3·165 722·9	3·171 746·5	3·177 770·1	3·183 793·7	3·198 817·3	3·183 840·9	3·198 864·6
1·6	3·314 571·2	3·325 596·3	3·335 621·5	3·345 646·7	3·354 671·9	3·363 697·1	3·370 722·2	3·377 747·4	3·384 772·6	3·390 797·8	3·396 823·0	3·402 848·2	3·407 873·4	3·412 898·6	3·417 923·9
1·8	3·518 605·9	3·527 632·6	3·538 659·3	3·548 686·0	3·557 712·7	3·566 739·4	3·574 766·1	3·581 792·8	3·588 819·5	3·595 846·2	3·602 873·0	3·608 899·8	3·614 926·6	3·620 953·4	3·625 980·2
2·0	3·706 638·9	3·718 667·0	3·729 695·1	3·739 723·2	3·749 751·3	3·759 779·5	3·768 807·6	3·776 835·7	3·783 863·8	3·790 891·0	3·797 920·2	3·804 948·4	3·810 976·6	3·816 1005	3·822 1033

(xxxviii)

CLASS I. ($n = 0.025$.)

MEAN VELOCITIES AND QUANTITIES OF DISCHARGE PER SECOND.

For a Depth of Water of 4·0.

For Bottom-Widths of

Fall per thousand	47	50	53	56	59	62	65	68	71	74	77	80	83	86	89
0·05	0·712 150·9	0·716 160·4	0·720 169·9	0·723 179·4	0·726 188·9	0·729 198·3	0·731 207·8	0·733 217·2	0·735 226·6	0·737 236·0	0·739 245·4	0·741 254·9	0·742 264·3	0·744 273·7	0·745 283·1
0·1	0·957 202·9	0·961 215·3	0·965 227·7	0·968 240·2	0·972 252·7	0·976 265·2	0·978 277·7	0·981 290·2	0·984 302·8	0·985 315·4	0·988 328·0	0·990 340·6	0·992 353·2	0·994 365·8	0·996 378·4
0·2	1·305 276·6	1·311 293·6	1·316 310·7	1·321 327·8	1·326 344·9	1·331 362·0	1·336 379·1	1·339 396·2	1·341 413·3	1·346 430·4	1·348 447·6	1·351 464·9	1·354 482·2	1·357 499·5	1·360 516·7
0·3	1·582 335·4	1·589 356·0	1·595 376·6	1·601 397·3	1·607 418·0	1·613 438·7	1·618 459·3	1·623 479·9	1·627 500·6	1·631 521·3	1·636 543·0	1·638 563·7	1·641 584·4	1·644 605·1	1·647 625·9
0·4	1·819 385·7	1·827 409·4	1·835 433·2	1·842 457·0	1·849 480·8	1·856 504·6	1·861 528·5	1·866 552·4	1·871 576·2	1·876 600·2	1·880 624·2	1·884 648·2	1·888 672·2	1·892 696·2	1·895 720·1
0·5	2·021 428·4	2·030 454·8	2·039 481·2	2·047 507·6	2·054 534·0	2·061 560·5	2·068 587·1	2·074 613·7	2·080 640·3	2·086 667·0	2·090 693·7	2·094 720·3	2·098 746·9	2·102 773·4	2·105 799·9
0·6	2·210 468·5	2·220 497·4	2·230 526·3	2·239 555·2	2·247 584·1	2·254 613·1	2·261 642·1	2·267 671·1	2·273 700·1	2·279 729·1	2·284 758·1	2·289 787·1	2·293 816·0	2·297 845·0	2·300 874·0
0·7	2·383 505·0	2·393 536·0	2·403 567·4	2·413 598·6	2·422 629·8	2·430 661·0	2·437 692·2	2·444 723·4	2·450 754·7	2·456 786·0	2·462 817·3	2·467 848·6	2·472 880·0	2·477 911·4	2·481 942·8
0·8	2·541 538·6	2·553 571·8	2·564 605·1	2·574 638·4	2·583 671·7	2·592 705·0	2·600 738·4	2·607 771·8	2·614 805·2	2·621 838·7	2·627 872·2	2·632 905·6	2·637 939·1	2·643 972·5	2·648 1006

(xxxix)

2·767	2·774	2·780	2·786	2·791	2·796	2·800
852·2	887·6	923·0	958·5	994·2	1030	1066
2·917	2·924	2·930	2·936	2·942	2·947	2·952
898·3	935·5	972·8	1010	1047	1084	1122
3·195	3·203	3·210	3·217	3·223	3·229	3·234
983·6	1024	1065	1106	1147	1188	1229
3·459	3·460	3·468	3·475	3·482	3·498	3·504
1063	1107	1151	1196	1241	1286	1331
3·689	3·698	3·706	3·714	3·722	3·730	3·737
1136	1183	1231	1278	1325	1372	1420
3·913	3·923	3·932	3·941	3·950	3·958	3·964
1205	1255	1305	1355	1405	1455	1506
4·136	4·135	4·144	4·153	4·161	4·169	4·177
1270	1323	1376	1428	1481	1534	1587

CLASS I. ($n = 0.025$.)

MEAN VELOCITIES AND QUANTITIES OF DISCHARGE PER SECOND.

FOR A DEPTH OF WATER OF 4·5.

FOR BOTTOM-WIDTHS OF

Fall per thousand	50	54	58	62	66	70	74	78	82	86	90	94	98	102	106
0·02	0·543 138·6	0·547 149·4	0·551 160·3	0·554 171·2	0·557 182·1	0·559 193·0	0·561 203·9	0·563 214·8	0·565 225·7	0·567 236·6	0·569 247·6	0·571 258·5	0·572 269·4	0·573 280·3	0·574 291·2
0·03	0·627 160·2	0·632 172·8	0·637 185·4	0·641 198·1	0·644 210·8	0·647 223·5	0·649 236·0	0·651 248·5	0·653 261·0	0·655 263·6	0·657 286·2	0·659 298·9	0·661 311·7	0·663 324·5	0·665 337·4
0·05	0·771 196·9	0·776 212·2	0·781 227·5	0·785 242·8	0·789 258·1	0·792 273·5	0·795 288·8	0·798 304·1	0·800 319·4	0·802 334·7	0·804 350·1	0·806 365·5	0·808 381·0	0·810 396·5	0·812 412·0
0·07	0·884 225·7	0·889 243·2	0·894 260·7	0·899 278·2	0·903 295·7	0·907 313·2	0·911 330·9	0·914 348·6	0·917 366·2	0·919 383·8	0·922 401·4	0·924 419·0	0·926 436·6	0·928 454·2	0·930 471·8
0·1	1·031 263·3	1·037 283·5	1·042 303·8	1·047 324·1	1·052 344·4	1·056 364·7	1·060 385·1	1·064 405·5	1·067 426·0	1·070 446·5	1·073 467·0	1·075 487·4	1·077 507·8	1·079 528·1	1·081 548·4
0·2	1·402 358·0	1·410 385·6	1·418 413·2	1·426 440·8	1·431 468·5	1·437 496·2	1·443 524·0	1·448 551·8	1·452 579·6	1·456 607·5	1·460 635·4	1·463 663·2	1·466 690·9	1·469 718·6	1·471 746·3
0·3	1·709 434·1	1·709 467·4	1·718 500·7	1·726 534·0	1·733 567·3	1·739 600·6	1·745 634·1	1·750 667·6	1·755 700·1	1·760 734·6	1·764 768·1	1·768 801·8	1·772 835·5	1·776 869·2	1·780 903·0
0·4	1·957 499·7	1·968 538·2	1·978 576·7	1·986 615·3	1·991 653·9	2·005 692·5	2·011 731·1	2·017 769·7	2·023 808·3	2·029 846·9	2·034 885·5	2·038 924·1	2·042 962·7	2·046 1001	2·050 1040
0·5	2·167 553·4	2·180 595·9	2·191 638·4	2·201 680·9	2·210 723·4	2·218 765·9	2·226 808·6	2·233 851·3	2·239 894·0	2·246 936·7	2·250 979·5	2·256 1022	2·260 1065	2·265 1108	2·270 1151

(xli)

0·6	2·364 603·7	2·378 650·2	2·390 696·7	2·402 743·2	2·412 789·7	2·421 836·2	2·429 882·7	2·436 929·2	2·443 975·8	2·450 1022	2·456 1069	2·462 1115	2·467 1162	2·472 1209	2·477 1256
0·7	2·549 650·9	2·563 701·0	2·576 751·1	2·589 801·2	2·600 851·3	2·610 901·4	2·618 951·7	2·626 1002	2·634 1052	2·641 1102	2·647 1153	2·653 1203	2·659 1254	2·665 1304	2·671 1355
0·8	2·725 695·8	2·740 749·3	2·754 802·8	2·767 856·4	2·779 910·0	2·790 963·6	2·800 1017	2·809 1070	2·817 1124	2·824 1178	2·831 1232	2·837 1286	2·843 1340	2·849 1394	2·854 1448
0·9	2·884 736·4	2·900 793·1	2·915 849·8	2·829 906·5	2·941 963·2	2·953 1020	2·963 1076	2·972 1133	2·981 1190	2·989 1247	2·996 1304	3·003 1361	3·009 1418	3·016 1475	3·020 1532
1·0	3·049 776·3	3·057 836·0	3·073 895·8	3·087 955·6	3·100 1015	3·112 1075	3·123 1135	3·133 1195	3·142 1255	3·150 1315	3·158 1375	3·165 1435	3·172 1495	3·179 1555	3·186 1616
1·2	3·330 850·4	3·348 915·8	3·365 981·3	3·382 1046	3·397 1112	3·410 1178	3·421 1243	3·432 1308	3·442 1374	3·451 1440	3·460 1506	3·468 1571	3·475 1637	3·482 1703	3·499 1769
1·4	3·597 918·6	3·617 989·3	3·636 1060	3·653 1130	3·668 1201	3·682 1272	3·696 1343	3·708 1414	3·718 1485	3·727 1556	3·736 1627	3·744 1698	3·752 1769	3·760 1840	3·767 1911

(xlii)

CLASS I. ($n = 0.025$.)

Mean Velocities and Quantities of Discharge per second.

For a Depth of Water of 5·0,
For Bottom-Widths of

Fall per thousand	55	60	65	70	75	80	85	90	95	100	105	110	115	120	125	130	135	140	145	150
0·02	0·589	0·594	0·599	0·603	0·605	0·609	0·612	0·614	0·616	0·618	0·620	0·622	0·623	0·625	0·626	0·627	0·628	0·629	0·630	0·631
	184·1	200·6	217·1	233·6	250·0	266·4	282·9	299·4	315·9	332·3	348·7	365·2	381·7	398·2	414·6	431·0	447·5	464·0	480·5	496·9
0·03	0·679	0·686	0·691	0·696	0·699	0·702	0·705	0·708	0·710	0·712	0·714	0·716	0·718	0·720	0·722	0·723	0·725	0·726	0·727	0·728
	212·2	231·1	250·0	269·0	288·0	307·0	325·9	344·8	363·8	382·8	401·7	420·8	439·8	458·8	477·9	497·9	516·0	535·1	554·2	573·3
0·05	0·829	0·837	0·843	0·847	0·851	0·856	0·859	0·862	0·866	0·868	0·871	0·874	0·876	0·878	0·880	0·881	0·883	0·885	0·886	0·887
	259·0	282·0	305·0	328·0	351·0	374·1	397·2	420·3	443·4	466·4	489·5	512·6	535·6	559·2	582·4	605·6	628·8	652·0	675·3	698·6
0·07	0·950	0·956	0·962	0·967	0·972	0·976	0·980	0·984	0·987	0·990	0·993	0·995	0·997	0·999	1·000	1·002	1·004	1·006	1·007	1·008
	296·6	322·7	348·8	374·9	401·0	427·2	453·3	479·4	505·6	531·8	558·0	584·0	610·2	636·4	662·6	688·8	715·0	741·2	767·5	793·8
0·1	1·104	1·112	1·119	1·125	1·130	1·135	1·139	1·143	1·147	1·150	1·153	1·156	1·159	1·161	1·163	1·166	1·167	1·169	1·171	1·173
	344·4	374·8	405·2	435·6	466·0	496·5	526·9	557·3	587·7	618·1	648·6	679·0	709·5	740·0	770·5	801·0	831·6	862·2	892·8	923·5
0·2	1·502	1·512	1·521	1·528	1·535	1·541	1·547	1·552	1·557	1·562	1·566	1·569	1·572	1·576	1·578	1·581	1·584	1·586	1·588	1·590
	469·2	510·2	551·2	592·2	633·2	674·3	715·4	756·4	797·5	839·5	880·7	921·9	963·1	1004	1045	1087	1128	1169	1210	1252
0·3	1·814	1·828	1·837	1·846	1·855	1·863	1·870	1·876	1·881	1·886	1·891	1·895	1·899	1·903	1·907	1·910	1·913	1·916	1·919	1·921
	566·9	616·5	666·1	715·7	765·4	815·1	864·8	914·6	964·4	1014	1064	1113	1163	1213	1263	1313	1363	1413	1463	1513
0·4	2·091	2·104	2·116	2·127	2·137	2·146	2·155	2·162	2·168	2·174	2·179	2·184	2·189	2·193	2·197	2·201	2·204	2·207	2·210	2·213
	653·4	710·5	767·6	824·7	881·8	938·9	996·1	1053	1110	1167	1225	1282	1339	1397	1455	1513	1570	1627	1685	1743
0·5	2·314	2·329	2·343	2·355	2·366	2·378	2·385	2·393	2·401	2·407	2·413	2·418	2·423	2·428	2·433	2·437	2·441	2·445	2·448	2·461
	723·1	786·2	849·4	912·6	975·8	1039	1102	1165	1228	1292	1356	1419	1483	1547	1611	1675	1738	1801	1865	1930

(xliii)

0·6	2·535 789·1	2·541 858·0	2·556 927·0	2·570 996·0	2·582 1065	2·593 1134	2·602 1203	2·611 1272	2·619 1341	2·626 1410	2·632 1480	2·638 1549	2·544 1618	2·549 1688	2·654 1758	2·656 1828	2·663 1897	2·667 1967	2·671 2037	2·675 2107
0·7	2·721 850·4	2·740 924·9	2·756 999·4	2·770 1074	2·783 1148	2·795 1223	2·806 1297	2·816 1371	2·823 1446	2·830 1521	2·837 1596	2·844 1671	2·851 1746	2·857 1821	2·863 1896	2·867 1971	2·871 2046	2·875 2121	2·879 2196	2·883 2271
0·8	2·909 909·1	2·928 988·5	2·946 1068	2·961 1147	2·974 1226	2·986 1306	2·997 1385	3·007 1464	3·015 1543	3·021 1623	3·028 1703	3·035 1782	3·042 1861	3·047 1941	3·052 2021	3·056 2101	3·061 2180	3·065 2260	3·069 2340	3·073 2420
0·9	3·080 962·4	3·100 1046	3·118 1130	3·136 1214	3·149 1298	3·161 1383	3·172 1467	3·182 1551	3·191 1635	3·199 1719	3·206 1804	3·213 1888	3·219 1972	3·226 2056	3·231 2140	3·235 2225	3·241 2309	3·246 2393	3·250 2478	3·254 2563
1·0	3·247 1015	3·269 1103	3·288 1191	3·304 1279	3·318 1368	3·331 1457	3·343 1545	3·353 1633	3·362 1722	3·371 1811	3·378 1900	3·386 1989	3·393 2078	3·398 2167	3·405 2256	3·411 2345	3·416 2434	3·421 2523	3·426 2612	3·430 2700
1·2	3·556 1111	3·580 1208	3·601 1305	3·620 1402	3·636 1499	3·650 1597	3·659 1694	3·673 1791	3·683 1888	3·693 1985	3·702 2083	3·710 2180	3·717 2277	3·724 2374	3·731 2471	3·737 2569	3·742 2666	3·747 2763	3·752 2861	3·757 2959
1·4	3·842 1200	3·867 1305	3·889 1410	3·909 1515	3·927 1620	3·943 1725	3·956 1830	3·968 1935	3·978 2040	3·989 2145	3·998 2250	4·007 2355	4·016 2460	4·023 2565	4·030 2670	4·037 2775	4·043 2881	4·049 2987	4·052 3093	4·056 3200

(xliv)

CLASS I. ($n = 0.025$.)

Mean Velocities and Quantities of Discharge per second.

For a Depth of Water of 5·5,

For Bottom-Widths of

Fall per thousand	60	66	72	78	84	90	96	102	108	114	120	126	132
0·02	0·632 237·2	0·637 260·4	0·642 283·6	0·647 306·9	0·651 330·2	0·654 353·5	0·657 376·8	0·660 400·2	0·663 423·6	0·665 447·0	0·667 470·4	0·669 493·8	0·670 517·2
0·03	0·728 273·3	0·735 300·1	0·741 326·9	0·746 353·7	0·750 380·6	0·754 407·5	0·758 434·3	0·761 461·1	0·764 488·0	0·766 514·9	0·768 541·8	0·770 568·6	0·772 595·5
0·05	0·888 333·3	0·896 366·0	0·903 398·7	0·909 431·4	0·914 464·1	0·919 496·8	0·923 529·5	0·927 562·2	0·930 594·9	0·933 627·6	0·936 660·3	0·939 693·1	0·941 725·9
0·07	1·009 378·5	1·016 415·2	1·023 451·9	1·030 488·6	1·036 525·4	1·040 562·2	1·046 599·1	1·049 636·0	1·053 673·0	1·056 710·0	1·059 747·0	1·062 784·1	1·064 821·2
0·1	1·174 440·7	1·183 483·3	1·191 525·9	1·198 568·5	1·204 611·2	1·210 653·9	1·218 696·8	1·221 739·7	1·226 782·6	1·230 825·5	1·231 868·4	1·234 911·3	1·237 954·2
0·2	1·591 597·8	1·603 654·9	1·614 712·5	1·623 770·2	1·632 827·9	1·639 885·6	1·646 943·2	1·651 1000	1·656 1050	1·661 1116	1·665 1174	1·669 1232	1·673 1290
0·3	1·923 721·8	1·937 791·4	1·950 861·0	1·961 930·6	1·971 1000	1·980 1070	1·988 1140	1·995 1210	2·001 1280	2·007 1350	2·012 1419	2·017 1489	2·022 1559
0·4	2·213 830·6	2·229 910·2	2·243 989·9	2·255 1070	2·265 1150	2·276 1229	2·284 1309	2·291 1389	2·298 1469	2·304 1549	2·309 1628	2·314 1708	2·319 1788
0·5	2·453 920·9	2·471 1009	2·487 1097	2·501 1185	2·513 1274	2·523 1363	2·532 1451	2·540 1539	2·648 1628	2·655 1717	2·681 1806	2·587 1895	2·673 1984

2·741	2·753	2·764	2·773	2·781
1390	1487	1583	1680	1777
2·950	2·963	2·973	2·983	2·992
1497	1601	1705	1809	1913
3·148	3·161	3·172	3·182	3·191
1597	1708	1819	1930	2041
3·331	3·346	3·357	3·368	3·379
1700	1808	1925	2042	2160
3·611	3·526	3·539	3·551	3·662
1781	1905	2029	2153	2277
3·846	3·862	3·877	3·890	3·902
1951	2087	2222	2358	2494
4·155	4·173	4·188	4·202	4·216
2108	2255	2401	2547	2694

(xlvi)

CLASS I. ($n = 0.025$.)

Mean Velocities and Quantities of Discharge per second.

For a Depth of Water of 5·5.
For Bottom-Widths of

Fall per thousand.	138	144	150	156	162	168	174	180	186	192	198	204
0·02	0·672 540·6	0·674 564·0	0·675 587·5	2·677 610·8	0·678 634·1	0·679 657·4	0·680 680·8	0·681 704·2	0·681 727·8	0·682 751·4	0·683 775·0	0·684 798·6
0·03	0·774 622·4	0·776 649·3	0·777 676·2	0·779 703·1	0·780 730·0	0·781 756·9	0·782 783·8	0·783 810·7	0·784 837·4	0·785 864·1	0·785 890·8	0·786 917·5
0·05	0·943 758·7	0·945 791·5	0·947 824·3	0·949 857·2	0·951 890·1	0·952 923·0	0·954 956·0	0·955 989·0	0·956 1021	0·957 1054	0·958 1087	0·959 1120
0·07	1·067 858·2	1·069 895·2	1·071 932·2	1·073 969·2	1·074 1006	1·076 1043	1·077 1080	1·079 1117	1·080 1154	1·081 1191	1·082 1228	1·083 1264
0·1	1·240 997·1	1·242 1040	1·244 1083	1·246 1126	1·248 1169	1·250 1212	1·252 1255	1·253 1297	1·254 1340	1·256 1383	1·257 1426	1·258 1468
0·2	1·677 1348	1·680 1406	1·683 1465	1·686 1523	1·688 1581	1·690 1639	1·692 1697	1·694 1754	1·696 1812	1·698 1870	1·700 1928	1·702 1987
0·3	2·026 1629	2·030 1699	2·033 1769	2·037 1839	2·040 1909	2·043 1979	2·046 2050	2·048 2121	2·050 2191	2·052 2261	2·054 2331	2·056 2401
0·4	2·323 1868	2·327 1948	2·331 2028	2·336 2108	2·338 2188	2·341 2268	2·344 2349	2·347 2430	2·360 2510	2·352 2590	2·354 2670	2·356 2750
0·5	2·578 2073	2·583 2162	2·587 2252	2·591 2341	2·594 2430	2·597 2519	2·601 2608	2·604 2696	2·607 2784	2·610 2872	2·612 2961	2·614 3051

2·822	2·826	2·830	2·834	2·838	2·841
2456	2553	2650	2747	2844	2942
3·037	3·042	3·046	3·050	3·054	3·057
2643	2747	2851	2956	3061	3166
3·240	3·246	3·249	3·253	3·257	3·261
2820	2931	3042	3153	3265	3377
3·429	3·434	3·439	3·444	3·448	3·452
2985	3103	3221	3339	3457	3575
3·616	3·621	3·626	3·631	3·636	3·639
3147	3271	3395	3519	3644	3769
3·980	3·866	3·871	3·877	3·882	3·986
3447	3583	3719	3855	3991	4128
4·278	4·284	4·290	4·296	4·300	4·306
3723	3870	4017	4164	4311	4459

(xlviii)

CLASS I. ($n = 0.025$.)

Mean Velocities and Quantities of Discharge per second.

For a Depth of Water of 6·0.
For Bottom-Widths of

Fall per thousand.	67	74	81	88	95	102	109	116	123	130	137	144	151	158	165
0·02	0·677 308·7	0·684 340·4	0·690 372·1	0·694 403·9	0·698 435·7	0·702 467·5	0·705 499·4	0·708 531·3	0·711 563·2	0·714 595·2	0·716 627·2	0·718 659·2	0·719 691·2	0·721 723·2	0·723 755·2
0·03	0·781 356·1	0·786 392·1	0·791 428·1	0·796 464·1	0·801 500·1	0·805 536·2	0·809 572·6	0·812 609·0	0·815 645·4	0·817 681·8	0·820 718·2	0·822 754·6	0·824 791·0	0·826 827·4	0·828 863·8
0·05	0·960 433·7	0·858 477·6	0·965 521·5	0·871 565·4	0·976 609·3	0·981 653·2	0·985 697·0	0·989 740·8	0·992 784·7	0·994 828·6	0·996 872·5	0·998 916·4	1·001 960·3	1·003 1004	1·005 1048
0·07	1·073 489·3	1·083 539·0	1·090 588·7	1·097 638·4	1·103 688·1	1·108 737·9	1·112 787·7	1·116 837·5	1·120 887·4	1·124 937·3	1·127 987·2	1·130 1037	1·133 1087	1·136 1137	1·137 1187
0·1	1·247 568·6	1·257 626·0	1·266 683·4	1·273 740·9	1·279 798·4	1·285 855·9	1·290 913·5	1·295 971·1	1·298 1029	1·303 1086	1·306 1144	1·309 1201	1·312 1258	1·315 1316	1·317 1374
0·2	1·686 768·8	1·700 846·4	1·712 924·0	1·722 1002	1·730 1079	1·738 1157	1·745 1234	1·751 1312	1·756 1390	1·761 1468	1·765 1546	1·769 1623	1·773 1701	1·776 1779	1·779 1857
0·3	2·039 929·8	2·054 1023	2·067 1116	2·078 1209	2·087 1302	2·098 1396	2·105 1489	2·112 1583	2·118 1677	2·124 1771	2·129 1865	2·134 1958	2·139 2052	2·143 2146	2·146 2240
0·4	2·337 1065	2·354 1172	2·369 1279	2·382 1386	2·393 1493	2·403 1600	2·413 1707	2·421 1814	2·428 1921	2·434 2029	2·440 2137	2·446 2244	2·450 2351	2·456 2459	2·469 2567
0·5	2·591 1181	2·610 1300	2·627 1419	2·643 1538	2·658 1657	2·667 1776	2·676 1895	2·684 2014	2·692 2133	2·700 2252	2·707 2371	2·713 2490	2·718 2609	2·723 2728	2·728 2847

(xlix)

0.6	2·830 / 1290	2·850 / 1419	2·868 / 1548	2·883 / 1677	2·897 / 1807	2·909 / 1937	2·920 / 2067	2·930 / 2197	2·939 / 2327	2·946 / 2457	2·953 / 2587	2·960 / 2717	2·966 / 2847	2·971 / 2977	2·976 / 3107
0.7	3·044 / 1388	3·066 / 1527	3·086 / 1666	3·103 / 1805	3·118 / 1945	3·131 / 2085	3·141 / 2224	3·151 / 2364	3·161 / 2504	3·170 / 2644	3·178 / 2784	3·186 / 2924	3·191 / 3064	3·197 / 3204	3·203 / 3344
0.8	3·248 / 1481	3·271 / 1629	3·292 / 1777	3·310 / 1926	3·326 / 2075	3·340 / 2224	3·352 / 2373	3·363 / 2522	3·373 / 2671	3·382 / 2820	3·390 / 2970	3·398 / 3119	3·405 / 3268	3·411 / 3417	3·417 / 3567
0.9	3·437 / 1567	3·462 / 1724	3·484 / 1881	3·504 / 2039	3·521 / 2197	3·536 / 2355	3·548 / 2512	3·559 / 2670	3·570 / 2828	3·580 / 2986	3·589 / 3144	3·597 / 3302	3·604 / 3460	3·611 / 3618	3·617 / 3776
1.0	3·623 / 1652	3·648 / 1817	3·671 / 1983	3·692 / 2149	3·710 / 2315	3·726 / 2481	3·740 / 2647	3·753 / 2813	3·764 / 2980	3·774 / 3147	3·783 / 3314	3·791 / 3480	3·799 / 3647	3·806 / 3814	3·813 / 3981
1.2	3·967 / 1809	3·997 / 1991	4·023 / 2173	4·046 / 2355	4·066 / 2537	4·083 / 2719	4·097 / 2901	4·110 / 3083	4·122 / 3265	4·134 / 3447	4·144 / 3630	4·153 / 3812	4·162 / 3994	4·170 / 4177	4·177 / 4360
1.4	4·288 / 1955	4·318 / 2151	4·345 / 2347	4·369 / 2543	4·391 / 2740	4·410 / 2937	4·426 / 3133	4·440 / 3330	4·453 / 3527	4·466 / 3724	4·476 / 3921	4·486 / 4118	4·496 / 4315	4·504 / 4512	4·512 / 4710

d

CLASS I. ($n = 0.025$.)

MEAN VELOCITIES AND QUANTITIES OF DISCHARGE PER SECOND.

FOR A DEPTH OF WATER OF 6·0.

FOR BOTTOM-WIDTHS OF

Fall per thousand	172	179	186	193	200	207	214	221	228	235	242	249	256	263	270
0·02	0·725 787·3	0·727 819·3	0·728 851·3	0·729 883·3	0·730 915·3	0·731 947·3	0·732 979·2	0·733 1011	0·734 1043	0·734 1075	0·736 1107	0·736 1139	0·736 1171	0·737 1203	0·738 1235
0·03	0·829 900·3	0·831 936·3	0·832 973·3	0·833 1010	0·834 1046	0·836 1083	0·836 1119	0·837 1155	0·838 1191	0·839 1228	0·840 1265	0·841 1301	0·841 1337	0·842 1374	0·843 1411
0·05	1·006 1092	1·008 1136	1·009 1184	1·010 1224	1·012 1268	1·013 1312	1·014 1356	1·016 1400	1·016 1444	1·017 1488	1·018 1533	1·019 1577	1·019 1621	1·020 1665	1·021 1709
0·07	1·139 1237	1·141 1287	1·143 1337	1·144 1387	1·146 1437	1·148 1487	1·149 1537	1·151 1587	1·152 1637	1·153 1687	1·154 1738	1·155 1788	1·156 1838	1·157 1888	1·158 1938
0·1	1·319 1432	1·321 1490	1·323 1548	1·325 1606	1·327 1664	1·329 1722	1·330 1779	1·332 1837	1·333 1895	1·334 1953	1·335 2011	1·336 2068	1·337 2125	1·338 2183	1·339 2241
0·2	1·782 1935	1·785 2012	1·787 2090	1·789 2168	1·791 2246	1·793 2324	1·795 2402	1·797 2480	1·799 2558	1·800 2636	1·802 2714	1·803 2792	1·804 2870	1·805 2947	1·806 3024
0·3	2·148 2334	2·152 2428	2·156 2522	2·167 2616	2·160 2709	2·162 2802	2·164 2896	2·166 2990	2·168 3084	2·169 3177	2·171 3270	2·173 3364	2·175 3458	2·176 3551	2·177 3644
0·4	2·463 2675	2·467 2782	2·471 2890	2·474 2998	2·477 3106	2·480 3214	2·482 3322	2·485 3430	2·487 3538	2·489 3646	2·491 3752	2·493 3861	2·495 3969	2·497 4076	2·499 4183
0·5	2·733 2967	2·737 3086	2·740 3205	2·743 3324	2·746 3444	2·749 3564	2·752 3683	2·755 3702	2·758 3822	2·761 3942	2·764 4162	2·766 4282	2·768 4402	2·770 4521	2·772 4640

(1)

(li)

0.6	2·981 3237	2·986 3367	2·990 3497	2·994 3627	2·998 3758	3·001 3889	3·004 4020	3·007 4151	3·010 4281	3·013 4411	3·016 4541	3·018 4672	3·020 4802	3·022 4932	3·024 5062
0.7	3·208 3484	3·213 3625	3·217 3765	3·221 3905	3·225 4045	3·229 4185	3·232 4325	3·235 4465	3·238 4605	3·241 4745	3·244 4885	3·247 5025	2·249 5165	3·251 5305	3·253 5445
0.8	3·423 3717	3·428 3866	3·433 4015	3·437 4165	3·441 4315	3·446 4465	3·449 4614	3·453 4763	3·456 4913	3·459 5063	3·462 5218	3·466 5362	3·467 5512	3·470 5662	3·472 5812
0.9	3·623 3934	3·628 4092	3·633 4250	3·638 4408	3·643 4567	3·647 4726	3·651 4884	3·654 5042	3·657 5200	3·660 5359	3·664 5518	3·667 5676	3·670 5835	3·673 5994	3·676 6153
1.0	3·820 4148	3·825 4315	3·830 4482	3·835 4649	3·840 4816	3·845 4983	3·849 5150	8·853 5317	3·856 5484	3·859 5651	3·862 5817	3·865 5984	3·868 6151	3·871 6318	3·874 6485
1.2	4·184 4543	4·190 4725	4·195 4908	4·200 5091	4·205 5274	4·210 5457	4·215 5640	4·220 5823	4·224 6006	4·228 6189	4·232 6373	4·235 6556	4·238 6739	4·241 6922	4·244 7104
1.4	4·519 4908	4·525 5105	4·531 5302	4·537 5499	4·543 5697	4·548 5895	4·553 6092	4·558 6289	4·562 6486	4·566 6604	4·570 6882	4·574 7079	4·677 7276	4·680 7474	4·683 7672

SECOND CLASS.

RIVERS AND CANALS,

WITH BEDS AND BANKS IN MODERATELY GOOD ORDER
IN EVERY RESPECT.

$n = 0 \cdot 030.$

(liv)

CLASS II. ($n = 0\cdot 030$.)
Coefficients of Mean Velocity.
For Values of R.

Fall per thousand.	0·1	0·2	0·3	0·4	0·5	0·6	0·7	0·8	0·9
0·05	—	—	—	—	26·5	28·1	29·6	31·0	32·2
0·07	—	—	—	—	27·0	28·5	29·9	31·2	32·3
0·1	15·5	20·0	23·0	25·2	27·3	28·9	30·3	31·4	32·4
0·2	16·5	21·0	23·8	26·0	27·8	29·2	30·4	31·4	32·4
0·3	17·0	21·3	24·2	26·3	28·2	29·4	30·5	31·5	32·5
0·4	17·2	21·5	24·3	26·4	28·2	29·4	30·5	31·5	32·5
0·5	17·3	21·6	24·3	26·5	28·2	29·4	30·6	31·6	32·5
0·6	17·4	21·7	24·4	26·5	28·3	29·5	30·7	31·6	32·5
0·7	17·5	21·8	24·5	26·6	28·3	29·5	30·7	31·6	32·5
0·8	17·6	21·9	24·6	26·6	28·4	29·6	30·8	31·7	32·5
0·9	17·7	22·0	24·7	26·7	28·4	29·6	30·8	31·7	32·5
1·0	17·7	22·0	24·7	26·7	28·4	29·6	30·8	31·7	32·5

For Values of R.

Fall per thousand.	2·6	2·8	3·0	3·2	3·4	3·6	3·8	4·0	4·2
0·02	—	—	—	—	—	51·8	52·7	53·5	54·3
0·03	—	—	—	—	—	49·6	50·3	51·0	51·7
0·05	43·5	44·3	45·0	45·7	46·4	47·0	47·6	48·1	48·6
0·07	42·6	43·3	44·0	44·7	45·2	45·8	46·2	46·7	47·2
0·1	41·7	42·4	43·0	43·5	44·0	44·5	45·0	45·4	45·8
0·2	40·6	41·1	41·6	42·1	42·5	43·0	43·3	43·7	44·0
0·3	40·2	40·7	41·2	41·6	42·0	42·4	42·8	43·1	43·4
0·4	40·0	40·5	41·0	41·4	41·7	42·2	42·5	42·8	43·1
0·5	39·9	40·3	40·8	41·1	41·5	41·9	42·2	42·5	42·8
0·6	39·7	40·2	40·6	41·0	41·4	41·8	41·9	42·2	42·5
0·7	39·7	40·1	40·5	40·9	41·3	41·6	41·8	42·1	42·4
0·8	39·7	40·1	40·4	40·8	41·2	41·5	41·8	42·1	42·4
0·9	39·7	40·1	40·3	40·7	41·1	41·4	41·7	42·0	42·3
1·0	39·7	40·1	40·3	40·7	41·1	41·4	41·7	42·0	42·3

The coefficients remain unaltered for steeper inclinations. than 1 in 1000
= 5.28 ft p mi
= .1 in 100

(lv)

CLASS II. ($n = 0.030$.)

Coefficients of Mean Velocity.

For Values of R.

1·0	1·2	1·4	1·6	1·8	2·0	2·2	2·4	Fall per thousand.
33·3	35·3	36·9	38·2	39·4	40·5	41·6	42·6	0·05
33·3	35·2	36·6	37·8	38·9	39·9	40·9	41·8	0·07
33·3	35·0	36·3	37·4	38·5	39·4	40·2	41·0	0·1
33·3	34·8	36·0	37·0	37·9	38·7	39·4	40·0	0·2
33·3	34·7	35·8	36·7	37·6	38·4	39·1	39·7	0·3
33·3	34·7	35·8	36·7	37·5	38·3	39·0	39·5	0·4
33·3	34·7	35·7	36·6	37·4	38·1	38·8	39·4	0·5
33·3	34·7	35·7	36·6	37·4	38·1	38·7	39·2	0·6
33·3	34·7	35·7	36·6	37·4	38·1	38·7	39·2	0·7
33·3	34·7	35·7	36·6	37·4	38·1	38·7	39·2	0·8
33·3	34·7	35·7	36·6	37·4	38·1	38·7	39·2	0·9
33·3	34·7	35·7	36·6	37·4	38·1	38·7	39·2	1·0

For Values of R.

4·4	4·6	4·8	5·0	5·2	5·4	5·6	5·8	6·0	Fall per thousand.
55·1	55·8	56·5	57·2	57·8	58·4	59·0	59·5	60·0	0·02
52·3	52·9	53·5	54·1	54·7	55·2	55·6	56·0	56·4	0·03
49·1	49·6	50·1	50·6	51·1	51·6	52·1	52·4	52·5	0·05
47·6	48·0	48·4	48·8	49·2	49·6	49·9	50·2	50·5	0·07
46·2	46·6	46·9	47·2	47·5	47·8	48·1	48·4	48·6	0·1
44·3	44·6	44·9	45·2	45·5	45·8	46·0	46·2	46·4	0·2
43·7	40·0	44·3	44·5	44·7	44·9	45·1	45·3	45·5	0·3
43·4	43·8	44·0	44·2	44·4	44·6	44·8	45·0	45·2	0·4
43·1	43·4	43·7	43·9	44·1	44·3	44·5	44·7	44·9	0·5
42·8	43·1	43·4	43·6	43·8	44·0	44·2	44·4	44·6	0·6
42·7	43·0	43·2	43·4	43·6	43·8	44·0	44·2	44·4	0·7
42·7	42·9	43·1	43·3	43·5	43·7	43·9	44·1	44·3	0·8
42·6	42·8	43·0	43·2	43·4	43·6	43·8	44·0	44·2	0·9
42·6	42·8	43·0	43·2	43·4	43·6	43·8	44·0	44·2	1·0

The coefficients remain unaltered for steeper inclinations.

CLASS II. ($n = 0.030$.)

Mean Velocities and Quantities of Discharge per second.
For a Depth of Water of 0·2.
For Bottom-Widths of

Fall per thousand.	0·2	0·3	0·4	0·5	0·6	0·7	0·8	0·9	1·0	1·2	1·4	1·6	1·8	2·0	2·5
0·1	0·053 / 0·005	0·056 / 0·006	0·059 / 0·007	0·061 / 0·009	0·063 / 0·011	0·065 / 0·013	0·067 / 0·014	0·069 / 0·016	0·070 / 0·018	0·072 / 0·021	0·074 / 0·025	0·075 / 0·029	0·077 / 0·034	0·078 / 0·039	0·079 / 0·044
0·2	0·079 / 0·008	0·084 / 0·010	0·088 / 0·012	0·092 / 0·014	0·095 / 0·016	0·097 / 0·019	0·099 / 0·021	0·101 / 0·024	0·103 / 0·027	0·106 / 0·032	0·109 / 0·037	0·112 / 0·043	0·114 / 0·050	0·116 / 0·058	0·117 / 0·066
0·3	0·100 / 0·010	0·106 / 0·012	0·111 / 0·015	0·115 / 0·018	0·119 / 0·021	0·122 / 0·024	0·125 / 0·027	0·127 / 0·030	0·129 / 0·034	0·133 / 0·039	0·136 / 0·045	0·139 / 0·053	0·142 / 0·062	0·146 / 0·072	0·147 / 0·082
0·4	0·118 / 0·012	0·123 / 0·015	0·129 / 0·018	0·134 / 0·021	0·138 / 0·024	0·142 / 0·028	0·145 / 0·031	0·148 / 0·035	0·150 / 0·039	0·154 / 0·046	0·158 / 0·054	0·162 / 0·062	0·165 / 0·072	0·168 / 0·084	0·171 / 0·096
0·5	0·131 / 0·013	0·138 / 0·016	0·144 / 0·020	0·150 / 0·024	0·155 / 0·028	0·160 / 0·032	0·163 / 0·036	0·166 / 0·040	0·169 / 0·044	0·174 / 0·051	0·178 / 0·059	0·182 / 0·069	0·186 / 0·080	0·189 / 0·093	0·192 / 0·108
0·6	0·144 / 0·014	0·152 / 0·018	0·159 / 0·022	0·166 / 0·026	0·171 / 0·030	0·176 / 0·035	0·180 / 0·039	0·183 / 0·043	0·186 / 0·048	0·191 / 0·056	0·196 / 0·066	0·200 / 0·076	0·204 / 0·088	0·208 / 0·102	0·212 / 0·119
0·7	0·156 / 0·016	0·165 / 0·020	0·173 / 0·024	0·180 / 0·028	0·185 / 0·033	0·190 / 0·038	0·194 / 0·042	0·198 / 0·047	0·201 / 0·052	0·207 / 0·060	0·212 / 0·070	0·217 / 0·082	0·222 / 0·095	0·226 / 0·111	0·230 / 0·129
0·8	0·168 / 0·017	0·177 / 0·021	0·186 / 0·026	0·193 / 0·031	0·200 / 0·036	0·205 / 0·041	0·209 / 0·046	0·213 / 0·051	0·216 / 0·056	0·222 / 0·065	0·228 / 0·076	0·234 / 0·089	0·239 / 0·103	0·243 / 0·119	0·247 / 0·138
0·9	0·179 / 0·018	0·189 / 0·023	0·198 / 0·028	0·206 / 0·033	0·212 / 0·038	0·218 / 0·044	0·223 / 0·049	0·227 / 0·054	0·231 / 0·060	0·237 / 0·070	0·243 / 0·082	0·249 / 0·095	0·254 / 0·110	0·259 / 0·127	0·263 / 0·147

(lvii)

1·0	0·189 / 0·019	0·199 / 0·024	0·208 / 0·029	0·217 / 0·034	0·224 / 0·040	0·230 / 0·046	0·236 / 0·051	0·239 / 0·057	0·243 / 0·063	0·250 / 0·074	0·257 / 0·086	0·263 / 0·100	0·268 / 0·116	0·273 / 0·134	0·277 / 0·155
1·2	0·207 / 0·021	0·218 / 0·026	0·228 / 0·032	0·238 / 0·038	0·245 / 0·044	0·252 / 0·050	0·257 / 0·056	0·262 / 0·062	0·267 / 0·069	0·274 / 0·080	0·281 / 0·093	0·288 / 0·109	0·293 / 0·127	0·298 / 0·147	0·303 / 0·170
1·4	0·223 / 0·022	0·235 / 0·028	0·246 / 0·034	0·257 / 0·041	0·267 / 0·048	0·276 / 0·055	0·280 / 0·061	0·284 / 0·068	0·288 / 0·075	0·296 / 0·087	0·304 / 0·102	0·311 / 0·118	0·317 / 0·137	0·323 / 0·159	0·328 / 0·184
1·6	0·239 / 0·024	0·262 / 0·030	0·264 / 0·037	0·275 / 0·044	0·283 / 0·051	0·291 / 0·058	0·297 / 0·065	0·303 / 0·072	0·308 / 0·080	0·316 / 0·093	0·324 / 0·108	0·332 / 0·126	0·338 / 0·146	0·344 / 0·170	0·350 / 0·196
1·8	0·254 / 0·025	0·267 / 0·032	0·280 / 0·039	0·292 / 0·046	0·301 / 0·054	0·309 / 0·062	0·315 / 0·069	0·321 / 0·077	0·326 / 0·085	0·335 / 0·100	0·344 / 0·116	0·352 / 0·134	0·359 / 0·155	0·366 / 0·180	0·372 / 0·208
2·0	0·267 / 0·027	0·282 / 0·034	0·296 / 0·041	0·308 / 0·049	0·317 / 0·057	0·326 / 0·065	0·332 / 0·073	0·338 / 0·081	0·344 / 0·090	0·353 / 0·105	0·362 / 0·122	0·371 / 0·141	0·378 / 0·163	0·386 / 0·190	0·392 / 0·220
2·2	0·280 / 0·028	0·296 / 0·036	0·311 / 0·044	0·323 / 0·052	0·333 / 0·060	0·343 / 0·068	0·349 / 0·076	0·355 / 0·085	0·361 / 0·094	0·371 / 0·109	0·380 / 0·127	0·389 / 0·148	0·397 / 0·172	0·404 / 0·199	0·411 / 0·230
2·4	0·293 / 0·029	0·309 / 0·037	0·324 / 0·045	0·337 / 0·053	0·347 / 0·062	0·357 / 0·071	0·365 / 0·080	0·372 / 0·089	0·377 / 0·098	0·387 / 0·114	0·397 / 0·133	0·407 / 0·155	0·416 / 0·180	0·422 / 0·208	0·429 / 0·240
2·6	0·305 / 0·030	0·323 / 0·038	0·338 / 0·047	0·351 / 0·056	0·362 / 0·065	0·371 / 0·074	0·378 / 0·083	0·385 / 0·092	0·392 / 0·102	0·403 / 0·118	0·413 / 0·137	0·423 / 0·160	0·432 / 0·186	0·440 / 0·216	0·447 / 0·250
2·8	0·316 / 0·032	0·334 / 0·041	0·350 / 0·050	0·364 / 0·059	0·375 / 0·068	0·385 / 0·077	0·393 / 0·086	0·400 / 0·096	0·407 / 0·106	0·418 / 0·123	0·429 / 0·143	0·439 / 0·167	0·448 / 0·193	0·456 / 0·224	0·463 / 0·259
3·0	0·327 / 0·033	0·347 / 0·042	0·364 / 0·051	0·377 / 0·060	0·388 / 0·070	0·399 / 0·080	0·407 / 0·089	0·414 / 0·099	0·421 / 0·109	0·433 / 0·127	0·444 / 0·148	0·456 / 0·173	0·464 / 0·201	0·472 / 0·233	0·480 / 0·269

(lviii)

CLASS II. ($n = 0·030$.)

Mean Velocities and Quantities of Discharge per second.

For a Depth of Water of 0·4.

For Bottom-Widths of

Fall per thousand	0·4	0·6	0·8	1·0	1·2	1·4	1·6	1·8	2·0	2·5	3·0	3·5	4·0	4·5	5·0
0·1	0·096 0·038	0·102 0·049	0·107 0·060	0·111 0·071	0·116 0·083	0·119 0·095	0·122 0·107	0·124 0·119	0·126 0·131	0·130 0·162	0·134 0·193	0·137 0·224	0·139 0·255	0·141 0·286	0·142 0·318
0·2	0·142 0·057	0·160 0·073	0·163 0·089	0·164 0·106	0·170 0·123	0·176 0·140	0·179 0·157	0·182 0·174	0·185 0·192	0·191 0·237	0·196 0·282	0·200 0·327	0·203 0·373	0·206 0·419	0·206 0·466
0·3	0·177 0·071	0·187 0·091	0·187 0·111	0·204 0·132	0·211 0·153	0·217 0·174	0·222 0·195	0·226 0·217	0·230 0·239	0·237 0·294	0·243 0·350	0·247 0·406	0·251 0·462	0·254 0·519	0·257 0·576
0·4	0·205 0·082	0·216 0·106	0·229 0·130	0·236 0·154	0·246 0·178	0·252 0·202	0·258 0·227	0·263 0·252	0·267 0·278	0·276 0·342	0·282 0·406	0·287 0·470	0·291 0·535	0·296 0·601	0·298 0·667
0·5	0·227 0·091	0·246 0·118	0·257 0·145	0·266 0·172	0·274 0·199	0·281 0·226	0·286 0·254	0·284 0·282	0·298 0·311	0·308 0·383	0·316 0·455	0·322 0·528	0·327 0·602	0·331 0·676	0·335 0·750
0·6	0·253 0·101	0·270 0·130	0·282 0·159	0·292 0·188	0·302 0·218	0·310 0·248	0·317 0·278	0·323 0·309	0·327 0·340	0·337 0·420	0·347 0·500	0·364 0·580	0·369 0·660	0·363 0·741	0·367 0·822
0·7	0·275 0·110	0·291 0·141	0·306 0·173	0·311 0·205	0·321 0·237	0·336 0·269	0·344 0·302	0·350 0·336	0·366 0·370	0·366 0·456	0·376 0·542	0·384 0·629	0·389 0·716	0·394 0·804	0·398 0·892
0·8	0·294 0·118	0·311 0·151	0·327 0·185	0·339 0·219	0·350 0·253	0·359 0·288	0·368 0·323	0·375 0·359	0·381 0·396	0·392 0·468	0·402 0·580	0·410 0·674	0·416 0·768	0·423 0·862	0·427 0·957
0·9	0·311 0·124	0·329 0·160	0·346 0·196	0·359 0·232	0·371 0·268	0·381 0·305	0·390 0·343	0·397 0·381	0·404 0·420	0·416 0·517	0·427 0·615	0·435 0·714	0·442 0·813	0·449 0·916	0·456 1·019

(lix)

1·0	0·328 / 0·131	0·347 / 0·169	0·366 / 0·207	0·378 / 0·245	0·391 / 0·283	0·401 / 0·321	0·411 / 0·361	0·419 / 0·402	0·426 / 0·443	0·438 / 0·545	0·450 / 0·648	0·463 / 0·752	0·488 / 0·857	0·473 / 0·965	0·479 / 1·073
1·2	0·359 / 0·144	0·380 / 0·185	0·400 / 0·226	0·416 / 0·268	0·429 / 0·310	0·440 / 0·352	0·451 / 0·396	0·458 / 0·440	0·466 / 0·485	0·480 / 0·597	0·493 / 0·710	0·603 / 0·825	0·511 / 0·940	0·618 / 1·058	0·525 / 1·176
1·4	0·389 / 0·156	0·412 / 0·200	0·432 / 0·245	0·448 / 0·290	0·464 / 0·335	0·478 / 0·381	0·487 / 0·428	0·496 / 0·476	0·504 / 0·524	0·518 / 0·644	0·532 / 0·766	0·543 / 0·890	0·552 / 1·016	0·560 / 1·142	0·587 / 1·270
1·6	0·415 / 0·166	0·439 / 0·213	0·462 / 0·261	0·479 / 0·309	0·495 / 0·357	0·508 / 0·406	0·520 / 0·456	0·523 / 0·508	0·538 / 0·560	0·554 / 0·689	0·569 / 0·820	0·581 / 0·953	0·591 / 1·087	0·599 / 1·222	0·606 / 1·357
1·8	0·441 / 0·176	0·466 / 0·226	0·490 / 0·277	0·508 / 0·328	0·526 / 0·379	0·539 / 0·431	0·552 / 0·484	0·562 / 0·539	0·571 / 0·594	0·588 / 0·731	0·604 / 0·870	0·617 / 1·012	0·627 / 1·154	0·638 / 1·297	0·643 / 1·440
2·0	0·464 / 0·186	0·490 / 0·239	0·516 / 0·292	0·535 / 0·345	0·554 / 0·399	0·568 / 0·454	0·582 / 0·510	0·592 / 0·568	0·602 / 0·626	0·619 / 0·770	0·636 / 0·916	0·651 / 1·066	0·661 / 1·216	0·670 / 1·367	0·678 / 1·519
2·2	0·487 / 0·195	0·515 / 0·250	0·542 / 0·306	0·563 / 0·362	0·581 / 0·419	0·596 / 0·477	0·610 / 0·536	0·621 / 0·596	0·632 / 0·657	0·650 / 0·808	0·667 / 0·961	0·680 / 1·115	0·691 / 1·271	0·701 / 1·431	0·711 / 1·592
2·4	0·509 / 0·204	0·538 / 0·261	0·566 / 0·319	0·587 / 0·378	0·607 / 0·438	0·622 / 0·498	0·637 / 0·559	0·648 / 0·621	0·659 / 0·685	0·678 / 0·843	0·697 / 1·004	0·712 / 1·167	0·724 / 1·332	0·734 / 1·497	0·742 / 1·662
2·6	0·530 / 0·212	0·560 / 0·272	0·589 / 0·333	0·610 / 0·394	0·631 / 0·456	0·647 / 0·518	0·663 / 0·582	0·675 / 0·647	0·686 / 0·713	0·706 / 0·877	0·725 / 1·044	0·740 / 1·212	0·762 / 1·383	0·763 / 1·556	0·773 / 1·731
2·8	0·550 / 0·220	0·581 / 0·282	0·611 / 0·345	0·633 / 0·409	0·655 / 0·473	0·672 / 0·538	0·688 / 0·604	0·700 / 0·671	0·712 / 0·740	0·733 / 0·911	0·753 / 1·084	0·769 / 1·260	0·782 / 1·438	0·793 / 1·618	0·803 / 1·799
3·0	0·569 / 0·228	0·601 / 0·292	0·633 / 0·357	0·656 / 0·422	0·678 / 0·488	0·696 / 0·556	0·712 / 0·625	0·725 / 0·695	0·737 / 0·766	0·759 / 0·943	0·780 / 1·122	0·795 / 1·302	0·807 / 1·485	0·818 / 1·671	0·830 / 1·859

CLASS II. ($n = 0.030$.)

Mean Velocities and Quantities of Discharge per second.

For a Depth of Water of 0·6.

For Bottom-Widths of

Fall per thousand.	0·6	0·8	1·0	1·2	1·4	1·6	1·8	2·0	2·5	3·0	3·5	4·0	4·5	5·0	5·5
0·1	0·134 0·121	0·140 0·144	0·146 0·168	0·161 0·192	0·166 0·216	0·160 0·240	0·163 0·264	0·166 0·289	0·173 0·352	0·178 0·416	0·182 0·480	0·185 0·544	0·188 0·609	0·191 0·676	0·194 0·743
0·2	0·196 0·176	0·206 0·210	0·215 0·244	0·221 0·278	0·227 0·313	0·232 0·348	0·237 0·384	0·242 0·421	0·252 0·512	0·258 0·604	0·264 0·697	0·269 0·791	0·274 0·887	0·278 0·984	0·282 1·081
0·3	0·244 0·220	0·255 0·262	0·265 0·304	0·274 0·346	0·282 0·389	0·288 0·432	0·293 0·475	0·298 0·519	0·311 0·633	0·319 0·748	0·327 0·863	0·333 0·979	0·338 1·096	0·343 1·214	0·348 1·332
0·4	0·283 0·255	0·295 0·303	0·307 0·352	0·317 0·401	0·326 0·450	0·333 0·500	0·340 0·552	0·347 0·604	0·361 0·735	0·370 0·867	0·379 1·000	0·386 1·134	0·392 1·270	0·398 1·409	0·404 1·648
0·5	0·317 0·285	0·331 0·338	0·344 0·392	0·365 0·447	0·395 0·503	0·374 0·561	0·382 0·620	0·391 0·680	0·405 0·827	0·416 0·975	0·426 1·125	0·434 1·276	0·441 1·429	0·448 1·586	0·455 1·743
0·6	0·348 0·313	0·363 0·372	0·378 0·432	0·390 0·493	0·401 0·554	0·410 0·615	0·418 0·678	0·426 0·741	0·443 0·903	0·464 1·066	0·466 1·230	0·474 1·395	0·462 1·562	0·489 1·731	0·496 1·901
0·7	0·378 0·340	0·394 0·403	0·410 0·467	0·423 0·532	0·436 0·598	0·444 0·666	0·453 0·735	0·462 0·804	0·480 0·980	0·493 1·157	0·506 1·335	0·614 0·514	0·622 1·694	0·630 1·876	0·538 2·059
0·8	0·405 0·364	0·423 0·432	0·439 0·501	0·463 0·573	0·466 0·647	0·475 0·712	0·485 0·787	0·495 0·861	0·613 1·047	0·527 1·234	0·639 1·423	0·660 1·613	0·658 1·805	0·564 1·997	0·670 2·189
0·9	0·432 0·389	0·450 0·462	0·467 0·536	0·481 0·610	0·495 0·684	0·606 0·759	0·516 0·836	0·626 0·915	0·646 1·115	0·661 1·316	0·676 1·518	0·686 1·722	0·694 1·927	0·603 2·134	0·612 2·342

(lx)

(lxi)

1·0	0·455 / 0·409	0·474 / 0·485	0·492 / 0·562	0·607 / 0·640	0·522 / 0·720	0·533 / 0·800	0·544 / 0·882	0·555 / 0·966	0·576 / 1·177	0·592 / 1·389	0·607 / 1·602	0·617 / 1·816	0·627 / 2·032	0·636 / 2·251	0·646 / 2·471
1·2	0·498 / 0·448	0·520 / 0·532	0·539 / 0·617	0·558 / 0·702	0·572 / 0·788	0·584 / 0·876	0·596 / 0·966	0·608 / 1·058	0·630 / 1·287	0·648 / 1·519	0·665 / 1·755	0·678 / 1·994	0·690 / 2·237	0·702 / 2·485	0·714 / 2·735
1·4	0·538 / 0·484	0·560 / 0·574	0·582 / 0·666	0·600 / 0·769	0·618 / 0·852	0·631 / 0·946	0·644 / 1·043	0·657 / 1·143	0·681 / 1·392	0·700 / 1·643	0·718 / 1·895	0·730 / 2·148	0·741 / 2·404	0·752 / 2·662	0·763 / 2·922
1·6	0·576 / 0·518	0·600 / 0·613	0·622 / 0·710	0·641 / 0·809	0·660 / 0·909	0·674 / 1·011	0·688 / 1·115	0·702 / 1·221	0·728 / 1·487	0·748 / 1·755	0·767 / 2·025	0·780 / 2·297	0·792 / 2·571	0·804 / 2·846	0·816 / 3·121
1·8	0·610 / 0·549	0·635 / 0·649	0·660 / 0·751	0·680 / 0·855	0·700 / 0·962	0·715 / 1·072	0·730 / 1·184	0·745 / 1·296	0·772 / 1·577	0·793 / 1·861	0·814 / 2·149	0·828 / 2·439	0·841 / 2·731	0·854 / 3·023	0·867 / 3·316
2·0	0·643 / 0·579	0·670 / 0·685	0·696 / 0·793	0·717 / 0·904	0·738 / 1·017	0·754 / 1·131	0·769 / 1·247	0·784 / 1·364	0·814 / 1·662	0·836 / 1·962	0·858 / 2·265	0·872 / 2·569	0·886 / 2·875	0·889 / 3·182	0·912 / 3·490
2·2	0·675 / 0·607	0·703 / 0·717	0·730 / 0·830	0·762 / 0·946	0·774 / 1·065	0·791 / 1·186	0·807 / 1·309	0·823 / 1·432	0·854 / 1·744	0·877 / 2·059	0·900 / 2·376	0·918 / 2·695	0·929 / 3·016	0·943 / 3·338	0·957 / 3·661
2·4	0·706 / 0·634	0·734 / 0·751	0·762 / 0·870	0·786 / 0·991	0·809 / 1·114	0·826 / 1·239	0·843 / 1·367	0·860 / 1·496	0·892 / 1·821	0·916 / 2·149	0·940 / 2·481	0·956 / 2·815	0·970 / 3·150	0·985 / 3·486	1·000 / 3·823
2·6	0·734 / 0·661	0·766 / 0·783	0·794 / 0·907	0·819 / 1·033	0·842 / 1·161	0·860 / 1·290	0·877 / 1·423	0·895 / 1·557	0·928 / 1·897	0·947 / 2·239	0·978 / 2·582	0·994 / 2·927	1·010 / 3·276	1·026 / 3·628	1·040 / 3·982
2·8	0·761 / 0·685	0·793 / 0·812	0·823 / 0·941	0·848 / 1·072	0·873 / 1·205	0·892 / 1·338	0·910 / 1·475	0·928 / 1·614	0·963 / 1·966	0·990 / 2·321	1·016 / 2·680	1·032 / 3·041	1·048 / 3·403	1·054 / 3·766	1·080 / 4·130
3·0	0·788 / 0·709	0·820 / 0·840	0·852 / 0·973	0·878 / 1·108	0·904 / 1·245	0·923 / 1·384	0·942 / 1·527	0·961 / 1·672	0·997 / 2·038	1·025 / 2·406	1·061 / 2·775	1·068 / 3·146	1·085 / 3·520	1·101 / 3·897	1·117 / 4·277

(lxii)

CLASS II. ($n = 0.030$.)

Mean Velocities and Quantities of Discharge per second.

For a Depth of Water of 0·8.

For Bottom-Widths of

Fall per thousand	1·0	1·2	1·4	1·6	1·8	2·0	2·5	3·0	3·5	4·0	4·5	5·0	5·5	6·0	6·5
0·05	0·122 0·215	0·126 0·242	0·129 0·270	0·133 0·298	0·136 0·325	0·138 0·353	0·143 0·424	0·148 0·496	0·151 0·568	0·154 0·642	0·157 0·717	0·160 0·793	0·162 0·869	0·164 0·945	0·166 1·022
0·1	0·178 0·310	0·182 0·350	0·188 0·390	0·192 0·430	0·196 0·470	0·199 0·510	0·206 0·602	0·213 0·705	0·218 0·820	0·222 0·926	0·228 1·033	0·230 1·140	0·233 1·248	0·236 1·357	0·238 1·466
0·2	0·255 0·449	0·263 0·506	0·271 0·563	0·277 0·620	0·282 0·677	0·287 0·735	0·297 0·882	0·307 1·030	0·314 1·180	0·321 1·331	0·326 1·483	0·330 1·637	0·336 1·792	0·339 1·948	0·342 2·106
0·3	0·318 0·556	0·326 0·627	0·336 0·698	0·343 0·768	0·349 0·839	0·355 0·910	0·367 1·091	0·379 1·274	0·388 1·459	0·395 1·646	0·402 1·834	0·408 2·023	0·413 2·212	0·418 2·402	0·421 2·593
0·4	0·367 0·646	0·378 0·726	0·388 0·806	0·396 0·887	0·403 0·968	0·410 1·049	0·424 1·260	0·438 1·473	0·449 1·688	0·457 1·905	0·465 2·123	0·472 2·341	0·478 2·560	0·483 2·780	0·487 3·000
0·5	0·410 0·721	0·422 0·811	0·434 0·901	0·443 0·992	0·461 1·083	0·459 1·175	0·474 1·408	0·489 1·644	0·501 1·884	0·510 2·125	0·519 2·368	0·527 2·614	0·534 2·860	0·540 3·106	0·544 3·351
0·6	0·461 0·794	0·464 0·892	0·477 0·990	0·486 1·089	0·495 1·189	0·504 1·290	0·521 1·549	0·538 1·810	0·551 2·072	0·581 2·336	0·571 2·602	0·579 2·871	0·587 3·142	0·593 3·413	0·598 3·684
0·7	0·487 0·857	0·501 0·962	0·515 1·068	0·525 1·176	0·535 1·285	0·546 1·395	0·564 1·673	0·581 1·954	0·595 2·237	0·606 2·523	0·617 2·812	0·626 3·104	0·634 3·394	0·640 3·684	0·645 3·975
0·8	0·522 0·919	0·538 1·034	0·653 1·149	0·665 1·265	0·575 1·381	0·585 1·497	0·606 1·798	0·623 2·099	0·638 2·399	0·650 2·710	0·662 3·021	0·672 3·333	0·680 3·645	0·687 3·957	0·693 4·269

(lxiii)

	0.664	0.671	0.686	0.599	0.611	0.620	0.642	0.661	0.676	0.689	0.701	0.712	0.721	0.729	0.735
0.9	0.975	1.097	1.219	1.342	1.464	1.587	1.897	2.215	2.541	2.870	3.200	3.530	3.860	4.193	4.528
	0.689	0.605	0.618	0.630	0.642	0.652	0.676	0.696	0.713	0.727	0.740	0.751	0.760	0.767	0.774
1.0	1.036	1.161	1.286	1.411	1.540	1.669	2.000	2.337	2.681	3.029	3.377	3.725	4.073	4.421	4.768
	0.640	0.660	0.677	0.692	0.705	0.716	0.740	0.763	0.780	0.796	0.810	0.822	0.832	0.841	0.848
1.2	1.126	1.267	1.408	1.550	1.691	1.833	2.193	2.560	2.933	3.313	3.694	4.076	4.459	4.842	5.225
	0.691	0.712	0.731	0.746	0.760	0.772	0.799	0.822	0.842	0.860	0.875	0.888	0.899	0.909	0.917
1.4	1.216	1.368	1.520	1.671	1.823	1.976	2.366	2.763	3.167	3.577	3.989	4.404	4.819	5.234	5.648
	0.739	0.762	0.782	0.796	0.813	0.828	0.856	0.881	0.902	0.919	0.935	0.949	0.961	0.971	0.980
1.6	1.301	1.463	1.625	1.788	1.951	2.114	2.534	2.960	3.392	3.828	4.266	4.706	5.148	5.592	6.037
	0.783	0.807	0.829	0.846	0.862	0.877	0.907	0.934	0.956	0.975	0.992	1.007	1.020	1.031	1.040
1.8	1.378	1.549	1.721	1.895	2.070	2.245	2.684	3.133	3.591	4.057	4.525	4.994	5.464	5.935	6.407
	0.834	0.855	0.874	0.892	0.908	0.923	0.956	0.985	1.008	1.028	1.046	1.062	1.075	1.086	1.096
2.0	1.468	1.643	1.820	1.998	2.179	2.362	2.828	3.304	3.791	4.281	4.773	5.267	5.762	6.257	6.752
	0.866	0.892	0.916	0.936	0.953	0.969	1.002	1.033	1.058	1.078	1.097	1.114	1.128	1.140	1.150
2.2	1.524	1.715	1.906	2.097	2.289	2.481	2.970	3.469	3.978	4.492	5.008	5.525	6.043	6.563	7.085
	0.905	0.933	0.958	0.978	0.996	1.012	1.047	1.079	1.106	1.126	1.145	1.163	1.178	1.190	1.200
2.4	1.593	1.792	1.991	2.191	2.390	2.590	3.103	3.626	4.158	4.692	5.228	5.767	6.307	6.849	7.393
	0.942	0.970	0.997	1.017	1.036	1.054	1.090	1.122	1.150	1.173	1.193	1.211	1.226	1.238	1.248
2.6	1.658	1.863	2.070	2.278	2.488	2.698	3.230	3.772	4.324	4.881	5.440	6.000	6.561	7.124	7.688
	0.977	1.007	1.034	1.056	1.076	1.092	1.130	1.165	1.194	1.216	1.238	1.257	1.272	1.285	1.296
2.8	1.719	1.934	2.149	2.365	2.580	2.795	3.350	3.915	4.490	5.070	5.651	6.234	6.817	7.400	7.984
	1.011	1.042	1.070	1.094	1.116	1.136	1.174	1.208	1.238	1.264	1.286	1.304	1.319	1.331	1.341
3.0	1.779	2.001	2.225	2.451	2.679	2.908	3.481	4.064	4.658	5.259	5.860	6.460	7.060	7.660	8.261

CLASS II. ($n = 0.030$.)

Mean Velocities and Quantities of Discharge per second.

For a Depth of Water of 1·0.

For Bottom-Widths of

Fall per thousand.	2·0	2·5	3·0	3·5	4·0	4·5	5·0	5·5	6·0	6·5	7·0	7·5	8·0	8·5	9·0
0·05	0·169 0·558	0·166 0·664	0·171 0·772	0·176 0·880	0·180 0·992	0·184 1·104	0·187 1·316	0·190 1·329	0·192 1·442	0·194 1·555	0·196 1·668	0·198 1·782	0·200 1·896	0·201 2·010	0·202 2·124
0·1	0·231 0·818	0·240 0·960	0·248 1·114	0·254 1·270	0·260 1·429	0·265 1·590	0·269 1·751	0·273 1·911	0·276 2·072	0·279 2·233	0·282 2·394	0·284 2·556	0·286 2·718	0·288 2·880	0·289 3·042
0·2	0·330 1·146	0·341 1·364	0·351 1·583	0·361 1·805	0·368 2·027	0·376 2·251	0·381 2·476	0·386 2·701	0·390 2·927	0·394 3·153	0·398 3·371	0·401 3·609	0·404 3·839	0·407 4·070	0·409 4·301
0·3	0·407 1·420	0·421 1·684	0·433 1·945	0·443 2·215	0·453 2·489	0·461 2·766	0·468 3·042	0·474 3·318	0·479 3·595	0·484 3·872	0·489 4·152	0·493 4·435	0·497 4·717	0·500 5·000	0·503 5·288
0·4	0·470 1·644	0·486 1·944	0·500 2·248	0·512 2·560	0·523 2·875	0·532 3·192	0·540 3·509	0·547 3·829	0·553 4·150	0·559 4·472	0·564 4·796	0·569 5·121	0·573 5·445	0·577 5·770	0·580 6·094
0·5	0·516 1·832	0·543 2·172	0·560 2·517	0·574 2·870	0·586 3·225	0·597 3·582	0·606 3·940	0·614 4·298	0·621 4·656	0·627 5·015	0·633 5·374	0·638 5·743	0·643 6·101	0·646 6·460	0·650 6·819
0·6	0·577 2·008	0·597 2·388	0·615 2·769	0·631 3·155	0·644 3·542	0·655 3·930	0·665 4·320	0·673 4·711	0·680 5·103	0·687 5·496	0·693 5·888	0·688 6·283	0·703 6·680	0·708 7·080	0·713 7·490
0·7	0·623 2·160	0·643 2·572	0·663 2·986	0·681 3·405	0·696 3·826	0·708 4·247	0·718 4·668	0·727 5·090	0·735 5·513	0·742 5·936	0·749 6·364	0·765 6·793	0·760 7·220	0·765 7·650	0·770 8·080
0·8	0·668 2·354	0·694 2·776	0·714 3·208	0·730 3·650	0·744 4·102	0·759 4·554	0·770 5·007	0·780 5·460	0·788 5·910	0·796 6·361	0·803 6·820	0·809 7·280	0·816 7·740	0·820 8·200	0·824 8·660

(lxv)

0·9	0·709 / 2·494	0·736 / 2·944	0·768 / 3·404	0·776 / 3·875	0·792 / 4·352	0·805 / 4·830	0·817 / 5·309	0·827 / 5·789	0·835 / 6·270	0·844 / 6·752	0·852 / 7·241	0·862 / 7·730	0·865 / 8·220	0·871 / 8·710	0·875 / 9·200
1·0	0·747 / 2·620	0·776 / 3·104	0·799 / 3·594	0·818 / 4·090	0·834 / 4·591	0·849 / 5·094	0·860 / 5·598	0·872 / 6·104	0·880 / 6·611	0·890 / 7·120	0·898 / 7·632	0·905 / 8·145	0·911 / 8·657	0·917 / 9·170	0·921 / 9·683
1·2	0·819 / 2·880	0·850 / 3·400	0·877 / 3·930	0·894 / 4·470	0·913 / 5·020	0·929 / 5·574	0·943 / 6·129	0·956 / 6·685	0·965 / 7·242	0·976 / 7·800	0·983 / 8·359	0·991 / 8·919	0·998 / 9·478	1·004 / 10·04	1·009 / 10·60
1·4	0·884 / 3·105	0·918 / 3·672	0·944 / 4·245	0·966 / 4·830	0·987 / 5·426	1·004 / 6·023	1·018 / 6·620	1·031 / 7·217	1·042 / 7·820	1·053 / 8·423	1·062 / 9·026	1·070 / 9·630	1·079 / 10·23	1·084 / 10·84	1·089 / 11·45
1·6	0·945 / 3·325	0·982 / 3·928	1·010 / 4·541	1·033 / 5·165	1·053 / 5·693	1·071 / 6·426	1·089 / 7·069	1·102 / 7·713	1·114 / 8·356	1·125 / 9·000	1·136 / 9·645	1·144 / 10·29	1·152 / 10·94	1·159 / 11·59	1·165 / 12·24
1·8	1·003 / 3·581	1·049 / 4·192	1·071 / 4·823	1·095 / 5·475	1·117 / 6·146	1·137 / 6·822	1·154 / 7·502	1·169 / 8·183	1·181 / 8·863	1·193 / 9·544	1·204 / 10·23	1·213 / 10·91	1·221 / 11·60	1·229 / 12·29	1·235 / 12·98
2·0	1·057 / 3·775	1·097 / 4·388	1·129 / 5·021	1·155 / 5·775	1·180 / 6·485	1·200 / 7·200	1·218 / 7·915	1·233 / 8·631	1·245 / 9·345	1·257 / 10·06	1·269 / 10·79	1·280 / 11·52	1·289 / 12·24	1·298 / 12·96	1·302 / 13·68
2·2	1·109 / 3·881	1·151 / 4·604	1·184 / 5·328	1·211 / 6·055	1·237 / 6·803	1·259 / 7·560	1·277 / 8·300	1·292 / 9·044	1·306 / 9·795	1·319 / 10·55	1·331 / 11·31	1·341 / 12·07	1·351 / 12·83	1·359 / 13·59	1·366 / 14·35
2·4	1·158 / 4·053	1·202 / 4·808	1·237 / 5·566	1·266 / 6·325	1·293 / 7·111	1·318 / 7·896	1·334 / 8·671	1·350 / 9·450	1·364 / 10·23	1·378 / 11·02	1·391 / 11·82	1·402 / 12·62	1·412 / 13·41	1·421 / 14·21	1·428 / 15·01
2·6	1·205 / 4·217	1·251 / 5·004	1·288 / 5·796	1·318 / 6·590	1·346 / 7·397	1·369 / 8·214	1·388 / 9·022	1·405 / 9·835	1·420 / 10·65	1·434 / 11·47	1·447 / 12·29	1·459 / 13·12	1·469 / 13·94	1·477 / 14·77	1·486 / 15·59
2·8	1·251 / 4·378	1·298 / 5·196	1·336 / 6·012	1·367 / 6·835	1·396 / 7·678	1·421 / 8·526	1·440 / 9·380	1·458 / 10·11	1·473 / 11·05	1·488 / 11·90	1·503 / 12·76	1·516 / 13·62	1·526 / 14·47	1·533 / 15·33	1·540 / 16·19
3·0	1·295 / 4·532	1·344 / 5·376	1·383 / 6·223	1·416 / 7·080	1·446 / 7·953	1·471 / 8·826	1·488 / 9·647	1·509 / 10·56	1·525 / 11·44	1·540 / 12·32	1·556 / 13·21	1·567 / 14·10	1·578 / 14·98	1·587 / 15·87	1·595 / 16·76

(lxvi)

CLASS II. ($n = 0.30$.)

Mean Velocities and Quantities of Discharge per second.

For a Depth of Water of 1.2.

For Bottom-Widths of

Fall per thousand	3.5	4.0	4.5	5.0	5.5	6.0	6.5	7.0	7.5	8.0	8.5	9.0	9.5	10	11
0.05	0.198 1.262	0.203 1.413	0.207 1.565	0.211 1.722	0.214 1.874	0.217 2.031	0.220 2.191	0.223 2.355	0.225 2.511	0.227 2.669	0.229 2.831	0.230 2.980	0.232 3.145	0.234 3.313	0.235 3.625
0.1	0.284 1.806	0.291 2.025	0.296 2.237	0.301 2.456	0.305 2.672	0.309 2.892	0.313 3.117	0.316 3.337	0.318 3.549	0.321 3.775	0.333 3.992	0.335 4.212	0.328 4.447	0.331 4.687	0.333 5.114
0.2	0.401 2.550	0.411 2.860	0.419 3.167	0.426 3.468	0.431 3.776	0.437 4.091	0.442 4.402	0.448 4.710	0.450 5.022	0.464 5.339	0.457 5.648	0.460 5.962	0.464 6.292	0.468 6.627	0.472 7.249
0.3	0.493 3.135	0.505 3.515	0.514 3.886	0.522 4.260	0.530 4.643	0.537 5.027	0.543 5.409	0.548 5.786	0.553 6.160	0.557 6.551	0.561 6.934	0.565 7.322	0.570 7.729	0.574 8.128	0.578 8.878
0.4	0.569 3.619	0.583 4.058	0.584 4.491	0.593 4.920	0.612 5.360	0.620 5.804	0.627 6.245	0.632 6.674	0.637 7.109	0.643 7.561	0.648 8.009	0.653 8.463	0.658 8.923	0.663 9.389	0.667 10.24
0.5	0.639 4.064	0.652 4.538	0.664 5.020	0.676 5.516	0.684 5.992	0.693 6.486	0.701 6.982	0.707 7.466	0.712 7.945	0.718 8.443	0.724 8.950	0.730 9.460	0.738 9.979	0.741 10.49	0.746 11.46
0.6	0.700 4.452	0.714 4.969	0.727 5.497	0.738 6.021	0.749 6.561	0.769 7.104	0.758 7.649	0.774 8.173	0.780 8.706	0.787 9.256	0.793 9.802	0.799 10.35	0.805 10.91	0.811 11.48	0.817 12.55
0.7	0.756 4.808	0.772 5.373	0.786 5.942	0.798 6.512	0.809 7.086	0.820 7.675	0.830 8.266	0.837 8.839	0.843 9.408	0.850 9.996	0.857 10.59	0.863 11.18	0.870 11.80	0.877 12.42	0.883 13.56
0.8	0.811 5.158	0.827 5.756	0.840 6.350	0.853 6.960	0.865 7.577	0.876 8.200	0.887 8.835	0.894 9.441	0.901 10.05	0.908 10.68	0.915 11.31	0.922 11.95	0.928 12.58	0.934 13.22	0.943 14.48

(lxvii)

0.9	0·860 / 5·470	0·878 / 6·111	0·891 / 6·736	0·905 / 7·384	0·917 / 8·033	0·930 / 8·706	0·941 / 9·371	0·949 / 10·02	0·957 / 10·68	0·965 / 11·35	0·972 / 12·02	0·979 / 12·69	0·985 / 13·36	0·991 / 14·03	1·000 / 15·36
1·0	0·908 / 5·762	0·925 / 6·437	0·939 / 7·099	0·953 / 7·777	0·967 / 8·470	0·980 / 9·173	0·992 / 9·881	1·001 / 10·56	1·009 / 11·26	1·017 / 11·96	1·024 / 12·66	1·032 / 13·37	1·039 / 14·08	1·044 / 14·78	1·054 / 16·19
1·2	0·992 / 6·310	1·013 / 7·050	1·029 / 7·779	1·046 / 8·527	1·059 / 9·277	1·073 / 10·04	1·086 / 10·82	1·096 / 11·57	1·105 / 12·28	1·114 / 13·10	1·122 / 13·82	1·130 / 14·64	1·137 / 15·37	1·144 / 16·20	1·163 / 17·71
1·4	1·072 / 6·817	1·095 / 7·621	1·111 / 8·399	1·128 / 9·205	1·144 / 10·02	1·160 / 10·86	1·174 / 11·69	1·183 / 12·49	1·192 / 13·31	1·203 / 14·14	1·212 / 14·98	1·221 / 15·82	1·229 / 16·66	1·237 / 17·51	1·247 / 19·15
1·6	1·146 / 7·288	1·170 / 8·143	1·188 / 8·981	1·208 / 9·858	1·226 / 10·73	1·240 / 11·60	1·256 / 12·47	1·265 / 13·35	1·274 / 14·23	1·286 / 15·11	1·295 / 16·01	1·305 / 16·91	1·313 / 17·81	1·321 / 18·71	1·333 / 20·47
1·8	1·216 / 7·734	1·241 / 8·638	1·260 / 9·526	1·279 / 10·44	1·298 / 11·37	1·315 / 12·31	1·331 / 13·23	1·341 / 14·16	1·351 / 15·09	1·363 / 16·03	1·374 / 16·99	1·386 / 17·95	1·394 / 18·91	1·403 / 19·87	1·414 / 21·72
2·0	1·281 / 8·147	1·308 / 9·103	1·328 / 10·04	1·349 / 11·01	1·368 / 11·99	1·387 / 12·98	1·403 / 13·95	1·414 / 14·93	1·424 / 15·91	1·436 / 16·89	1·448 / 17·90	1·459 / 18·91	1·469 / 19·92	1·479 / 20·94	1·481 / 22·90
2·2	1·344 / 8·549	1·372 / 9·550	1·393 / 10·53	1·414 / 11·54	1·434 / 12·57	1·453 / 13·60	1·471 / 14·63	1·483 / 15·66	1·494 / 16·69	1·507 / 17·73	1·519 / 18·78	1·531 / 19·84	1·541 / 20·90	1·551 / 21·96	1·563 / 24·00
2·4	1·404 / 8·929	1·433 / 9·975	1·456 / 11·00	1·478 / 12·06	1·498 / 13·13	1·518 / 14·21	1·537 / 15·28	1·549 / 16·36	1·560 / 17·43	1·573 / 18·50	1·585 / 19·60	1·599 / 20·71	1·609 / 21·81	1·619 / 22·92	1·633 / 25·08
2·6	1·461 / 9·292	1·492 / 10·38	1·514 / 11·44	1·538 / 12·55	1·559 / 13·67	1·580 / 14·79	1·599 / 15·90	1·612 / 17·02	1·624 / 18·14	1·638 / 19·26	1·651 / 20·41	1·664 / 21·56	1·676 / 22·71	1·688 / 23·87	1·700 / 26·11
2·8	1·518 / 9·643	1·548 / 10·77	1·572 / 11·88	1·596 / 13·02	1·618 / 14·18	1·640 / 15·35	1·660 / 16·51	1·673 / 17·67	1·686 / 18·82	1·699 / 19·98	1·713 / 21·18	1·727 / 22·38	1·740 / 23·61	1·755 / 24·85	1·794 / 27·09
3·0	1·569 / 9·979	1·602 / 11·15	1·627 / 12·30	1·653 / 13·48	1·675 / 14·68	1·697 / 15·88	1·718 / 17·08	1·732 / 18·29	1·746 / 19·49	1·759 / 20·69	1·773 / 21·92	1·787 / 23·16	1·800 / 24·41	1·812 / 25·66	1·826 / 28·05

CLASS II. ($n = 0.30$.)

Mean Velocities and Quantities of Discharge per second,

For a Depth of Water of 1·4,

For Bottom-Widths of

Fall per thousand	5·0	5·5	6·0	6·5	7·0	7·5	8·0	8·5	9·0	9·5	10	11	12	13	14
0·05	0·234 2·926	0·237 2·522	0·240 2·721	0·243 2·925	0·246 3·134	0·249 3·347	0·251 3·549	0·253 3·754	0·256 3·978	0·258 4·190	0·260 4·405	0·263 4·824	0·266 5·250	0·268 5·665	0·270 6·086
0·1	0·331 3·290	0·335 3·565	0·340 3·856	0·344 4·142	0·348 4·433	0·351 4·717	0·354 5·006	0·357 5·298	0·360 5·595	0·363 5·895	0·365 6·183	0·369 6·767	0·373 7·364	0·377 7·969	0·380 8·564
0·2	0·468 4·652	0·476 5·054	0·480 5·443	0·485 5·840	0·490 6·243	0·494 6·639	0·499 7·055	0·503 7·465	0·507 7·880	0·510 8·283	0·513 8·690	0·518 9·500	0·523 10·32	0·528 11·16	0·532 11·99
0·3	0·573 5·695	0·581 6·182	0·588 6·668	0·594 7·152	0·600 7·644	0·606 8·145	0·611 8·640	0·616 9·141	0·621 9·649	0·626 10·15	0·629 10·65	0·638 11·70	0·647 12·77	0·652 13·79	0·657 14·81
0·4	0·662 6·580	0·671 7·140	0·679 7·700	0·686 8·260	0·693 8·829	0·700 9·408	0·708 9·984	0·712 10·56	0·717 11·14	0·722 11·72	0·726 12·30	0·733 13·46	0·740 14·63	0·747 15·80	0·753 16·97
0·5	0·740 7·355	0·760 7·980	0·769 8·606	0·767 9·234	0·775 9·874	0·782 10·27	0·789 11·15	0·796 11·81	0·802 12·45	0·807 13·10	0·812 13·75	0·820 15·05	0·828 16·35	0·835 17·65	0·841 18·95
0·6	0·810 8·052	0·822 8·746	0·831 9·423	0·839 10·10	0·848 10·80	0·857 11·51	0·864 12·22	0·871 12·93	0·877 13·64	0·883 14·35	0·889 15·06	0·899 16·49	0·907 17·92	0·916 19·35	0·923 20·78
0·7	0·875 8·698	0·888 9·449	0·889 10·19	0·908 10·93	0·917 11·68	0·925 12·43	0·933 13·19	0·941 13·95	0·948 14·72	0·954 15·49	0·960 16·26	0·970 17·80	0·979 19·35	0·989 20·90	0·996 22·45
0·8	0·936 9·307	0·949 10·10	0·960 10·89	0·970 11·68	0·980 12·48	0·989 13·29	0·998 14·10	1·008 14·92	1·013 15·74	1·020 16·56	1·028 17·38	1·037 19·03	1·047 20·68	1·056 22·33	1·064 23·98

(lxix)

1·062 / 17·57	1·099 / 18·44	1·101 / 20·19	1·111 / 21·94	1·129 / 23·69	1·129 / 25·44
1·141 / 18·53	1·148 / 19·45	1·160 / 21·29	1·171 / 23·13	1·181 / 24·97	1·190 / 26·82
1·249 / 20·29	1·257 / 21·29	1·270 / 23·31	1·282 / 25·33	1·293 / 27·36	1·304 / 29·39
1·348 / 21·91	1·358 / 23·00	1·372 / 25·18	1·385 / 27·36	1·397 / 29·54	1·408 / 31·73
1·443 / 23·44	1·455 / 24·60	1·467 / 26·93	1·481 / 29·26	1·493 / 31·59	1·505 / 33·92
1·530 / 24·85	1·540 / 26·08	1·555 / 28·57	1·571 / 31·07	1·588 / 33·57	1·600 / 36·07
1·613 / 26·19	1·623 / 27·49	1·639 / 30·10	1·655 / 32·71	1·669 / 35·32	1·683 / 37·93
1·691 / 27·47	1·702 / 28·83	1·718 / 31·56	1·733 / 34·30	1·751 / 37·04	1·766 / 39·78
1·767 / 28·70	1·778 / 30·12	1·796 / 32·97	1·814 / 35·82	1·829 / 38·68	1·843 / 41·54
1·839 / 29·87	1·851 / 31·35	1·870 / 34·32	1·888 / 37·29	1·904 / 40·27	1·919 / 43·25
1·908 / 30·99	1·920 / 32·52	1·940 / 35·61	1·959 / 38·70	1·978 / 41·80	1·992 / 44·90
1·975 / 32·08	1·988 / 33·67	2·008 / 36·86	2·028 / 40·05	2·046 / 43·25	2·061 / 46·45

(lxx)

CLASS II. ($n = 0.30$.)

Mean Velocities and Quantities of Discharge per Second.

For a Depth of Water of 1·6,
For Bottom-Widths of

Fall per thousand.	7·0	7·5	8·0	8·5	9·0	9·5	10	11	12	13	14	15	16	17	18
0·05	0·269 4·046	0·272 4·308	0·275 4·576	0·278 4·848	0·280 5·107	0·282 5·369	0·284 5·635	0·288 6·175	0·291 6·705	0·293 7·219	0·295 7·767	0·298 8·296	0·300 8·832	0·302 9·374	0·304 9·922
0·1	0·372 5·685	0·381 6·053	0·386 6·408	0·388 6·767	0·391 7·132	0·394 7·502	0·397 7·876	0·401 8·598	0·405 9·330	0·409 10·08	0·413 10·82	0·416 11·56	0·419 12·31	0·421 13·06	0·423 13·81
0·2	0·531 7·986	0·535 8·490	0·541 9·001	0·545 9·504	0·550 10·03	0·554 10·55	0·558 11·07	0·565 12·10	0·570 13·13	0·575 14·17	0·579 15·22	0·583 16·27	0·587 17·32	0·591 18·37	0·595 19·42
0·3	0·650 9·777	0·656 10·39	0·661 11·00	0·665 11·61	0·671 12·23	0·676 12·86	0·680 13·49	0·688 14·74	0·694 15·99	0·700 17·24	0·705 18·50	0·712 19·77	0·715 21·04	0·720 22·32	0·723 23·60
0·4	0·751 11·29	0·758 12·00	0·764 12·71	0·769 13·42	0·776 14·13	0·780 14·85	0·785 15·57	0·794 17·02	0·802 18·47	0·809 19·93	0·816 21·38	0·822 22·84	0·826 24·30	0·830 25·76	0·834 27·22
0·5	0·837 12·59	0·842 13·34	0·850 14·14	0·858 14·94	0·864 15·74	0·870 16·55	0·876 17·36	0·886 18·97	0·893 20·59	0·901 22·21	0·909 23·85	0·915 25·50	0·922 27·15	0·928 28·80	0·933 30·45
0·6	0·917 13·79	0·923 14·62	0·932 15·50	0·940 16·38	0·947 17·26	0·953 18·14	0·960 19·03	0·970 20·79	0·979 22·56	0·988 24·34	0·996 26·13	1·004 27·93	1·010 29·70	1·016 31·55	1·022 33·36
0·7	0·991 14·90	0·997 15·79	1·006 16·73	1·016 17·68	1·022 18·63	1·029 19·58	1·038 20·53	1·047 22·44	1·057 24·36	1·067 26·29	1·076 28·23	1·084 30·18	1·091 32·13	1·098 34·08	1·104 36·03
0·8	1·059 15·92	1·066 16·88	1·076 17·89	1·086 18·90	1·093 19·92	1·100 20·94	1·107 21·96	1·120 23·98	1·130 26·02	1·140 28·09	1·150 30·17	1·159 32·25	1·166 34·33	1·173 36·42	1·180 38·51

0·9	1·123 16·89	1·131 17·91	1·141 18·98	1·151 20·05	1·161 21·13	1·167 22·21	1·174 23·29	1·187 25·44	1·198 27·60	1·209 29·79	1·219 31·99	1·229 34·20	1·237 36·41	1·244 38·62	1·251 40·83
1·0	1·194 17·81	1·192 18·88	1·203 20·01	1·213 21·14	1·223 22·28	1·230 23·42	1·238 24·56	1·252 26·82	1·264 29·10	1·276 31·41	1·286 33·73	1·296 36·06	1·304 38·39	1·312 40·72	1·319 43·05
1·2	1·287 19·06	1·305 20·67	1·317 21·91	1·329 23·15	1·338 24·40	1·347 25·65	1·356 26·90	1·371 29·39	1·384 31·89	1·397 34·42	1·409 36·96	1·420 39·51	1·429 42·06	1·437 44·61	1·446 47·16
1·4	1·399 21·04	1·410 22·33	1·423 23·67	1·436 25·02	1·445 26·37	1·455 27·72	1·465 29·07	1·481 31·75	1·496 34·45	1·509 37·18	1·521 39·93	1·533 42·68	1·543 45·43	1·552 48·18	1·561 50·94
1·6	1·488 22·53	1·507 23·87	1·521 25·30	1·534 26·74	1·545 28·18	1·556 29·62	1·566 31·07	1·583 33·94	1·598 36·83	1·813 39·75	1·626 42·69	1·639 45·63	1·649 48·58	1·660 51·53	1·669 54·48
1·8	1·589 23·90	1·598 25·33	1·614 26·83	1·629 27·34	1·640 28·86	1·651 30·40	1·661 32·95	1·679 36·00	1·696 39·07	1·711 42·16	1·725 45·27	1·738 48·39	1·749 51·51	1·760 54·64	1·770 57·77
2·0	1·676 25·19	1·695 26·69	1·701 28·24	1·716 29·82	1·728 31·43	1·740 33·07	1·751 34·74	1·770 37·94	1·787 41·17	1·803 44·42	1·818 47·69	1·833 50·97	1·844 54·26	1·855 57·56	1·866 60·87
2·2	1·756 26·41	1·767 27·99	1·783 29·61	1·795 31·26	1·812 32·94	1·824 34·66	1·838 36·42	1·857 39·79	1·876 43·18	1·891 46·59	1·907 50·02	1·922 53·47	1·934 56·93	1·946 60·40	1·957 63·87
2·4	1·834 27·58	1·846 29·24	1·863 30·94	1·879 32·67	1·892 34·43	1·905 36·22	1·918 38·05	1·939 41·55	1·957 45·09	1·975 48·66	1·992 52·25	2·007 55·85	2·020 59·45	2·033 63·06	2·043 66·68
2·6	1·909 28·71	1·921 30·43	1·939 32·20	1·956 34·00	1·970 35·83	1·983 37·69	1·996 39·60	2·018 43·26	2·037 46·95	2·056 50·66	2·073 54·39	2·090 58·14	2·103 61·90	2·115 65·66	2·127 69·42
2·8	1·981 29·79	1·994 31·59	2·012 33·43	2·030 35·29	2·044 37·19	2·059 39·12	2·071 41·09	2·094 44·88	2·114 48·70	2·133 52·55	2·151 56·42	2·168 60·31	2·183 64·21	2·195 68·12	2·207 72·03
3·0	2·051 30·85	2·064 32·70	2·093 34·61	2·101 36·55	2·117 38·52	2·133 40·52	2·144 42·54	2·168 46·46	2·190 50·41	2·208 54·40	2·226 58·40	2·244 62·42	2·260 66·44	2·273 70·52	2·285 74·58

(lxxii)

CLASS II. ($n = 0.30$.)
Mean Velocities and Quantities of Discharge per second.
For a Depth of Water of 1·8.
For Bottom-Widths of

Fall per thousand	9·0	9·5	10	11	12	13	14	15	16	17	18	19	20	21	22
0·05	0·302 / 6·361	0·304 / 6·676	0·306 / 6·995	0·310 / 7·645	0·313 / 8·282	0·316 / 8·930	0·319 / 9·589	0·322 / 10·26	0·324 / 10·92	0·326 / 11·58	0·328 / 12·24	0·330 / 12·90	0·332 / 13·56	0·334 / 14·22	0·335 / 14·88
0·1	0·420 / 8·845	0·423 / 9·289	0·426 / 9·739	0·431 / 10·50	0·436 / 11·44	0·440 / 12·38	0·444 / 13·31	0·447 / 14·24	0·450 / 15·16	0·453 / 16·08	0·456 / 17·00	0·458 / 17·92	0·461 / 18·84	0·463 / 19·76	0·465 / 20·68
0·2	0·589 / 12·40	0·593 / 13·02	0·597 / 13·65	0·604 / 14·90	0·610 / 16·16	0·618 / 17·42	0·621 / 18·68	0·626 / 19·94	0·630 / 21·21	0·634 / 22·48	0·637 / 23·75	0·640 / 25·03	0·644 / 26·31	0·647 / 27·59	0·650 / 28·87
0·3	0·719· / 15·14	0·723 / 15·88	0·727 / 16·62	0·736 / 18·15	0·743 / 19·68	0·750 / 21·21	0·757 / 22·74	0·763 / 24·28	0·767 / 25·82	0·772 / 27·36	0·776 / 28·90	0·780 / 30·45	0·783 / 32·00	0·786 / 33·55	0·789 / 35·10
0·4	0·830 / 17·48	0·836 / 18·34	0·840 / 19·20	0·850 / 20·97	0·859 / 22·74	0·867 / 24·51	0·874 / 26·27	0·880 / 28·03	0·886 / 29·79	0·890 / 31·55	0·894 / 33·31	0·898 / 35·08	0·902 / 36·85	0·806 / 38·62	0·909 / 40·39
0·5	0·926 / 19·48	0·931 / 20·45	0·937 / 21·42	0·948 / 23·38	0·968 / 24·35	0·968 / 26·32	0·974 / 28·29	0·981 / 31·26	0·988 / 33·24	0·994 / 35·23	1·000 / 37·23	1·006 / 39·23	1·009 / 41·23	1·013 / 43·23	1·017 / 45·23
0·6	1·013 / 21·33	1·020 / 22·40	1·027 / 23·47	1·039 / 25·62	1·050 / 27·77	1·060 / 29·93	1·068 / 32·19	1·076 / 34·25	1·082 / 36·41	1·088 / 38·58	1·094 / 40·76	1·100 / 42·95	1·105 / 45·15	1·110 / 47·35	1·114 / 49·55
0·7	1·096 / 23·06	1·102 / 24·25	1·109 / 25·35	1·122 / 27·67	1·134 / 30·00	1·144 / 32·33	1·153 / 34·66	1·161 / 36·99	1·169 / 39·33	1·176 / 41·68	1·183 / 44·04	1·189 / 46·41	1·194 / 48·79	1·199 / 51·17	1·204 / 54·06
0·8	1·170 / 24·64	1·178 / 25·87	1·188 / 27·11	1·200 / 29·60	1·212 / 32·09	1·223 / 34·58	1·233 / 37·07	1·242 / 39·57	1·250 / 42·07	1·257 / 44·58	1·264 / 47·10	1·271 / 49·63	1·277 / 52·18	1·282 / 54·73	1·287 / 57·28

(lxxiii)

1·4	1·548 / 32·62	1·558 / 34·23	1·568 / 35·84	1·587 / 39·14	1·603 / 42·44	1·618 / 45·74	1·631 / 49·04	1·643 / 52·35	1·654 / 55·66	1·663 / 58·98	1·672 / 62·31	1·681 / 65·64	1·688 / 68·98	1·695 / 72·33	1·702 / 75·68
1·6	1·655 / 34·86	1·668 / 36·60	1·677 / 38·34	1·687 / 41·85	1·714 / 45·37	1·730 / 48·89	1·744 / 52·42	1·766 / 55·95	1·768 / 59·49	1·778 / 63·04	1·788 / 66·60	1·797 / 70·17	1·805 / 73·76	1·812 / 77·36	1·819 / 80·96
1·8	1·756 / 36·98	1·768 / 38·82	1·779 / 40·67	1·800 / 44·39	1·818 / 48·12	1·836 / 51·86	1·858 / 55·61	1·863 / 59·36	1·876 / 63·12	1·886 / 66·89	1·896 / 70·66	1·906 / 74·43	1·914 / 78·20	1·922 / 81·98	1·930 / 85·76
2·0	1·851 / 38·98	1·863 / 40·92	1·875 / 42·87	1·897 / 46·81	1·917 / 50·75	1·934 / 54·69	1·949 / 58·63	1·964 / 62·58	1·977 / 66·54	1·988 / 70·51	1·999 / 74·49	2·009 / 78·47	2·018 / 82·45	2·026 / 86·44	2·034 / 90·43
2·2	1·941 / 40·88	1·954 / 42·91	1·966 / 44·95	1·990 / 49·07	2·010 / 53·20	2·028 / 57·34	2·045 / 61·48	2·060 / 65·63	2·073 / 69·78	2·085 / 73·94	2·096 / 78·11	2·107 / 82·28	2·116 / 86·46	2·126 / 90·64	2·133 / 94·82
2·4	2·027 / 42·69	2·041 / 44·82	2·054 / 46·96	2·078 / 51·26	2·098 / 55·57	2·118 / 59·89	2·136 / 64·21	2·151 / 68·53	2·165 / 72·87	2·177 / 77·23	2·189 / 81·60	2·201 / 85·97	2·211 / 90·35	2·220 / 94·73	2·229 / 99·12
2·6	2·110 / 44·43	2·124 / 46·65	2·138 / 48·88	2·163 / 53·37	2·185 / 57·87	2·205 / 62·37	2·223 / 66·87	2·240 / 71·37	2·254 / 75·88	2·268 / 80·40	2·278 / 84·92	2·290 / 89·44	2·300 / 93·97	2·310 / 98·50	2·320 / 103·0
2·8	2·190 / 46·12	2·204 / 48·41	2·218 / 50·70	2·244 / 55·35	2·268 / 60·00	2·288 / 64·66	2·308 / 69·33	2·323 / 74·01	2·338 / 78·70	2·351 / 83·40	2·364 / 88·11	2·377 / 92·82	2·387 / 97·54	2·397 / 102·3	2·407 / 107·0
3·0	2·267 / 47·74	2·282 / 50·11	2·298 / 52·48	2·323 / 57·28	2·347 / 62·09	2·388 / 66·91	2·387 / 71·75	2·404 / 76·60	2·421 / 81·46	2·434 / 86·33	2·447 / 91·21	2·460 / 96·10	2·471 / 101·0	1·461 / 105·9	2·491 / 110·8

CLASS II. ($n = 0.30$.)

Mean Velocities and Quantities of Discharge per second.

For a Depth of Water of 2·0.
For Bottom-Widths of

Fall per thousand.	12	13	14	15	16	17	18	19	20	21	22	23	24	25	26
0·05	0·336 10·08	0·339 10·86	0·342 11·64	0·345 12·42	0·347 13·21	0·350 14·00	0·352 14·80	0·354 15·60	0·356 16·40	0·358 17·20	0·360 18·00	0·361 18·80	0·363 19·59	0·364 20·38	0·365 21·17
0·1	0·465 13·95	0·469 15·04	0·473 16·13	0·477 17·22	0·481 18·31	0·485 19·40	0·488 20·50	0·491 21·60	0·493 22·70	0·496 23·80	0·498 24·90	0·500 26·00	0·502 27·10	0·504 28·20	0·505 29·29
0·2	0·650 19·50	0·657 21·01	0·663 22·52	0·668 24·04	0·673 25·56	0·677 27·08	0·681 28·61	0·685 30·14	0·688 31·66	0·691 33·18	0·694 34·70	0·698 36·22	0·699 37·74	0·701 39·26	0·703 40·77
0·3	0·790 23·70	0·798 25·54	0·806 27·38	0·812 29·22	0·818 31·07	0·823 32·92	0·827 34·76	0·831 36·60	0·835 38·45	0·839 40·30	0·843 42·15	0·846 44·01	0·850 45·88	0·853 47·76	0·856 49·64
0·4	0·912 27·36	0·921 29·48	0·929 31·61	0·937 33·74	0·945 35·87	0·950 38·00	0·955 40·13	0·960 42·26	0·965 44·39	0·969 46·52	0·973 48·65	0·978 50·78	0·980 52·91	0·983 55·05	0·986 57·19
0·5	1·018 30·54	1·028 32·89	1·037 35·24	1·045 37·60	1·052 39·96	1·058 42·32	1·064 44·69	1·070 47·06	1·075 49·44	1·080 51·82	1·084 54·20	1·088 56·58	1·092 58·96	1·096 62·35	1·099 63·74
0·6	1·116 33·48	1·126 36·06	1·136 38·64	1·145 41·22	1·154 43·81	1·160 46·40	1·166 48·98	1·172 51·57	1·177 54·16	1·183 56·75	1·187 59·35	1·192 61·96	1·196 64·58	1·200 67·20	1·204 69·83
0·7	1·205 36·15	1·217 38·92	1·227 41·70	1·236 44·49	1·244 47·28	1·252 50·08	1·259 52·89	1·266 55·70	1·272 58·51	1·278 61·32	1·283 64·14	1·288 66·95	1·292 69·76	1·298 72·58	1·300 75·40
0·8	1·288 38·64	1·300 41·60	1·312 44·57	1·321 47·55	1·330 50·53	1·338 53·52	1·346 56·52	1·353 59·53	1·360 62·55	1·366 65·57	1·372 68·60	1·377 71·62	1·382 74·63	1·386 77·63	1·390 80·62

(lxxv)

0·9	1·368 / 40·98	1·380 / 44·14	1·392 / 47·30	1·402 / 50·46	1·411 / 53·63	1·420 / 56·80	1·428 / 59·98	1·436 / 63·16	1·443 / 66·34	1·448 / 69·52	1·454 / 72·70	1·460 / 75·89	1·466 / 79·09	1·470 / 82·29	1·474 / 85·49
1·0	1·440 / 43·20	1·454 / 46·51	1·467 / 49·83	1·477 / 53·16	1·487 / 56·50	1·496 / 59·84	1·506 / 63·19	1·513 / 66·55	1·520 / 69·91	1·527 / 73·28	1·533 / 76·65	1·539 / 80·03	1·545 / 83·41	1·550 / 86·80	1·656 / 90·19
1·2	1·678 / 47·34	1·593 / 50·97	1·607 / 54·61	1·618 / 58·25	1·629 / 61·90	1·639 / 65·56	1·649 / 69·23	1·667 / 72·91	1·665 / 76·59	1·672 / 80·27	1·679 / 83·95	1·686 / 87·64	1·692 / 91·34	1·698 / 95·05	1·703 / 98·77
1·4	1·705 / 51·15	1·720 / 55·06	1·735 / 58·98	1·748 / 62·91	1·769 / 66·85	1·770 / 70·80	1·781 / 74·76	1·790 / 78·73	1·799 / 82·71	1·807 / 86·70	1·814 / 90·70	1·821 / 94·70	1·827 / 98·71	1·833 / 102·7	1·839 / 106·7
1·6	1·822 / 54·66	1·840 / 58·86	1·856 / 63·07	1·870 / 67·28	1·882 / 71·50	1·893 / 75·72	1·904 / 79·95	1·914 / 84·19	1·923 / 88·44	1·931 / 92·69	1·939 / 96·95	1·947 / 101·2	1·954 / 105·5	1·960 / 109·7	1·966 / 114·0
1·8	1·933 / 57·99	1·951 / 62·44	1·967 / 66·90	1·982 / 71·37	1·996 / 75·84	2·008 / 80·32	2·019 / 84·80	2·029 / 89·29	2·039 / 93·79	2·048 / 98·30	2·056 / 102·8	2·064 / 107·3	2·072 / 111·8	2·079 / 116·4	2·086 / 121·0
2·0	2·037 / 61·11	2·057 / 65·81	2·074 / 70·52	2·090 / 75·23	2·104 / 79·95	2·117 / 84·68	2·129 / 89·42	2·138 / 94·16	2·149 / 98·90	2·160 / 103·7	2·168 / 108·4	2·177 / 113·2	2·184 / 117·9	2·191 / 122·7	2·198 / 127·5
2·2	2·136 / 64·08	2·167 / 69·01	2·175 / 73·95	2·192 / 78·89	2·206 / 83·84	2·220 / 88·80	2·233 / 93·77	2·244 / 98·75	2·256 / 103·7	2·266 / 108·7	2·274 / 113·7	2·282 / 118·7	2·290 / 123·7	2·290 / 128·7	2·306 / 133·7
2·4	2·233 / 66·96	2·253 / 72·11	2·272 / 77·27	2·289 / 82·43	2·306 / 87·59	2·319 / 92·76	2·332 / 97·94	2·344 / 103·1	2·355 / 108·3	2·365 / 113·5	2·375 / 118·7	2·384 / 123·9	2·392 / 129·2	2·400 / 134·4	2·408 / 139·7
2·6	2·323 / 69·69	2·346 / 75·04	2·366 / 80·40	2·382 / 85·76	2·398 / 91·07	2·413 / 96·52	2·427 / 101·9	2·440 / 107·3	2·451 / 112·7	2·461 / 118·1	2·471 / 123·6	2·481 / 129·0	2·490 / 134·5	2·499 / 139·9	2·507 / 145·4
2·8	2·410 / 72·30	2·433 / 77·87	2·454 / 83·45	2·472 / 89·03	2·489 / 94·61	2·504 / 100·2	2·518 / 105·8	2·631 / 111·4	2·543 / 117·0	2·554 / 122·6	2·565 / 128·2	2·576 / 133·8	2·584 / 139·5	2·593 / 145·2	2·601 / 150·9
3·0	2·495 / 74·85	2·519 / 80·60	2·540 / 86·36	2·560 / 92·13	2·577 / 97·91	2·593 / 103·7	2·607 / 109·5	2·620 / 115·3	2·633 / 121·1	2·644 / 126·9	2·655 / 132·7	2·666 / 138·5	2·674 / 144·3	2·683 / 150·2	2·692 / 156·1

(lxxvi)

CLASS II. ($n = 0·30$.)

Mean Velocities and Quantities of Discharge per second.

For a Depth of Water of 2·2.

For Bottom-Widths of

Fall per thousand.	16	17	18	19	20	21	22	23	24	25	26	27	28	29	30
0·05	0·368 15·62	0·371 16·57	0·374 17·52	0·377 18·47	0·379 19·42	0·381 20·36	0·383 21·30	0·385 22·24	0·386 23·18	0·388 24·13	0·389 25·08	0·390 26·02	0·392 26·97	0·393 27·92	0·394 28·87
0·1	0·509 21·61	0·513 22·90	0·517 24·19	0·520 25·48	0·522 26·77	0·525 28·07	0·527 29·36	0·529 30·65	0·531 31·95	0·534 33·15	0·535 34·55	0·538 35·85	0·540 37·16	0·542 38·47	0·543 39·78
0·2	0·709 30·10	0·714 31·89	0·719 33·68	0·723 35·47	0·727 37·27	0·731 39·07	0·734 40·87	0·737 42·67	0·740 44·47	0·743 46·27	0·745 48·07	0·748 49·86	0·750 51·65	0·752 53·44	0·754 55·24
0·3	0·851 36·56	0·858 38·74	0·864 40·92	0·870 43·10	0·884 45·28	0·888 47·47	0·892 49·66	0·896 51·85	0·899 54·04	0·903 56·22	0·906 58·40	0·909 60·58	0·912 62·76	0·914 64·94	0·916 67·12
0·4	0·994 49·21	1·002 44·72	1·009 47·24	1·015 49·76	1·020 52·28	1·026 54·80	1·030 57·32	1·034 59·84	1·038 62·36	1·042 64·89	1·046 67·42	1·049 69·94	1·053 72·46	1·055 74·99	1·058 77·52
0·5	1·107 47·00	1·115 49·78	1·122 52·57	1·129 55·36	1·135 58·15	1·140 60·94	1·145 63·73	1·150 66·52	1·154 69·31	1·158 72·10	1·162 74·90	1·165 77·69	1·169 80·48	1·172 83·28	1·175 86·08
0·6	1·213 51·50	1·221 54·55	1·229 57·60	1·236 60·65	1·243 63·71	1·249 66·77	1·254 69·82	1·259 72·88	1·264 75·94	1·269 79·00	1·273 82·06	1·277 85·11	1·281 88·17	1·284 91·23	1·287 94·29
0·7	1·311 55·67	1·320 58·96	1·328 62·25	1·336 65·54	1·343 68·83	1·349 72·12	1·356 75·42	1·361 78·72	1·366 82·02	1·371 85·32	1·376 88·62	1·379 91·91	1·383 95·20	1·387 98·50	1·390 101·8
0·8	1·401 59·48	1·410 63·00	1·419 66·52	1·427 70·04	1·435 73·56	1·442 77·09	1·448 80·62	1·454 84·15	1·460 87·68	1·465 91·22	1·470 94·76	1·474 98·29	1·478 101·8	1·452 105·3	1·486 108·9

(lxxvii)

0·9	1·486 63·10	1·496 66·81	1·506 70·53	1·514 74·26	1·521 78·00	1·529 81·74	1·535 85·49	1·542 89·24	1·549 92·99	1·554 96·74	1·559 100·5	1·564 104·2	1·569 107·9	1·573 111·7	1·577 115·5
1·0	1·567 66·53	1·577 70·46	1·587 74·39	1·596 78·32	1·605 82·25	1·612 86·18	1·619 90·12	1·626 94·06	1·632 98·00	1·638 101·9	1·643 105·9	1·648 109·8	1·653 113·7	1·658 117·7	1·662 121·7
1·2	1·716 72·86	1·727 77·17	1·738 81·48	1·748 85·79	1·758 90·10	1·766 94·41	1·774 98·72	1·781 103·0	1·788 107·3	1·794 111·6	1·800 116·0	1·805 120·3	1·811 124·6	1·816 128·9	1·820 133·3
1·4	1·854 78·72	1·866 83·37	1·878 88·02	1·889 92·68	1·899 97·34	1·908 102·0	1·916 106·6	1·924 111·2	1·931 115·9	1·938 120·6	1·944 125·3	1·950 129·9	1·956 134·6	1·961 139·3	1·966 144·0
1·6	1·982 84·16	1·995 89·14	2·007 94·13	2·019 99·12	2·030 104·1	2·039 109·1	2·048 114·0	2·057 119·0	2·065 124·0	2·072 129·0	2·079 134·0	2·086 139·0	2·091 144·0	2·097 149·0	2·102 154·0
1·8	2·102 89·25	2·116 94·51	2·129 99·78	2·141 105·1	2·153 110·3	2·163 115·6	2·173 120·9	2·181 126·2	2·190 131·5	2·198 136·8	2·205 142·1	2·212 147·4	2·218 152·7	2·224 158·0	2·230 163·4
2·0	2·216 94·04	2·230 99·61	2·244 105·2	2·257 110·7	2·270 116·3	2·280 121·9	2·290 127·4	2·300 133·0	2·308 138·6	2·316 144·2	2·324 149·8	2·331 155·3	2·338 160·9	2·344 166·5	2·350 172·1
2·2	2·323 98·63	2·338 104·5	2·353 110·3	2·367 116·1	2·381 122·0	2·392 127·9	2·402 133·7	2·411 139·5	2·420 145·4	2·429 151·3	2·437 157·2	2·446 163·0	2·452 168·8	2·459 174·7	2·465 180·6
2·4	2·427 103·0	2·444 109·1	2·459 115·2	2·473 121·3	2·486 127·4	2·497 133·5	2·508 139·6	2·518 145·7	2·528 151·8	2·537 157·9	2·546 164·1	2·554 170·2	2·561 176·3	2·568 182·4	2·574 188·6
2·6	2·526 107·2	2·543 113·5	2·559 119·8	2·574 126·2	2·568 132·6	2·580 139·0	2·611 145·3	2·592 151·6	2·632 158·0	2·641 164·4	2·650 170·8	2·658 177·1	2·665 183·5	2·672 189·9	2·679 196·3
2·8	2·621 111·3	2·639 117·8	2·656 124·4	2·670 131·0	2·686 137·6	2·697 144·2	2·708 150·8	2·720 157·4	2·731 164·0	2·741 170·6	2·750 177·2	2·758 183·8	2·758 190·4	2·773 197·0	2·780 203·6
3·0	2·713 115·2	2·732 122·0	2·750 128·8	2·765 135·6	2·760 142·4	2·782 149·3	2·804 156·1	2·816 162·9	2·827 169·7	2·837 176·5	2·848 183·4	2·855 190·2	2·853 197·1	2·871 204·0	2·878 210·9

CLASS II. ($n = 0.30$.)

MEAN VELOCITIES AND QUANTITIES OF DISCHARGE PER SECOND.

For a Depth of Water of 2·4.
For Bottom-Widths of

Fall per thousand	20	21	22	23	24	25	26	27	28	29	30	31	32	33	34
0·05	0·400 22·67	0·403 23·78	0·405 24·89	0·407 26·00	0·409 27·10	0·411 28·20	0·413 29·30	0·415 30·40	0·416 31·50	0·417 32·60	0·418 33·70	0·419 34·80	0·420 35·90	0·421 36·99	0·422 38·08
0·1	0·552 31·27	0·555 32·77	0·557 34·27	0·560 35·77	0·562 37·27	0·565 38·78	0·567 40·28	0·669 41·78	0·670 43·28	0·572 44·78	0·574 46·29	0·576 47·80	0·577 49·31	0·679 50·82	0·580 52·34
0·2	0·767 43·44	0·771 45·52	0·774 47·59	0·778 49·66	0·781 51·73	0·784 53·80	0·787 55·87	0·789 57·94	0·791 60·01	0·793 62·08	0·795 64·14	0·797 66·22	0·800 68·32	0·802 70·43	0·804 72·54
0·3	0·932 52·79	0·937 55·32	0·941 57·85	0·946 60·37	0·949 62·89	0·953 65·41	0·956 67·93	0·959 70·45	0·961 72·97	0·964 75·48	0·967 77·99	0·969 80·52	0·972 83·06	0·976 85·61	0·977 88·16
0·4	1·073 60·77	1·078 63·67	1·083 66·57	1·088 69·48	1·093 72·39	1·097 75·30	1·101 78·20	1·104 81·11	1·107 84·02	1·111 86·93	1·114 89·84	1·117 92·75	1·120 95·66	1·123 98·58	1·126 101·5
0·5	1·194 67·62	1·200 70·85	1·205 74·09	1·211 77·33	1·216 80·57	1·221 83·81	1·224 87·04	1·228 90·28	1·232 93·52	1·236 96·76	1·240 100·0	1·243 103·2	1·246 106·4	1·249 109·7	1·251 113·0
0·6	1·308 74·08	1·314 77·61	1·320 81·15	1·326 84·69	1·333 88·23	1·337 91·77	1·341 95·31	1·346 98·85	1·350 102·4	1·354 105·9	1·358 109·5	1·361 113·0	1·365 116·5	1·369 120·1	1·371 123·7
0·7	1·413 80·04	1·420 83·85	1·426 87·66	1·432 91·47	1·438 95·29	1·444 99·11	1·449 102·9	1·454 106·7	1·458 110·5	1·462 114·3	1·466 118·2	1·470 122·0	1·474 125·8	1·478 129·6	1·481 133·5
0·8	1·511 85·59	1·518 89·65	1·525 93·71	1·532 97·77	1·538 101·8	1·543 105·9	1·548 109·9	1·553 114·0	1·558 118·1	1·562 122·2	1·567 126·3	1·571 130·4	1·576 134·5	1·579 138·6	1·582 142·7

(lxxviii)

(lxxix)

	112.5	117.0	117.5	119.5	124.5	129.5	134.8	139.8	144.8	149.8	154.8	159.8	164.8	169.8	174.9
1.4	1.998 113.1	2.008 118.5	2.017 123.9	2.026 129.3	2.034 134.7	2.041 140.1	2.048 145.5	2.055 150.9	2.061 156.3	2.067 161.7	2.073 167.1	2.079 172.5	2.084 178.0	2.089 183.5	2.094 189.0
1.6	2.136 121.0	2.146 126.7	2.156 132.5	2.166 138.3	2.175 144.1	2.183 149.9	2.190 155.6	2.197 161.4	2.204 167.2	2.211 173.0	2.217 178.8	2.223 184.5	2.228 190.3	2.233 196.1	2.238 201.9
1.8	2.266 128.3	2.277 134.4	2.287 140.5	2.297 146.6	2.307 152.7	2.315 158.9	2.323 165.0	2.330 171.1	2.337 177.2	2.344 183.4	2.351 189.6	2.358 195.7	2.364 201.8	2.369 208.0	2.374 214.2
2.0	2.386 135.3	2.399 141.7	2.410 148.1	2.421 154.6	2.431 161.1	2.440 167.6	2.448 174.0	2.456 180.5	2.464 187.0	2.472 193.5	2.480 200.0	2.486 206.4	2.492 212.9	2.497 219.4	2.502 225.9
2.2	2.505 141.9	2.517 148.6	2.528 155.3	2.539 162.0	2.550 168.8	2.559 175.6	2.568 182.4	2.576 189.2	2.584 196.0	2.592 202.8	2.600 209.6	2.607 216.4	2.613 223.2	2.619 230.0	2.624 236.8
2.4	2.616 148.2	2.628 155.2	2.640 162.2	2.652 169.3	2.663 176.4	2.673 183.5	2.682 190.5	2.691 197.6	2.699 204.7	2.707 211.8	2.715 218.9	2.723 226.0	2.728 233.1	2.736 240.2	2.741 247.3
2.6	2.723 154.2	2.736 161.5	2.748 168.8	2.760 176.1	2.771 183.5	2.781 190.9	2.791 198.2	2.800 205.6	2.809 213.0	2.818 220.4	2.826 227.8	2.834 235.2	2.841 242.6	2.847 250.0	2.853 257.4
2.8	2.828 160.0	2.839 167.6	2.852 175.2	2.866 182.8	2.877 190.4	2.887 198.1	2.897 205.7	2.906 213.3	2.916 221.0	2.924 228.7	2.932 236.4	2.940 244.1	2.947 251.8	2.954 259.5	2.961 267.2
3.0	2.925 165.6	2.939 173.5	2.952 181.4	2.965 189.3	2.976 197.2	2.989 205.1	2.999 213.0	3.008 220.9	3.017 228.8	3.026 236.7	3.035 244.7	3.044 252.6	3.051 260.5	3.058 268.5	3.065 276.5

CLASS II. ($n = 0.30$.)

Mean Velocities and Quantities of Discharge per second.

For a Depth of Water of 2·6.

For Bottom-Widths of

Fall per thousand.	26	27	28	29	30	31	32	33	34	35	36	37	38	39	40
0·05	0·436 33·89	0·438 35·17	0·439 36·45	0·441 37·73	0·443 39·01	0·444 40·29	0·446 41·57	0·447 42·85	0·448 44·13	0·449 45·41	0·450 46·69	0·450 47·94	0·451 49·17	0·452 50·40	0·452 51·61
0·1	0·606 46·33	0·608 48·03	0·609 49·74	0·602 51·55	0·603 53·27	0·605 54·90	0·607 56·64	0·609 58·40	0·610 60·17	0·612 61·93	0·614 63·69	0·615 65·44	0·617 67·18	0·618 68·92	0·619 70·65
0·2	0·826 64·21	0·829 66·57	0·831 68·93	0·633 71·29	0·835 73·66	0·836 76·03	0·840 78·41	0·842 80·80	0·844 83·19	0·846 85·58	0·848 87·96	0·850 90·32	0·851 92·67	0·852 95·02	0·853 97·36
0·3	1·004 78·05	1·007 80·88	1·010 83·72	1·013 86·57	1·016 89·42	1·017 92·28	1·019 95·15	1·021 98·03	1·023 100·9	1·026 103·8	1·029 106·7	1·032 109·6	1·034 112·5	1·036 115·4	1·037 118·3
0·4	1·156 89·87	1·159 93·15	1·161 96·43	1·165 99·72	1·169 103·0.	1·172 106·3	1·175 109·6	1·178 112·9	1·161 116·2	1·183 119·5	1·185 122·9	1·187 126·2	1·190 129·6	1·193 133·0	1·195 136·4
0·5	1·286 99·98	1·290 103·6	1·294 107·3	1·298 111·0	1·301 114·7	1·304 118·3	1·307 122·0	1·309 125·6	1·311 129·2	1·314 132·9	1·317 136·6	1·320 140·3	1·322 144·0	1·325 147·7	1·327 151·4
0·6	1·406 109·2	1·409 113·2	1·413 117·2	1·417 121·2	1·421 125·2	1·425 129·3	1·428 133·3	1·432 137·3	1·435 141·3	1·436 145·4	1·441 149·5	1·444 153·5	1·447 157·5	1·450 161·6	1·452 165·7
0·7	1·517 117·9	1·521 122·2	1·525 126·5	1·630 130·8	1·634 135·2	1·639 139·6	1·643 143·9	1·647 148·2	1·651 152·6	1·654 157·0	1·656 161·4	1·658 165·7	1·661 170·0	1·664 174·4	1·667 178·8
0·8	1·618 125·8	1·625 130·4	1·631 135·1	1·636 139·8	1·641 144·5	1·646 149·2	1·649 153·8	1·653 158·5	1·657 163·2	1·661 167·9	1·664 172·6	1·667 177·2	1·670 181·9	1·673 186·6	1·676 191·3

(lxxxi)

0.9	1.720 / 133.7	1.726 / 138.6	1.731 / 143.5	1.736 / 148.4	1.741 / 153.3	1.745 / 158.3	1.749 / 163.2	1.754 / 168.1	1.758 / 173.1	1.762 / 178.1	1.766 / 183.1	1.768 / 188.0	1.771 / 192.2	1.774 / 197.8	1.777 / 202.8
1.0	1.813 / 140.9	1.819 / 146.1	1.826 / 151.3	1.830 / 156.5	1.835 / 161.7	1.840 / 166.9	1.844 / 172.1	1.849 / 177.3	1.853 / 182.5	1.857 / 187.7	1.861 / 193.0	1.864 / 198.2	1.867 / 203.4	1.870 / 208.6	1.873 / 213.8
1.2	1.998 / 154.4	1.993 / 160.0	1.999 / 165.7	2.005 / 171.4	2.010 / 177.1	2.015 / 182.8	2.020 / 188.5	2.025 / 194.2	2.030 / 199.9	2.034 / 205.6	2.038 / 211.4	2.042 / 217.1	2.046 / 222.8	2.049 / 228.5	2.052 / 234.2
1.4	2.146 / 166.7	2.162 / 172.8	2.169 / 178.9	2.165 / 185.1	2.171 / 191.3	2.177 / 197.5	2.182 / 203.6	2.187 / 209.7	2.192 / 215.9	2.197 / 222.1	2.201 / 228.3	2.205 / 234.4	2.209 / 240.6	2.213 / 246.8	2.217 / 253.0
1.6	2.293 / 178.2	2.301 / 184.7	2.308 / 191.3	2.315 / 197.9	2.321 / 204.5	2.327 / 211.1	2.333 / 217.7	2.338 / 224.3	2.344 / 230.9	2.349 / 237.5	2.353 / 244.1	2.357 / 250.6	2.361 / 257.2	2.366 / 263.8	2.369 / 270.4
1.8	2.432 / 189.0	2.440 / 195.9	2.448 / 202.9	2.456 / 209.9	2.462 / 216.9	2.468 / 223.9	2.474 / 230.9	2.480 / 237.9	2.486 / 244.9	2.491 / 251.9	2.496 / 258.9	2.500 / 265.8	2.505 / 272.8	2.509 / 279.8	2.513 / 286.8
2.0	2.564 / 199.3	2.672 / 206.6	2.680 / 213.9	2.688 / 221.3	2.596 / 228.7	2.602 / 236.1	2.608 / 243.4	2.614 / 250.8	2.620 / 258.2	2.626 / 265.6	2.631 / 273.0	2.638 / 280.3	2.641 / 287.6	2.646 / 294.9	2.649 / 302.3
2.2	2.689 / 209.0	2.698 / 216.7	2.706 / 224.4	2.714 / 232.1	2.721 / 239.8	2.728 / 247.5	2.735 / 255.3	2.742 / 263.1	2.748 / 270.8	2.754 / 278.5	2.759 / 286.2	2.764 / 294.0	2.769 / 301.7	2.774 / 309.4	2.778 / 317.1
2.4	2.809 / 218.4	2.818 / 226.4	2.827 / 234.4	2.836 / 242.4	2.843 / 250.5	2.850 / 258.6	2.857 / 266.6	2.864 / 274.6	2.870 / 282.7	2.876 / 290.8	2.882 / 298.9	2.887 / 306.9	2.892 / 315.0	2.897 / 323.1	2.902 / 331.2
2.6	2.923 / 227.2	2.933 / 235.6	2.942 / 244.0	2.950 / 252.4	2.958 / 260.8	2.966 / 269.2	2.973 / 277.6	2.981 / 286.0	2.988 / 294.4	2.994 / 302.8	3.000 / 311.2	3.005 / 319.6	3.011 / 328.0	3.016 / 336.4	3.021 / 344.8
2.8	3.034 / 235.9	3.044 / 244.5	3.054 / 253.2	3.062 / 261.9	3.070 / 270.6	3.078 / 279.3	3.085 / 288.0	3.093 / 296.7	3.100 / 305.4	3.106 / 314.1	3.112 / 322.8	3.118 / 331.5	3.124 / 340.2	3.130 / 349.0	3.135 / 357.8
3.0	3.141 / 244.2	3.151 / 253.1	3.160 / 262.1	3.169 / 271.1	3.178 / 280.1	3.186 / 289.1	3.194 / 298.1	3.202 / 307.1	3.209 / 316.1	3.216 / 325.2	3.223 / 334.3	3.229 / 343.3	3.235 / 352.3	3.240 / 361.3	3.245 / 370.4

CLASS II. ($n = 0.030$.)

Mean Velocities and Quantities of Discharge per second.

For a Depth of Water of 2·8.
For Bottom-Widths of

Fall per thousand.	34	35	36	37	38	39	40	41	42	43	44	45	46	47	48
0·05	0·470 50·27	0·471 51·73	0·472 53·19	0·473 54·65	0·475 56·11	0·476 57·57	0·477 59·03	0·478 60·49	0·479 61·96	0·480 63·43	0·481 64·90	0·482 66·37	0·482 67·83	0·483 69·29	0·484 70·75
0·1	0·640 68·45	0·642 70·40	0·643 72·36	0·644 74·32	0·646 76·28	0·647 78·25	0·648 80·22	0·650 82·19	0·651 84·17	0·652 86·15	0·653 88·13	0·654 90·10	0·655 92·08	0·656 94·05	0·857 96·03
0·2	0·853 94·45	0·885 97·14	0·887 99·83	0·888 102·5	0·890 105·2	0·892 107·9	0·894 110·5	0·896 113·2	0·898 115·9	0·899 118·6	0·900 121·3	0·901 124·0	0·902 126·7	0·903 129·4	0·904 132·1
0·3	1·073 114·7	1·075 117·9	1·077 121·1	1·079 124·4	1·081 127·7	1·083 131·0	1·085 134·2	1·087 137·5	1·089 140·8	1·091 144·1	1·093 147·4	1·095 150·7	1·096 154·0	1·098 157·3	1·099 160·6
0·4	1·233 131·9	1·236 135·6	1·239 139·3	1·241 143·1	1·244 146·9	1·246 150·7	1·248 154·4	1·250 158·1	1·252 161·9	1·254 165·7	1·256 169·5	1·258 173·3	1·260 177·1	1·262 180·9	1·264 184·7
0·5	1·375 147·0	1·378 151·2	1·381 155·4	1·383 159·6	1·386 163·8	1·389 168·0	1·391 172·2	1·394 176·4	1·396 180·6	1·398 184·8	1·400 189·0	1·403 193·2	1·405 197·4	1·407 201·6	1·409 205·9
0·6	1·499 160·3	1·502 164·8	1·505 169·4	1·508 174·0	1·611 178·6	1·514 183·2	1·517 187·8	1·520 192·4	1·523 197·0	1·526 201·6	1·529 206·2	1·531 210·8	1·533 215·4	1·535 220·0	1·537 224·6
0·7	1·618 173·0	1·621 177·9	1·624 182·8	1·627 187·7	1·631 192·7	1·634 197·7	1·637 202·6	1·641 207·6	1·644 212·6	1·647 217·6	1·650 222·6	1·653 227·6	1·655 232·6	1·657 237·6	1·660 242·6
0·8	1·730 185·0	1·734 190·2	1·738 195·5	1·741 200·8	1·746 206·1	1·748 211·4	1·751 216·6	1·754 221·9	1·757 227·2	1·760 232·5	1·763 237·8	1·766 243·0	1·767 248·3	1·769 253·6	1·771 258·9

(lxxxiii)

0·9	1·834 / 196·1	1·838 / 201·7	1·842 / 207·3	1·846 / 212·9	1·850 / 218·5	1·854 / 224·2	1·857 / 229·8	1·860 / 235·4	1·863 / 241·0	1·866 / 246·6	1·869 / 252·2	1·872 / 257·8	1·874 / 263·4	1·878 / 269·0	1·878 / 274·5
1·0	1·933 / 206·7	1·938 / 212·6	1·943 / 218·5	1·946 / 224·4	1·950 / 230·3	1·954 / 236·3	1·957 / 242·2	1·961 / 248·1	1·964 / 254·0	1·967 / 259·9	1·970 / 265·9	1·973 / 271·8	1·975 / 277·7	1·978 / 283·6	1·980 / 289·5
1·2	2·118 / 226·5	2·123 / 232·9	2·128 / 239·3	2·132 / 245·8	2·136 / 252·3	2·140 / 258·8	2·143 / 265·2	2·147 / 271·7	2·151 / 278·2	2·155 / 284·7	2·158 / 291·2	2·161 / 297·6	2·164 / 304·1	2·167 / 310·6	2·170 / 317·1
1·4	2·288 / 244·7	2·293 / 251·6	2·298 / 258·5	2·302 / 265·5	2·307 / 272·5	2·311 / 279·5	2·315 / 286·5	2·320 / 293·5	2·324 / 300·5	2·328 / 307·5	2·331 / 314·5	2·334 / 321·5	2·337 / 328·5	2·340 / 335·5	2·343 / 342·5
1·6	2·446 / 261·6	2·452 / 269·0	2·457 / 276·4	2·462 / 283·9	2·467 / 291·4	2·471 / 298·9	2·475 / 306·3	2·480 / 313·8	2·484 / 321·3	2·488 / 328·8	2·492 / 336·3	2·496 / 343·7	2·499 / 351·2	2·502 / 358·7	2·505 / 366·2
1·8	2·594 / 277·5	2·600 / 285·4	2·606 / 293·3	2·612 / 301·2	2·617 / 309·1	2·622 / 317·1	2·626 / 325·0	2·631 / 332·9	2·635 / 340·8	2·639 / 348·7	2·643 / 356·7	2·647 / 364·6	2·650 / 372·5	2·653 / 380·4	2·656 / 388·3
2·0	2·734 / 292·4	2·740 / 300·7	2·746 / 309·0	2·752 / 317·4	2·757 / 325·8	2·762 / 334·2	2·767 / 342·5	2·772 / 350·8	2·777 / 359·2	2·782 / 367·6	2·786 / 376·0	2·790 / 384·3	2·793 / 392·7	2·796 / 401·0	2·800 / 409·4
2·2	2·868 / 306·8	2·875 / 315·5	2·881 / 324·2	2·887 / 333·0	2·893 / 341·8	2·898 / 350·6	2·903 / 359·3	2·908 / 368·0	2·913 / 376·8	2·918 / 385·6	2·922 / 394·4	2·926 / 403·1	2·930 / 411·9	2·934 / 420·6	2·938 / 429·4
2·4	2·996 / 320·5	3·003 / 329·6	3·009 / 338·7	3·015 / 347·8	3·021 / 356·9	3·026 / 366·1	3·031 / 375·2	3·037 / 384·3	3·042 / 393·4	3·047 / 402·6	3·052 / 411·8	3·056 / 420·9	3·060 / 430·1	3·064 / 439·2	3·068 / 448·4
2·6	3·117 / 333·4	3·124 / 342·9	3·131 / 352·4	3·138 / 361·9	3·144 / 371·4	3·150 / 381·0	3·155 / 390·5	3·161 / 400·0	3·167 / 409·5	3·172 / 419·1	3·177 / 428·7	3·181 / 438·2	3·185 / 447·8	3·189 / 457·4	3·193 / 467·0

(lxxxiv).

CLASS II. ($n = 0.030$.)

Mean Velocities and Quantities of Discharge per second.

For a Depth of Water of 3·0.

For Bottom-Widths of

Fall per thousand.	40	41	42	43	44	45	46	47	48	49	50	51	52	53	54
0·05	0·486	0·487	0·488	0·489	0·490	0·492	0·493	0·494	0·495	0·496	0·497	0·498	0·499	0·500	0·501
	62·69	64·32	65·95	67·58	69·21	70·84	72·48	74·12	75·76	77·39	79·02	80·64	82·25	83·86	85·47
0·1	0·680	0·682	0·663	0·664	0·666	0·667	0·668	0·670	0·671	0·672	0·674	0·675	0·676	0·677	0·678
	85·13	87·31	89·49	91·67	93·86	96·05	98·25	100·4	102·7	104·9	107·1	109·3	111·5	113·7	115·8
0·2	0·908	0·911	0·913	0·915	0·917	0·919	0·920	0·922	0·924	0·925	0·927	0·929	0·930	0·932	0·933
	117·1	120·1	123·1	126·1	129·2	132·3	135·3	138·3	141·3	144·4	147·5	150·5	153·4	156·3	159·2
0·3	1·103	1·108	1·108	1·110	1·113	1·115	1·117	1·119	1·121	1·123	1·125	1·127	1·128	1·130	1·132
	142·3	145·9	149·5	153·1	156·8	160·5	164·2	167·9	171·6	175·2	178·8	182·4	186·0	189·6	193·2
0·4	1·267	1·270	1·273	1·276	1·278	1·281	1·283	1·286	1·288	1·290	1·292	1·294	1·296	1·298	1·300
	163·4	167·6	171·8	176·0	180·2	184·4	188·6	192·8	197·0	201·2	205·4	209·5	213·6	217·7	221·8
0·5	1·413	1·417	1·420	1·423	1·426	1·429	1·431	1·434	1·437	1·439	1·441	1·443	1·445	1·447	1·449
	182·3	187·0	191·7	196·4	201·1	205·7	210·4	215·1	219·8	224·5	229·1	233·7	238·3	242·8	247·3
0·6	1·540	1·544	1·547	1·550	1·553	1·556	1·559	1·562	1·565	1·568	1·571	1·574	1·576	1·579	1·581
	198·6	203·8	208·9	214·0	219·1	224·2	229·4	234·5	239·6	244·7	249·8	254·8	259·8	264·8	269·8
0·7	1·663	1·667	1·671	1·676	1·679	1·682	1·685	1·688	1·691	1·694	1·697	1·699	1·701	1·704	1·707
	214·6	220·2	225·7	231·2	236·7	242·2	247·8	253·3	253·8	264·3	269·8	275·2	280·6	285·9	291·2
0·8	1·778	1·782	1·786	1·790	1·794	1·798	1·801	1·806	1·808	1·811	1·814	1·817	1·819	1·822	1·824
	229·3	235·3	241·2	247·1	253·0	258·9	264·8	270·7	276·6	282·5	288·4	294·2	299·9	305·6	311·2

(lxxxv)

0·9	1·886	1·891	1·895	1·899	1·903	1·907	1·910	1·914	1·918	1·921	1·924	1·927	1·929	1·932	1·934
	243·3	249·6	255·9	262·2	268·4	274·6	280·9	287·2	293·5	299·7	305·9	312·0	318·0	324·0	330·0
1·0	1·988	1·993	1·998	2·002	2·006	2·010	2·014	2·018	2·021	2·024	2·028	2·031	2·034	2·037	2·040
	256·4	263·1	269·7	276·3	282·9	289·5	296·1	302·7	309·3	315·9	322·5	329·0	335·4	341·8	348·1
1·2	2·178	2·183	2·188	2·192	2·197	2·201	2·205	2·210	2·214	2·218	2·222	2·225	2·228	2·231	2·234
	280·9	288·2	295·4	302·6	309·8	317·0	324·3	331·6	338·8	346·0	353·2	360·2	367·3	374·3	381·2
1·4	2·352	2·357	2·362	2·367	2·372	2·377	2·382	2·387	2·391	2·395	2·399	2·403	2·408	2·410	2·413
	303·4	311·2	319·0	326·8	334·6	342·4	350·2	358·0	365·8	373·6	381·4	389·1	396·7	404·3	411·8
1·6	2·515	2·521	2·527	2·532	2·537	2·542	2·547	2·552	2·557	2·561	2·565	2·569	2·572	2·576	2·580
	324·4	332·8	341·1	349·4	357·7	366·0	374·4	382·8	391·1	399·4	407·7	415·9	424·0	432·1	440·1
1·8	2·668	2·674	2·680	2·685	2·691	2·696	2·701	2·706	2·711	2·716	2·720	2·724	2·728	2·733	2·736
	344·2	353·0	361·8	370·6	379·4	388·2	397·1	406·0	414·8	423·6	432·4	441·1	449·7	458·3	466·8
2·0	2·811	2·818	2·824	2·830	2·836	2·842	2·847	2·853	2·858	2·863	2·868	2·872	2·876	2·880	2·884
	362·6	372·0	381·4	390·7	400·0	409·3	418·7	428·1	437·4	446·7	456·0	465·1	474·1	483·1	492·0
2·2	2·949	2·956	2·963	2·969	2·975	2·981	2·987	2·993	2·998	3·003	3·008	3·012	3·016	3·020	3·024
	380·4	390·2	400·0	409·8	419·6	429·3	439·1	448·9	458·7	468·5	478·2	487·7	497·1	506·5	515·9

CLASS II. ($n = 0.030$.)

Mean Velocities and Quantities of Discharge per Second.

For a Depth of Water of 3·5.

For Bottom-Widths of

Fall per thousand.	44	46	48	50	52	54	56	58	60	62	64	66	68	70	72
0·05	0·557 96·00	0·559 100·3	0·561 104·6	0·563 108·9	0·565 113·2	0·567 117·5	0·568 121·8	0·570 126·1	0·571 130·4	0·572 134·7	0·573 138·9	0·574 143·2	0·575 147·5	0·576 151·8	0·577 156·0
0·1	0·762 129·6	0·765 135·4	0·758 141·2	0·760 147·0	0·762 152·7	0·764 158·4	0·766 164·2	0·768 170·0	0·770 175·8	0·771 181·6	0·773 187·3	0·774 193·1	0·776 198·8	0·776 204·5	0·777 210·2
0·2	1·029 177·4	1·033 185·3	1·036 193·2	1·039 201·1	1·042 208·9	1·045 216·7	1·048 224·6	1·051 232·5	1·053 240·4	1·056 248·3	1·057 256·1	1·059 263·9	1·060 271·7	1·061 279·4	1·062 287·1
0·3	1·248 215·1	1·252 224·6	1·256 234·1	1·259 243·6	1·263 253·1	1·266 262·6	1·269 272·2	1·272 281·7	1·275 291·2	1·277 300·7	1·280 310·2	1·282 319·8	1·284 329·3	1·286 338·8	1·288 348·3
0·4	1·434 247·2	1·439 258·2	1·443 269·1	1·447 280·0	1·451 290·9	1·455 301·8	1·458 312·8	1·462 323·8	1·465 334·7	1·468 345·6	1·471 356·5	1·473 367·4	1·475 378·3	1·477 389·1	1·479 399·9
0·5	1·591 274·2	1·597 286·4	1·602 298·6	1·607 310·7	1·611 322·8	1·615 334·9	1·619 347·1	1·623 359·2	1·626 371·3	1·629 383·4	1·632 395·5	1·635 407·6	1·637 419·7	1·639 431·7	1·641 443·7
0·6	1·739 299·8	1·745 313·0	1·750 326·2	1·755 339·4	1·760 352·7	1·765 366·0	1·769 379·2	1·773 392·5	1·777 405·8	1·780 419·1	1·784 432·4	1·787 445·7	1·790 459·0	1·793 472·3	1·796 485·6
0·7	1·874 323·0	1·880 337·2	1·886 351·4	1·891 365·7	1·896 380·0	1·901 394·3	1·906 408·6	1·910 422·9	1·914 437·2	1·918 451·5	1·922 465·8	1·926 480·1	1·928 494·4	1·931 508·7	1·934 522·9
0·8	1·998 344·4	2·004 359·7	2·010 375·0	2·016 390·2	2·022 405·4	2·028 420·6	2·033 435·9	2·038 451·2	2·043 466·4	2·047 481·6	2·050 496·8	2·053 512·0	2·056 527·2	2·059 542·4	2·062 557·5

(lxxxvii)

0·9	2·114	2·121	2·128	2·134	2·140	2·146	2·151	2·156	2·160	2·164	2·168	2·172	2·176	2·180	2·184
	364·5	380·6	396·7	412·8	428·9	445·0	461·1	477·2	493·3	509·4	525·5	541·7	557·9	574·1	590·4
1·0	2·229	2·236	2·243	2·250	2·256	2·262	2·267	2·272	2·277	2·281	2·285	2·289	2·293	2·297	2·300
	384·2	401·1	418·0	435·0	452·0	469·0	485·9	502·8	519·8	536·8	553·8	570·8	587·8	604·8	621·9
1·2	2·443	2·450	2·457	2·464	2·471	2·477	2·483	2·488	2·493	2·498	2·503	2·508	2·612	2·618	2·620
	420·9	439·4	457·9	476·5	495·1	513·7	532·2	550·8	569·4	588·0	606·6	625·2	643·8	662·5	681·2
1·4	2·637	2·646	2·654	2·662	2·689	2·676	2·682	2·688	2·693	2·698	2·704	2·709	2·714	2·719	2·724
	454·6	474·6	494·7	514·8	534·9	555·0	575·0	595·1	615·2	635·3	655·4	675·6	695·8	716·1	736·4
1·6	2·819	2·828	2·837	2·846	2·853	2·860	2·867	2·873	2·879	2·885	2·890	2·895	2·900	2·905	2·910
	486·0	507·4	528·8	550·2	571·7	593·2	614·6	636·0	657·5	679·0	700·5	722·0	743·5	765·1	786·7
1·8	2·990	3·000	3·009	3·018	3·028	3·034	3·041	3·048	3·054	3·060	3·066	3·072	3·077	3·082	3·087
	515·4	538·1	560·8	583·6	606·4	629·2	651·9	674·6	697·4	720·2	743·0	765·8	788·7	811·6	834·5
2·0	3·152	3·162	3·172	3·181	3·190	3·199	3·207	3·213	3·219	3·225	3·231	3·237	3·243	3·248	3·253
	543·3	567·3	591·3	615·3	639·3	663·3	687·2	711·2	735·2	759·2	783·2	807·2	831·2	855·3	879·4

(lxxxviii)

CLASS II. ($n = 0.030$.)

Mean Velocities and Quantities of Discharge per second.

For a Depth of Water of 4·0.

For Bottom-Widths of

Fall per thousand.	47	50	53	56	59	62	65	68	71	74	77	80	83	86	89
0·05	0·611 129·5	0·614 137·7	0·617 145·8	0·620 153·9	0·623 162·0	0·625 170·1	0·627 178·3	0·629 186·5	0·631 194·6	0·633 202·7	0·635 210·8	0·636 218·8	0·637 226·8	0·638 234·8	0·639 242·8
0·1	0·819 173·6	0·823 184·4	0·827 195·2	0·831 206·0	0·834 216·8	0·837 227·7	0·840 238·5	0·843 249·3	0·845 260·1	0·847 270·9	0·849 281·8	0·851 292·7	0·853 303·7	0·855 314·7	0·857 325·7
0·2	1·121 237·6	1·126 252·3	1·131 267·0	1·136 281·7	1·140 296·5	1·144 311·3	1·148 326·0	1·151 340·8	1·154 355·6	1·157 370·4	1·160 385·1	1·163 399·9	1·165 414·7	1·167 429·5	1·169 444·2
0·3	1·354 287·0	1·360 304·7	1·366 322·4	1·371 340·2	1·378 358·0	1·381 375·8	1·386 393·6	1·390 411·4	1·394 429·2	1·397 447·0	1·400 464·8	1·403 482·7	1·406 500·6	1·409 518·5	1·412 536·5
0·4	1·535 329·6	1·552 350·0	1·569 370·5	1·576 391·0	1·582 411·5	1·588 432·0	1·593 452·5	1·598 473·0	1·602 493·5	1·606 514·0	1·610 534·6	1·614 555·1	1·617 575·6	1·620 596·1	1·623 616·7
0·5	1·726 365·8	1·734 388·5	1·742 411·2	1·750 433·9	1·756 456·6	1·762 479·4	1·768 502·2	1·773 525·0	1·778 547·8	1·782 570·6	1·787 593·4	1·791 616·3	1·795 639·2	1·799 662·1	1·803 685·1
0·6	1·887 400·0	1·896 424·7	1·905 449·5	1·913 474·3	1·920 499·1	1·926 523·9	1·932 548·7	1·938 573·5	1·943 598·3	1·948 623·1	1·952 648·0	1·956 672·8	1·960 697·7	1·964 722·6	1·967 747·5
0·7	2·033 431·0	2·043 457·8	2·052 484·6	2·061 511·3	2·069 538·0	2·076 564·7	2·086 591·5	2·088 618·3	2·094 645·1	2·099 671·8	2·104 698·5	2·108 725·2	2·112 751·9	2·116 778·6	2·119 805·2
0·8	2·168 459·6	2·179 488·1	2·189 516·6	2·198 545·1	2·206 573·6	2·214 602·2	2·221 630·7	2·227 659·2	2·233 687·7	2·238 716·2	2·243 744·7	2·248 773·2	2·252 801·7	2·256 830·2	2·260 858·8

(lxxxix)

0·9	2·294 486·3	2·305 516·4	2·315 546·5	2·325 576·7	2·334 606·9	2·342 637·1	2·350 667·3	2·357 697·5	2·363 727·7	2·369 757·9	2·374 788·1	2·379 818·2	2·383 848·3	2·387 878·5	2·391 908·7
1·0	2·418 512·6	2·430 544·4	2·441 576·2	2·451 608·0	2·460 639·8	2·469 671·6	2·477 703·4	2·484 735·2	2·491 767·0	2·497 799·8	2·502 830·6	2·507 862·4	2·512 894·2	2·516 925·9	2·520 957·6
1·2	2·649 561·6	2·662 596·4	2·674 631·2	2·685 666·0	2·695 700·8	2·704 735·6	2·713 770·4	2·721 805·2	2·728 840·1	2·735 875·0	2·741 909·9	2·747 945·4	2·752 980·9	2·757 1016	2·772 1052
1·4	2·862 606·7	2·876 644·2	2·889 681·8	2·900 719·4	2·911 757·0	2·921 794·6	2·931 832·2	2·940 869·8	2·948 907·4	2·954 945·0	2·960 982·7	2·966 1020	2·972 1058	2·977 1095	2·982 1133
1·6	3·059 648·5	3·074 688·7	3·088 728·9	3·100 769·1	3·112 809·3	3·123 849·5	3·134 869·8	3·143 930·1	3·151 970·4	3·168 1010	3·165 1051	3·172 1091	3·178 1131	3·184 1171	3·190 1212
1·8	3·245 688·2	3·261 731·4	3·276 774·5	3·289 817·6	3·301 860·7	3·313 903·8	3·324 946·3	3·334 988·8	3·342 1031	3·350 1073	3·357 1116	3·364 1158	3·371 1200	3·377 1243	3·383 1286
2·0	3·420 725·1	3·437 770·1	3·453 815·1	3·467 860·1	3·480 905·1	3·493 950·2	3·504 995·2	3·514 1040	3·523 1085	3·531 1130	3·538 1175	3·545 1220	3·552 1265	3·568 1310	3·664 1354

CLASS II. ($n = 0.030$.)

Mean Velocities and Quantities of Discharge per second.

For a Depth of Water of 4·5.

For Bottom-Widths of

Fall per thousand.	50	54	58	62	66	70	74	78	82	86	90	94	98	102	106
0·02	0·464	0·468	0·471	0·474	0·477	0·479	0·481	0·483	0·485	0·486	0·488	0·489	0·490	0·491	0·492
	118·5	127·9	137·3	146·7	156·1	165·5	174·9	184·3	193·7	203·1	212·5	221·8	231·1	240·4	249·7
0·03	0·543	0·547	0·550	0·553	0·556	0·559	0·561	0·563	0·565	0·567	0·569	0·670	0·671	0·672	0·673
	138·7	149·5	160·4	171·3	182·2	193·1	204·0	214·9	225·8	236·7	247·6	258·4	269·2	280·0	290·8
0·05	0·663	0·667	0·671	0·675	0·678	0·681	0·684	0·687	0·689	0·691	0·693	0·695	0·696	0·698	0·699
	169·3	182·5	195·7	208·9	222·1	235·3	248·5	261·7	275·0	288·3	301·6	314·8	328·1	341·4	354·7
0·07	0·761	0·766	0·771	0·775	0·779	0·782	0·785	0·788	0·791	0·793	0·795	0·797	0·799	0·800	0·802
	194·3	209·4	224·5	239·7	254·9	270·1	285·3	300·5	315·7	330·9	346·1	361·3	376·5	391·7	406·9
0·1	0·885	0·890	0·895	0·900	0·904	0·908	0·912	0·915	0·918	0·920	0·922	0·925	0·927	0·929	0·931
	226·0	243·5	261·0	278·5	296·1	313·7	331·2	348·7	366·2	383·8	401·4	419·1	436·6	454·6	472·4
0·2	1·205	1·212	1·219	1·226	1·232	1·237	1·241	1·245	1·249	1·252	1·255	1·258	1·260	1·262	1·264
	307·8	331·7	355·6	379·5	403·3	427·1	451·0	474·9	498·8	522·6	546·4	570·2	594·0	617·7	641·4
0·3	1·458	1·466	1·474	1·481	1·487	1·493	1·498	1·503	1·508	1·512	1·516	1·519	1·522	1·525	1·528
	372·3	400·9	429·6	458·3	487·0	515·7	544·5	573·3	602·2	631·1	660·0	688·8	717·6	746·4	775·2
0·4	1·671	1·681	1·690	1·698	1·705	1·712	1·718	1·724	1·729	1·734	1·738	1·742	1·746	1·750	1·754
	426·6	459·5	492·4	525·4	558·4	591·4	624·4	657·4	690·4	723·5	756·6	789·9	823·2	856·5	889·8
0·5	1·856	1·866	1·876	1·885	1·893	1·901	1·908	1·914	1·920	1·926	1·930	1·934	1·938	1·942	1·946
	473·9	510·4	546·9	583·4	620·0	656·6	693·3	730·0	766·7	803·4	840·2	877·0	913·8	950·6	987·4

(xci)

0·6	2·018 515·3	2·030 555·0	2·041 594·8	2·051 634·6	2·060 674·4	2·068 714·2	2·075 754·0	2·081 793·8	2·087 833·7	2·093 873·6	2·098 913·5	2·103 953·6	2·108 993·7	2·113 1034	2·118 1074		
0·7	2·180 556·7	2·192 599·5	2·204 642·3	2·216 685·1	2·224 728·0	2·232 770·9	2·240 813·8	2·247 856·7	2·254 899·6	2·260 942·5	2·265 985·4	2·269 1028	2·272 1071	2·275 1114	2·278 1157		
0·8	2·330 595·0	2·343 640·4	2·359 685·8	2·362 731·3	2·372 776·8	2·381 822·3	2·390 868·4	2·398 914·5	2·405 960·6	2·412 1007	2·418 1053	2·424 1099	2·429 1145	2·434 1191	2·439 1237		
0·9	2·460 628·2	2·475 676·6	2·488 725·0	2·500 773·4	2·510 821·9	2·520 870·4	2·529 919·1	2·537 967·8	2·545 1016	2·553 1065	2·559 1114	2·565 1162	2·570 1211	2·576 1260	2·580 1309		
1·0	2·592 661·9	2·607 712·9	2·621 764·0	2·635 815·1	2·646 866·2	2·656 917·3	2·666 968·5	2·675 1020	2·683 1071	2·690 1122	2·697 1174	2·704 1225	2·710 1277	2·716 1329	2·722 1381		
1·2	2·840 725·3	2·857 781·2	2·873 837·1	2·887 893·0	2·900 949·0	2·911 1005	2·921 1061	2·930 1117	2·939 1173	2·947 1239	2·954 1286	2·961 1342	2·968 1399	2·975 1456	2·982 1513		
1·4	3·068 783·4	3·086 843·7	3·103 904·0	3·118 964·3	3·131 1024	3·143 1085	3·155 1146	3·165 1207	3·175 1268	3·184 1329	3·192 1390	3·199 1451	3·206 1512	3·213 1573	3·220 1634		

CLASS II. ($n = 0.030$.)

Mean Velocities and Quantities of Discharge per second.

For a Depth of Water of 5·0.

For Bottom-Widths of

Fall per thousand	55	60	65	70	75	80	85	90	95	100	105	110	115	120	125	130	135	140	145	150
0·02	0·505 157·8	0·509 172·0	0·513 186·2	0·517 200·4	0·520 214·6	0·523 228·8	0·525 243·0	0·527 257·2	0·529 271·4	0·531 285·6	0·533 299·8	0·535 314·0	0·536 328·3	0·538 342·5	0·539 356·8	0·540 371·1	0·541 385·3	0·542 399·5	0·542 413·7	0·543 427·8
0·03	0·599 184·1	0·604 200·4	0·598 216·8	0·602 233·2	0·605 249·6	0·608 266·0	0·610 282·4	0·613 298·8	0·615 315·2	0·617 331·6	0·619 348·1	0·621 364·5	0·623 380·9	0·624 397·3	0·625 413·8	0·626 430·3	0·628 446·9	0·629 463·5	0·630 480·2	0·631 496·9
0·05	0·714 223·1	0·719 242·9	0·724 262·7	0·729 282·6	0·733 302·5	0·737 322·4	0·740 342·3	0·743 362·3	0·746 382·3	0·748 401·9	0·750 421·8	0·752 441·8	0·753 461·5	0·756 481·4	0·757 501·3	0·758 521·3	0·760 541·3	0·761 561·0	0·762 580·9	0·763 600·9
0·07	0·820 256·3	0·826 278·8	0·831 301·4	0·836 324·0	0·840 346·6	0·844 369·2	0·847 391·8	0·850 414·5	0·853 437·2	0·856 459·9	0·858 482·6	0·860 505·2	0·862 527·9	0·864 550·6	0·866 573·3	0·867 596·0	0·869 618·7	0·870 641·4	0·871 664·1	0·872 686·8
0·1	0·951 297·2	0·957 323·4	0·963 349·6	0·969 375·8	0·974 402·0	0·979 428·3	0·983 454·5	0·986 480·7	0·989 507·0	0·992 533·3	0·995 559·6	0·998 586·0	1·000 612·4	1·002 638·8	1·004 665·2	1·006 691·6	1·008 717·9	1·009 744·1	1·010 770·2	1·011 796·3
0·2	1·291 403·5	1·299 438·8	1·307 474·1	1·314 509·4	1·320 544·7	1·326 580·0	1·332 615·6	1·337 651·2	1·341 686·8	1·345 722·5	1·348 758·2	1·351 793·7	1·354 829·4	1·357 865·0	1·359 900·6	1·362 936·3	1·364 971·9	1·366 1008	1·368 1043	1·370 1079
0·3	1·560 487·5	1·567 529·3	1·573 571·4	1·588 613·5	1·592 655·6	1·596 698·2	1·610 741·4	1·614 784·6	1·618 827·9	1·622 871·9	1·626 914·5	1·630 957·8	1·634 1002	1·638 1045	1·642 1088	1·645 1131	1·648 1174	1·651 1217	1·653 1260	1·655 1303
0·4	1·789 559·1	1·800 608·1	1·811 657·1	1·821 706·1	1·830 755·1	1·838 804·1	1·845 853·2	1·851 902·4	1·857 951·6	1·862 1001	1·867 1050	1·871 1099	1·875 1148	1·879 1197	1·883 1246	1·887 1296	1·890 1345	1·893 1394	1·896 1444	1·897 1494
0·5	1·986 620·6	1·999 675·0	2·011 729·4	2·022 783·9	2·032 838·4	2·041 892·9	2·049 948·5	2·056 1003	2·062 1057	2·066 1111	2·071 1166	2·076 1220	2·081 1274	2·086 1329	2·091 1384	2·095 1439	2·098 1493	2·102 1548	2·104 1603	2·106 1658

(xcii)

(xciii)

	2·180	2·175	2·188	2·200	2·210	2·219	2·228	2·236	2·243	2·249	2·255	2·260	2·265	2·270	2·276	2·279	2·283	2·286	2·289	2·292
0·6	675·0	734·1	793·2	852·3	911·5	970·7	1030	1089	1148	1208	1268	1327	1386	1446	1506	1566	1625	1685	1745	1805
0·7	2·338 727·5	2·344 791·4	2·368 855·3	2·371 919·2	2·383 983·1	2·393 1047	2·402 1111	2·410 1175	2·417 1239	2·424 1303	2·430 1367	2·436 1431	2·442 1495	2·447 1559	2·452 1623	2·458 1688	2·460 1752	2·464 1816	2·467 1880	2·470 1945
0·8	2·468 777·5	2·506 845·6	2·520 913·7	2·533 981·8	2·545 1050	2·556 1118	2·565 1186	2·573 1254	2·580 1322	2·586 1390	2·592 1459	2·598 1527	2·604 1595	2·609 1663	2·614 1731	2·618 1800	2·622 1868	2·626 1936	2·628 2004	2·632 2073
0·9	2·633 822·8	2·652 894·8	2·668 966·8	2·682 1039	2·694 1111	2·705 1183	2·714 1255	2·723 1327	2·731 1399	2·738 1471	2·744 1543	2·750 1615	2·756 1687	2·761 1759	2·766 1831	2·770 1904	2·774 1976	2·778 2048	2·782 2121	2·786 2194
1·0	2·776 867·6	2·796 943·5	2·812 1019	2·826 1095	2·838 1171	2·849 1247	2·860 1323	2·869 1399	2·877 1475	2·885 1551	2·892 1627	2·899 1703	2·905 1779	2·910 1855	2·915 1931	2·920 2007	2·924 2083	2·928 2159	2·932 2235	2·936 2312
1·2	3·040 950·0	3·061 1033	3·080 1116	3·097 1199	3·111 1282	3·123 1366	3·133 1449	3·143 1532	3·152 1615	3·161 1698	3·169 1782	3·176 1865	3·182 1948	3·188 2031	3·184 2115	3·199 2199	3·204 2282	3·208 2375	3·212 2459	3·216 2533
1·4	3·284 1026	3·308 1116	3·326 1206	3·344 1296	3·360 1386	3·373 1476	3·388 1565	3·396 1655	3·406 1745	3·414 1835	3·422 1925	3·430 2015	3·437 2105	3·443 2195	3·449 2285	3·455 2375	3·460 2465	3·465 2555	3·470 2645	3·478 2736

CLASS II. ($n = 0.030$.)

Mean Velocities and Quantities of Discharge per second.

For a Depth of Water of 5·5.

For Bottom-Widths of

Fall per thousand.	60	66	72	78	84	90	96	102	108	114	120	126	132
0·02	0·544 204·2	0·549 224·3	0·553 244·4	0·557 264·5	0·561 284·6	0·564 304·8	0·567 325·0	0·570 345·2	0·572 365·5	0·574 385·8	0·576 406·1	0·577 426·3	0·578 446·5
0·03	0·631 236·8	0·637 260·1	0·642 283·4	0·646 306·7	0·650 330·0	0·654 353·3	0·657 376·6	0·660 399·9	0·662 423·2	0·664 446·5	0·666 469·8	0·668 493·3	0·670 516·8
0·05	0·763 286·4	0·770 314·4	0·776 342·4	0·781 370·4	0·785 398·4	0·789 426·4	0·793 454·5	0·796 482·6	0·799 510·7	0·802 538·9	0·804 567·1	0·807 595·3	0·809 623·5
0·07	0·873 327·7	0·880 359·6	0·886 391·5	0·892 423·4	0·897 455·4	0·902 487·4	0·906 519·4	0·909 551·4	0·912 583·4	0·915 615·5	0·918 647·6	0·921 649·7	0·923 681·8
0·1	1·012 379·8	1·020 416·5	1·027 453·2	1·033 490·0	1·038 526·8	1·043 563·6	1·047 600·5	1·051 637·4	1·056 674·3	1·058 711·3	1·061 748·3	1·064 785·2	1·066 822·1
0·2	1·370 514·3	1·381 563·9	1·391 613·6	1·399 663·3	1·406 713·1	1·412 763·0	1·418 813·0	1·423 863·0	1·428 913·0	1·433 963·0	1·437 1013	1·441 1063	1·444 1113
0·3	1·656 621·6	1·668 681·6	1·679 741·6	1·689 801·7	1·698 861·8	1·706 921·9	1·712 961·9	1·717 1042	1·723 1102	1·727 1162	1·732 1222	1·736 1282	1·740 1342
0·4	1·902 714·0	1·915 782·2	1·927 850·6	1·937 919·0	1·946 987·0	1·955 1056	1·963 1124	1·969 1193	1·976 1262	1·981 1331	1·986 1400	1·991 1469	1·996 1538
0·5	2·109 791·6	2·126 867·8	2·140 944·0	2·152 1020	2·162 1096	2·171 1173	2·179 1249	2·186 1325	2·193 1401	2·199 1478	2·205 1555	2·210 1631	2·216 1707

(xcv)

0·6	2·296 / 861·4	2·312 / 944·3	2·327 / 1027	2·340 / 1110	2·351 / 1193	2·361 / 1276	2·371 / 1359	2·380 / 1442	2·387 / 1525	2·393 / 1608	2·399 / 1692	2·406 / 1775	2·410 / 1858
0·7	2·470 / 927·3	2·488 / 1016	2·504 / 1105	2·517 / 1194	2·529 / 1283	2·540 / 1372	2·549 / 1461	2·558 / 1550	2·566 / 1639	2·573 / 1729	2·579 / 1819	2·586 / 1908	2·591 / 1997
0·8	2·634 / 988·8	2·653 / 1084	2·670 / 1179	2·685 / 1274	2·698 / 1369	2·709 / 1464	2·719 / 1559	2·728 / 1654	2·737 / 1749	2·746 / 1845	2·752 / 1941	2·758 / 2036	2·764 / 2131
0·9	2·788 / 1046	2·808 / 1146	2·826 / 1246	2·841 / 1347	2·854 / 1448	2·866 / 1549	2·877 / 1649	2·887 / 1750	2·896 / 1851	2·905 / 1952	2·912 / 2053	2·918 / 2154	2·924 / 2255
1·0	2·938 / 1103	2·960 / 1208	2·979 / 1314	2·994 / 1420	3·008 / 1526	3·021 / 1632	3·033 / 1738	3·043 / 1844	3·053 / 1951	3·062 / 2058	3·070 / 2165	3·077 / 2271	3·083 / 2377
1·2	3·219 / 1208	3·241 / 1324	3·261 / 1440	3·280 / 1556	3·297 / 1672	3·311 / 1789	3·323 / 1905	3·334 / 2021	3·344 / 2138	3·354 / 2255	3·363 / 2372	3·371 / 2488	3·378 / 2604
1·4	3·476 / 1305	3·500 / 1430	3·522 / 1555	3·543 / 1670	3·561 / 1806	3·576 / 1932	3·589 / 2058	3·601 / 2184	3·612 / 2310	3·623 / 2436	3·633 / 2562	3·641 / 2688	3·648 / 2814

(xcvi)

CLASS II. ($n = 0.030$.)

Mean Velocities and Quantities of Discharge per second.

For a Depth of Water of 5·5.

For Bottom-Widths of

Fall per thousand.	138	144	150	156	162	168	174	180	186	192	198	204
0·02	0·580 466·8	0·582 487·1	0·583 507·4	0·584 527·6	0·585 547·8	0·586 568·0	0·587 588·2	0·587 608·4	0·588 628·5	0·589 648·6	0·590 668·7	0·590 688·8
0·03	0·672 540·3	0·674 563·8	0·675 587·4	0·677 610·9	0·678 634·4	0·679 657·9	0·680 681·4	0·681 705·0	0·682 728·4	0·683 751·8	0·683 775·2	0·684 798·5
0·05	0·811 651·8	0·813 680·1	0·814 708·4	0·816 736·7	0·818 765·0	0·819 793·3	0·820 821·6	0·821 849·9	0·822 878·2	0·823 906·5	0·824 934·8	0·825 963·2
0·07	0·925 714·0	0·927 746·2	0·929 808·4	0·931 840·5	0·932 872·6	0·933 904·8	0·935 937·0	0·935 969·2	0·937 1002	0·938 1034	0·939 1066	0·940 1098
0·1	1·068 859·0	1·070 896·0	1·072 933·0	1·074 970·0	1·075 1007	1·077 1044	1·079 1081	1·080 1118	1·081 1155	1·083 1192	1·084 1229	1·085 1266
0·2	1·447 1163	1·450 1213	1·452 1264	1·455 1314	1·457 1364	1·459 1414	1·461 1464	1·463 1515	1·465 1565	1·466 1615	1·468 1665	1·469 1715

(xcvii)

0.6	2·416 1941	2·419 2025	2·423 2109	2·427 2192	2·430 2275	2·433 2358	2·436 2442	2·439 2526	2·442 2611	2·445 2696	2·448 2781	2·460 2860
0.7	2·596 2087	2·601 2177	2·606 2267	2·610 2356	2·613 2446	2·616 2536	2·620 2626	2·623 2716	2·626 2805	2·629 2895	2·632 2985	2·634 3075
0.8	2·769 2227	2·774 2323	2·779 2419	2·783 2514	2·787 2609	2·791 2705	2·795 2801	2·798 2897	2·801 2992	2·804 3087	2·807 3183	2·809 3279
0.9	2·930 2356	2·935 2457	2·940 2558	2·946 2659	2·949 2760	2·953 2861	2·957 2963	2·961 3065	2·964 3166	2·968 3267	2·971 3369	2·974 3471
1.0	3·088 2484	3·095 2591	3·100 2698	3·105 2804	3·109 2910	3·113 3017	3·117 3124	3·121 3231	3·124 3337	3·128 3444	3·131 3551	3·134 3658
1.2	3·384 2721	3·390 2838	3·396 2955	3·401 3071	3·406 3188	3·410 3305	3·414 3422	3·418 3539	3·422 3656	3·426 3773	3·430 3890	3·433 4007
1.4	3·655 2940	3·662 3066	3·668 3192	3·673 3318	3·678 3444	3·683 3571	3·688 3697	3·693 3824	3·697 3950	3·701 4076	3·705 4202	3·708 4328

(xcviii)

CLASS II. ($n = 0.030$.)

Mean Velocities and Quantities of Discharge per second.

For a Depth of Water of 6·0.

For Bottom-Widths of

Fall per thousand	67	74	81	88	95	102	109	116	123	130	137	144	151	158	165
0·02	0·584 266·3	0·590 293·6	0·595 320·9	0·599 348·2	0·602 375·5	0·605 402·9	0·608 430·3	0·611 457·7	0·614 485·1	0·616 512·6	0·618 540·1	0·619 567·6	0·620 595·1	0·622 622·6	0·623 650·1
0·03	0·678 309·2	0·683 340·7	0·688 372·2	0·693 403·7	0·697 435·3	0·701 466·9	0·704 498·4	0·707 529·9	0·709 561·4	0·711 593·0	0·713 624·6	0·716 656·3	0·717 688·0	0·719 719·7	0·720 751·4
0·05	0·817 372·5	0·824 410·7	0·831 448·9	0·837 487·2	0·842 525·5	0·845 563·8	0·850 602·1	0·854 640·4	0·857 678·7	0·860 717·0	0·863 755·3	0·865 793·6	0·867 831·9	0·869 870·2	0·871 908·5
0·07	0·930 424·0	0·938 467·3	0·946 510·6	0·953 553·9	0·957 597·2	0·962 640·6	0·966 684·0	0·970 727·4	0·973 770·8	0·976 814·2	0·979 857·6	0·981 901·0	0·983 944·5	0·985 988·0	0·987 1031
0·1	1·074 489·8	1·082 538·4	1·090 588·0	1·097 637·6	1·103 687·2	1·108 737·9	1·113 787·7	1·117 837·5	1·121 887·4	1·124 937·3	1·127 987·2	1·130 1037	1·133 1087	1·136 1137	1·137 1187
0·2	1·456 663·4	1·468 730·7	1·479 798·0	1·487 865·3	1·496 932·6	1·502 1000	1·508 1067	1·514 1134	1·519 1201	1·524 1268	1·527 1337	1·530 1404	1·533 1471	1·536 1538	1·539 1605
0·3	1·753 799·3	1·765 879·4	1·776 959·7	1·787 1040	1·796 1120	1·804 1201	1·811 1281	1·817 1362	1·822 1443	1·827 1524	1·832 1605	1·836 1685	1·840 1766	1·844 1847	1·847 1928
0·4	2·010 916·7	2·025 1009	2·039 1101	2·050 1193	2·060 1285	2·069 1378	2·077 1470	2·084 1562	2·091 1655	2·097 1748	2·102 1841	2·107 1933	2·111 2025	2·116 2118	2·119 2211
0·5	2·233 1018	2·250 1120	2·265 1222	2·277 1324	2·287 1427	2·297 1530	2·306 1632	2·314 1735	2·321 1838	2·328 1941	2·334 2044	2·340 2147	2·346 2250	2·350 2353	2·364 2456

0·6	2·430 1108	2·448 1219	2·464 1330	2·477 1441	2·489 1553	2·500 1665	2·619 1776	2·518 1888	2·625 2000	2·632 2112	2·638 2224	2·544 2336	2·550 2448	2·556 2560	2·560 2672
0·7	2·612 1191	2·631 1310	2·648 1430	2·663 1550	2·676 1670	2·688 1790	2·698 1910	2·707 2030	2·715 2150	2·723 2270	2·730 2391	2·738 2511	2·742 2631	2·747 2752	2·762 2873
0·8	2·786 1270	2·808 1397	2·824 1525	2·841 1653	2·855 1781	2·867 1909	2·877 2037	2·887 2165	2·896 2293	2·904 2422	2·911 2551	2·918 2679	2·925 2807	2·930 2936	2·935 3065
0·9	2·948 1344	2·970 1479	2·990 1614	3·006 1749	3·020 1884	3·033 2020	3·046 2155	3·056 2291	3·065 2427	3·074 2563	3·081 2699	3·088 2835	3·095 2971	3·101 3107	3·107 3243
1·0	3·108 1417	3·131 1559	3·151 1702	3·168 1845	3·184 1988	3·190 2131	3·211 2274	3·221 2417	3·231 2560	3·241 2703	3·250 2847	3·258 2990	3·263 3133	3·269 3276	3·275 3419
1·2	3·402 1551	3·427 1707	3·450 1863	3·471 2019	3·489 2176	3·504 2333	3·617 2489	3·628 2646	3·639 2803	3·650 2960	3·659 3117	3·667 3274	3·674 3431	3·681 3588	3·687 3745
1·4	3·677 1677	3·704 1845	3·728 2013	3·749 2182	3·768 2351	3·785 2520	3·799 2689	3·812 2858	3·823 3027	3·834 3197	3·844 3367	3·853 3536	3·861 3705	3·868 3875	3·875 4045

CLASS II. ($n = 0.030$.)

MEAN VELOCITIES AND QUANTITIES OF DISCHARGE PER SECOND.

For a Depth of Water of 6·0.
For Bottom-Widths of

Fall per thousand.	172	179	186	193	200	207	214	221	228	235	242	249	256	263	270
0·02	0·624 677·7	0·626 705·4	0·627 733·1	0·628 760·8	0·629 788·5	0·630 816·3	0·631 844·0	0·632 871·7	0·633 899·4	0·633 927·1	0·634 954·8	0·635 982·6	0·635 1010	0·636 1038	0·637 1066
0·03	0·721 783·1	0·723 814·8	0·724 846·6	0·725 878·4	0·726 910·2	0·727 942·0	0·728 973·8	0·729 1006	0·730 1038	0·730 1070	0·731 1101	0·732 1133	0·732 1165	0·733 1197	0·734 1229
0·05	0·872 946·9	0·874 985·3	0·876 1023	0·876 1061	0·878 1100	0·879 1139	0·880 1177	0·881 1215	0·882 1253	0·883 1292	0·884 1331	0·885 1369	0·885 1407	0·886 1446	0·887 1485
0·07	0·989 1075	0·991 1118	0·992 1161	0·993 1204	0·995 1247	0·996 1291	0·997 1334	0·998 1377	0·999 1420	1·000 1464	1·001 1508	1·002 1551	1·003 1594	1·004 1638	1·006 1682
0·1	1·139 1237	1·141 1287	1·143 1337	1·144 1387	1·146 1437	1·148 1487	1·149 1537	1·150 1587	1·151 1637	1·152 1687	1·153 1737	1·154 1787	1·155 1837	1·156 1887	1·157 1937
0·2	1·641 1673	1·643 1740	1·545 1807	1·547 1874	1·549 1942	1·551 2010	1·553 2077	1·555 2144	1·556 2212	1·557 2280	1·559 2348	1·560 2415	1·561 2482	1·562 2549	1·563 2617
0·3	1·850 2009	1·853 2089	1·856 2170	1·858 2251	1·860 2332	1·862 2413	1·864 2494	1·866 2575	1·868 2656	1·870 2737	1·872 2818	1·874 2899	1·876 2980	1·876 3061	1·877 3142
0·4	2·121 2304	2·126 2396	2·128 2489	2·131 2582	2·134 2675	2·136 2768	2·138 2861	2·141 2954	2·143 3047	2·145 3140	2·147 3233	2·149 3326	2·160 3418	2·151 3511	2·152 3603
0·5	2·357 2559	2·360 2662	2·363 2765	2·366 2868	2·369 2971	2·372 3074	2·374 3177	2·377 3280	2·380 3383	2·382 3486	2·384 3590	2·386 3693	2·388 3796	2·390 3900	2·392 4004

(ci)

0·6	2·584 2784	2·586 2896	2·588 3008	2·590 3120	2·592 3232	2·594 3345	2·596 3457	2·598 3569	2·600 3681	2·592 3794	2·594 3907	2·596 4019	2·598 4131	2·600 4244	2·602 4357
0·7	2·757 2994	2·761 3114	2·765 3234	2·769 3355	2·773 3476	2·776 3597	2·779 3717	2·781 3838	2·784 3959	2·787 4080	2·790 4201	2·792 4321	2·794 4442	2·796 4563	2·798 4684
0·8	2·940 3194	2·945 3322	2·949 3450	2·953 3579	2·957 3708	2·961 3837	2·964 3965	2·967 4094	2·970 4223	2·973 4352	2·976 4481	2·978 4609	2·980 4738	2·982 4867	2·984 4996
0·9	3·112 3380	3·117 3516	3·121 3652	3·125 3788	3·129 3924	3·133 4061	3·136 4197	3·139 4333	3·142 4469	3·145 4605	3·148 4742	3·151 4878	3·154 5015	3·157 5152	3·160 5289
1·0	3·280 3563	3·286 3706	3·290 3849	3·294 3992	3·298 4136	3·302 4280	3·306 4423	3·310 4566	3·313 4710	3·316 4854	3·319 4998	3·322 5141	3·324 5285	3·327 5429	3·329 5573
1·2	3·593 3902	3·598 4059	3·603 4216	3·608 4373	3·613 4530	3·618 4688	3·622 4845	3·626 5002	3·630 5159	3·633 5317	3·636 5475	3·639 5632	3·641 5789	3·643 5946	3·646 6102
1·4	3·881 4215	3·887 4384	3·893 4553	3·898 4723	3·903 4893	3·907 5063	3·911 5232	3·915 5402	3·919 5572	3·923 5742	3·927 5912	3·930 6082	3·933 6252	3·936 6422	3·939 6593

THIRD CLASS.

RIVERS AND CANALS,

WITH BEDS AND BANKS IN BAD ORDER, HAVING IRREGULARITIES AND DEPOSITS OF STONE, AND MUCH OVERGROWN WITH VEGETATION.

$n = 0 \cdot 035.$

CLASS III. ($n = 0.035$.)

Coefficients of Mean Velocity.

For Values of R.

Fall per thousand.	0·1	0·2	0·3	0·4	0·5	0·6
0·05	—	—	—	—	22·6	24·0
0·07	—	—	—	—	22·8	24·3
0·1	12·8	16·7	19·3	21·3	23·0	24·5
0·2	13·6	17·5	20·0	22·0	23·5	24·8
0·3	14·0	17·8	20·2	22·1	23·8	24·9
0·4	14·1	18·0	20·3	22·2	23·9	25·0
0·5	14·2	18·1	20·4	22·3	24·0	25·1
0·6	14·3	18·2	20·5	22·3	24·0	25·1
0·7	14·4	18·3	20·5	22·4	24·0	25·2
0·8	14·5	18·4	20·6	22·4	24·0	25·2
0·9	14·5	18·4	20·6	22·4	24·0	25·2
1·0	14·5	18·4	20·6	22·4	24·0	25·2

For Values of R.

Fall per thousand.	1·4	1·6	1·8	2·0	2·2
0·05	31·7	33·0	34·2	35·3	36·3
0·07	31·5	32·7	33·8	34·8	35·7
0·1	31·3	32·4	33·5	34·3	35·1
0·2	31·0	31·9	32·8	33·6	34·4
0·3	30·9	31·8	32·6	33·4	34·0
0·4	30·8	31·7	32·5	33·2	33·9
0·5	30·8	31·6	32·4	33·1	33·8
0·6	30·8	31·6	32·4	33·1	33·8
0·7	30·8	31·6	32·4	33·1	33·8
0·8	30·8	31·6	32·4	33·1	33·8
0·9	30·8	31·6	32·4	33·1	33·8
1·0	30·8	31·6	32·4	33·1	33·8

The coefficients remain unaltered for steeper inclinations.

(cv)

CLASS III. ($n = 0.035$.)
Coefficients of Mean Velocity.

For Values of R.

0·7	0·8	0·9	1·0	1·2	Fall per thousand.
25·3	26·5	27·6	28·6	30·3	0·05
25·6	26·7	27·7	28·6	30·2	0·07
25·8	26·8	27·7	28·6	30·1	0·1
26·0	26·9	27·8	28·6	30·0	0·2
26·0	27·0	27·9	28·6	30·0	0·3
26·1	27·1	27·9	28·6	30·0	0·4
26·1	27·1	27·9	28·6	30·0	0·5
26·2	27·1	27·9	28·6	30·0	0·6
26·3	27·1	27·9	28·6	30·0	0·7
26·3	27·1	27·9	28·6	30·0	0·8
26·3	27·1	27·9	28·6	30·0	0·9
26·3	27·1	27·9	28·6	30·0	1·0

For Values of R.

2·4	2·6	2·8	3·0	3·2	Fall per thousand.
37·2	38·0	38·7	39·4	40·0	0·05
36·5	37·2	37·9	38·6	39·1	0·07
35·9	36·5	37·1	37·7	38·2	0·1
35·0	35·5	36·0	36·5	37·0	0·2
34·6	35·1	35·6	36·1	36·5	0·3
34·5	35·0	35·5	35·9	36·2	0·4
34·4	34·9	35·3	35·7	36·0	0·5
34·3	34·8	35·2	35·6	35·9	0·6
34·3	34·7	35·1	35·5	35·8	0·7
34·2	34·6	35·1	35·4	35·7	0·8
34·2	34·6	35·1	35·4	35·7	0·9
34·2	34·6	35·1	35·4	35·7	1·0

The coefficients remain unaltered for steeper inclinations.

CLASS III. ($n = 0.035$.)

Mean Velocities and Quantities of Discharge per second.

For a Depth of Water of 0.2.

For Bottom-Widths of

Fall per thousand	0.2	0.3	0.4	0.5	0.6	0.7	0.8	0.9	1.0	1.2	1.4	1.6	1.8	2.0	2.5
0.1	0.044 / 0.004	0.047 / 0.005	0.049 / 0.006	0.051 / 0.007	0.053 / 0.009	0.054 / 0.011	0.056 / 0.012	0.057 / 0.013	0.058 / 0.015	0.060 / 0.018	0.061 / 0.021	0.062 / 0.025	0.064 / 0.029	0.065 / 0.033	0.066 / 0.037
0.2	0.066 / 0.006	0.069 / 0.008	0.073 / 0.010	0.076 / 0.012	0.079 / 0.014	0.081 / 0.016	0.083 / 0.018	0.085 / 0.020	0.086 / 0.022	0.089 / 0.027	0.091 / 0.032	0.093 / 0.037	0.095 / 0.043	0.097 / 0.049	0.098 / 0.055
0.3	0.082 / 0.008	0.087 / 0.010	0.091 / 0.012	0.095 / 0.014	0.098 / 0.017	0.101 / 0.020	0.103 / 0.022	0.105 / 0.025	0.107 / 0.028	0.110 / 0.033	0.113 / 0.039	0.116 / 0.046	0.118 / 0.053	0.120 / 0.060	0.122 / 0.068
0.4	0.098 / 0.010	0.103 / 0.012	0.107 / 0.015	0.111 / 0.018	0.115 / 0.021	0.118 / 0.024	0.120 / 0.027	0.122 / 0.030	0.124 / 0.032	0.128 / 0.038	0.132 / 0.045	0.135 / 0.053	0.138 / 0.061	0.141 / 0.070	0.143 / 0.080
0.5	0.108 / 0.011	0.114 / 0.014	0.120 / 0.017	0.125 / 0.020	0.129 / 0.023	0.133 / 0.027	0.136 / 0.030	0.139 / 0.034	0.141 / 0.037	0.145 / 0.044	0.149 / 0.052	0.152 / 0.061	0.155 / 0.070	0.158 / 0.080	0.160 / 0.090
0.6	0.119 / 0.012	0.126 / 0.015	0.132 / 0.018	0.137 / 0.021	0.142 / 0.025	0.146 / 0.029	0.149 / 0.032	0.152 / 0.036	0.155 / 0.040	0.160 / 0.048	0.164 / 0.057	0.168 / 0.067	0.171 / 0.077	0.174 / 0.088	0.177 / 0.099
0.7	0.129 / 0.013	0.136 / 0.016	0.143 / 0.020	0.149 / 0.024	0.154 / 0.028	0.159 / 0.032	0.162 / 0.036	0.165 / 0.040	0.168 / 0.044	0.173 / 0.052	0.178 / 0.062	0.182 / 0.073	0.186 / 0.084	0.189 / 0.096	0.192 / 0.108
0.8	0.138 / 0.014	0.147 / 0.018	0.155 / 0.022	0.161 / 0.026	0.166 / 0.030	0.171 / 0.034	0.175 / 0.038	0.178 / 0.042	0.181 / 0.047	0.186 / 0.056	0.191 / 0.066	0.196 / 0.078	0.200 / 0.090	0.203 / 0.102	0.206 / 0.115
0.9	0.148 / 0.015	0.156 / 0.019	0.163 / 0.023	0.170 / 0.027	0.176 / 0.031	0.181 / 0.036	0.185 / 0.040	0.189 / 0.045	0.192 / 0.050	0.198 / 0.059	0.203 / 0.070	0.208 / 0.083	0.212 / 0.096	0.216 / 0.109	0.219 / 0.123

(cvii)

0·156 0·016	0·164 0·020	0·172 0·024	0·180 0·028	0·186 0·033	0·191 0·038	0·195 0·043	0·199 0·048	0·203 0·053	0·209 0·063	0·214 0·075	0·219 0·088	0·223 0·101	0·227 0·114	0·231 0·129
0·170 0·017	0·180 0·022	0·189 0·027	0·197 0·032	0·203 0·037	0·209 0·042	0·214 0·047	0·218 0·052	0·222 0·058	0·228 0·068	0·234 0·080	0·240 0·094	0·245 0·109	0·249 0·125	0·253 0·142
0·184 0·018	0·194 0·023	0·204 0·028	0·213 0·033	0·221 0·039	0·229 0·045	0·233 0·050	0·237 0·056	0·240 0·062	0·247 0·074	0·253 0·088	0·259 0·104	0·264 0·120	0·269 0·136	0·273 0·153
0·197 0·020	0·208 0·025	0·218 0·031	0·227 0·037	0·236 0·043	0·243 0·049	0·247 0·055	0·252 0·061	0·256 0·067	0·263 0·079	0·270 0·093	0·277 0·109	0·282 0·127	0·287 0·145	0·292 0·164
0·209 0·021	0·220 0·027	0·231 0·033	0·241 0·039	0·249 0·045	0·256 0·051	0·262 0·057	0·267 0·064	0·272 0·071	0·280 0·084	0·287 0·100	0·294 0·118	0·300 0·136	0·305 0·154	0·310 0·174
0·220 0·022	0·232 0·028	0·243 0·034	0·254 0·040	0·263 0·047	0·270 0·054	0·276 0·061	0·282 0·068	0·287 0·075	0·295 0·088	0·303 0·103	0·310 0·120	0·316 0·139	0·321 0·160	0·326 0·183
0·231 0·023	0·246 0·029	0·257 0·036	0·267 0·043	0·275 0·050	0·283 0·057	0·290 0·064	0·296 0·071	0·301 0·078	0·309 0·093	0·317 0·110	0·325 0·130	0·331 0·150	0·337 0·171	0·342 0·192
0·241 0·024	0·254 0·031	0·266 0·038	0·278 0·045	0·288 0·052	0·296 0·059	0·303 0·066	0·309 0·074	0·314 0·082	0·323 0·097	0·331 0·114	0·339 0·133	0·346 0·154	0·352 0·177	0·358 0·200
0·251 0·025	0·266 0·032	0·279 0·039	0·290 0·046	0·300 0·054	0·308 0·062	0·315 0·069	0·321 0·077	0·327 0·085	0·336 0·101	0·346 0·119	0·353 0·139	0·360 0·161	0·366 0·184	0·372 0·208
0·260 0·026	0·276 0·033	0·289 0·040	0·301 0·048	0·311 0·056	0·320 0·064	0·327 0·072	0·333 0·080	0·339 0·088	0·348 0·104	0·357 0·122	0·366 0·142	0·373 0·165	0·380 0·190	0·386 0·216
0·269 0·027	0·285 0·034	0·300 0·042	0·311 0·050	0·321 0·058	0·331 0·066	0·338 0·074	0·345 0·082	0·351 0·091	0·361 0·108	0·370 0·127	0·379 0·148	0·387 0·171	0·394 0·196	0·400 0·224

(cviii)

CLASS III. ($n = 0.035$.)

Mean Velocities and Quantities of Discharge per second.

For a Depth of Water of 0·4.

For Bottom-Widths of

Fall per thousand.	0·4	0·6	0·8	1·0	1·2	1·4	1·6	1·8	2·0	2·5	3·0	3·5	4·0	4·5	5·0
0·1	0·081 0·032	0·086 0·041	0·090 0·050	0·094 0·060	0·097 0·070	0·100 0·080	0·102 0·090	0·104 0·100	0·106 0·110	0·110 0·136	0·113 0·162	0·115 0·189	0·117 0·215	0·119 0·242	0·120 0·269
0·2	0·119 0·048	0·126 0·061	0·132 0·074	0·137 0·088	0·142 0·102	0·146 0·116	0·150 0·131	0·153 0·146	0·155 0·161	0·160 0·199	0·166 0·237	0·168 0·275	0·171 0·314	0·173 0·353	0·175 0·392
0·3	0·148 0·059	0·157 0·076	0·165 0·093	0·171 0·110	0·176 0·127	0·181 0·145	0·186 0·163	0·189 0·181	0·192 0·200	0·198 0·247	0·204 0·294	0·208 0·341	0·211 0·388	0·214 0·436	0·216 0·484
0·4	0·172 0·069	0·182 0·089	0·191 0·109	0·198 0·129	0·206 0·149	0·211 0·169	0·216 0·190	0·220 0·211	0·223 0·232	0·230 0·286	0·237 0·341	0·242 0·396	0·245 0·450	0·248 0·505	0·250 0·560
0·5	0·191 0·077	0·203 0·099	0·215 0·121	0·223 0·144	0·230 0·167	0·237 0·190	0·243 0·213	0·247 0·237	0·251 0·261	0·259 0·322	0·266 0·383	0·271 0·444	0·276 0·505	0·278 0·567	0·281 0·629
0·6	0·213 0·085	0·225 0·109	0·238 0·133	0·245 0·158	0·253 0·183	0·260 0·208	0·267 0·234	0·272 0·260	0·276 0·287	0·285 0·354	0·293 0·422	0·300 0·490	0·305 0·557	0·307 0·625	0·309 0·693
0·7	0·230 0·092	0·244 0·118	0·257 0·145	0·266 0·172	0·274 0·199	0·282 0·226	0·289 0·254	0·294 0·282	0·298 0·310	0·307 0·383	0·316 0·456	0·323 0·529	0·328 0·602	0·331 0·675	0·334 0·748
0·8	0·246 0·098	0·260 0·126	0·274 0·154	0·284 0·183	0·293 0·212	0·301 0·241	0·309 0·271	0·314 0·301	0·318 0·331	0·328 0·409	0·338 0·488	0·346 0·567	0·352 0·646	0·356 0·725	0·359 0·804
0·9	0·261 0·104	0·277 0·134	0·291 0·164	0·301 0·194	0·310 0·224	0·319 0·255	0·327 0·287	0·333 0·319	0·338 0·352	0·349 0·434	0·359 0·517	0·366 0·600	0·372 0·683	0·376 0·767	0·380 0·851

0·276	0·291	0·307	0·317	0·327	0·336	0·345	0·351	0·356	0·367	0·378	0·388	0·399	0·397	0·401
0·110	0·141	0·173	0·205	0·237	0·269	0·302	0·336	0·370	0·457	0·545	0·633	0·721	0·809	0·897
0·302	0·320	0·336	0·347	0·368	0·368	0·378	0·384	0·390	0·402	0·414	0·423	0·430	0·435	0·439
0·121	0·155	0·190	0·225	0·260	0·295	0·331	0·368	0·406	0·502	0·598	0·694	0·790	0·886	0·983
0·329	0·345	0·363	0·376	0·387	0·399	0·408	0·416	0·421	0·434	0·447	0·456	0·463	0·469	0·474
0·130	0·166	0·203	0·241	0·279	0·318	0·358	0·398	0·438	0·541	0·645	0·749	0·853	0·957	1·062
0·348	0·368	0·388	0·401	0·414	0·425	0·436	0·444	0·451	0·465	0·478	0·488	0·496	0·501	0·507
0·139	0·178	0·218	0·258	0·299	0·340	0·382	0·425	0·469	0·579	0·689	0·800	0·912	1·024	1·136
0·370	0·391	0·411	0·425	0·439	0·451	0·463	0·471	0·478	0·493	0·507	0·517	0·526	0·532	0·538
0·148	0·189	0·231	0·274	0·317	0·361	0·406	0·451	0·497	0·613	0·730	0·848	0·967	1·086	1·205
0·389	0·412	0·434	0·449	0·463	0·476	0·488	0·496	0·504	0·520	0·535	0·546	0·553	0·560	0·567
0·156	0·200	0·245	0·290	0·335	0·381	0·428	0·476	0·524	0·646	0·769	0·894	1·019	1·144	1·270
0·409	0·424	0·438	0·462	0·485	0·499	0·513	0·519	0·528	0·546	0·561	0·573	0·582	0·589	0·595
0·164	0·209	0·255	0·302	0·350	0·399	0·449	0·499	0·549	0·679	0·809	0·940	1·071	1·202	1·333
0·427	0·461	0·475	0·491	0·507	0·521	0·536	0·544	0·552	0·569	0·586	0·598	0·607	0·614	0·621
0·171	0·219	0·268	0·317	0·366	0·417	0·469	0·521	0·574	0·709	0·845	0·981	1·117	1·254	1·391
0·444	0·470	0·496	0·511	0·527	0·542	0·556	0·565	0·574	0·589	0·609	0·622	0·632	0·640	0·647
0·178	0·228	0·279	0·330	0·382	0·434	0·487	0·541	0·597	0·738	0·879	1·020	1·162	1·305	1·449
0·461	0·488	0·513	0·530	0·547	0·562	0·577	0·587	0·596	0·614	0·632	0·646	0·657	0·665	0·671
0·184	0·236	0·289	0·342	0·395	0·450	0·506	0·563	0·620	0·766	0·912	1·059	1·206	1·354	1·503
0·477	0·505	0·531	0·550	0·567	0·582	0·597	0·607	0·617	0·635	0·655	0·669	0·680	0·689	0·695
0·191	0·244	0·298	0·353	0·409	0·466	0·524	0·583	0·642	0·793	0·945	1·097	1·250	1·403	1·557

CLASS III. ($n = 0.035$.)

Mean Velocities and Quantities of Discharge per second.

For a Depth of Water of 0·6.

For Bottom-Widths of

Fall per thousand.	0·6	0·8	1·0	1·2	1·4	1·6	1·8	2·0	2·5	3·0	3·5	4·0	4·5	5·0	5·5
0·1	0·113 0·102	0·118 0·122	0·123 0·142	0·127 0·162	0·131 0·182	0·135 0·202	0·138 0·223	0·141 0·245	0·146 0·300	0·151 0·354	0·155 0·409	0·158 0·465	0·161 0·521	0·163 0·577	0·166 0·634
0·2	0·165 0·148	0·173 0·177	0·180 0·206	0·186 0·235	0·192 0·264	0·196 0·294	0·200 0·324	0·204 0·355	0·213 0·435	0·220 0·516	0·226 0·597	0·230 0·679	0·234 0·762	0·238 0·845	0·242 0·929
0·3	0·205 0·184	0·214 0·219	0·223 0·255	0·230 0·291	0·236 0·327	0·242 0·363	0·247 0·400	0·253 0·438	0·262 0·533	0·269 0·629	0·276 0·726	0·280 0·824	0·285 0·924	0·290 1·026	0·295 1·133
0·4	0·238 0·214	0·248 0·254	0·258 0·295	0·266 0·336	0·274 0·378	0·280 0·420	0·286 0·464	0·292 0·508	0·304 0·617	0·312 0·728	0·318 0·842	0·325 0·958	0·331 1·076	0·337 1·196	0·343 1·317
0·5	0·267 0·240	0·278 0·295	0·289 0·341	0·299 0·397	0·308 0·434	0·316 0·472	0·323 0·522	0·329 0·572	0·340 0·696	0·350 0·821	0·369 0·948	0·365 1·076	0·371 1·206	0·377 1·338	0·383 1·470
0·6	0·294 0·265	0·311 0·313	0·318 0·362	0·338 0·412	0·337 0·464	0·345 0·517	0·353 0·572	0·361 0·628	0·372 0·760	0·382 0·895	0·391 1·034	0·399 1·176	0·408 1·322	0·416 1·470	0·422 1·620
0·7	0·317 0·285	0·330 0·338	0·343 0·392	0·355 0·447	0·368 0·503	0·374 0·561	0·382 0·620	0·390 0·679	0·406 0·825	0·416 0·973	0·426 1·124	0·434 1·277	0·441 1·432	0·448 1·589	0·455 1·747
0·8	0·341 0·307	0·356 0·363	0·369 0·420	0·380 0·479	0·391 0·539	0·400 0·600	0·409 0·663	0·418 0·727	0·432 0·884	0·444 1·043	0·456 1·204	0·463 1·366	0·470 1·530	0·477 1·694	0·484 1·859
0·9	0·360 0·324	0·378 0·385	0·391 0·447	0·403 0·510	0·416 0·573	0·425 0·637	0·434 0·704	0·444 0·772	0·459 0·937	0·471 1·104	0·483 1·275	0·491 1·447	0·499 1·621	0·506 1·795	0·513 1·970

(cxi)

1·0	0·379 / 0·341	0·398 / 0·405	0·412 / 0·470	0·425 / 0·536	0·437 / 0·603	0·447 / 0·670	0·457 / 0·741	0·467 / 0·813	0·483 / 0·988	0·496 / 1·165	0·509 / 1·344	0·617 / 1·525	0·625 / 1·708	0·633 / 1·892	0·641 / 2·077
1·2	0·415 / 0·373	0·434 / 0·443	0·452 / 0·514	0·468 / 0·587	0·479 / 0·661	0·490 / 0·735	0·500 / 0·811	0·510 / 0·887	0·530 / 1·080	0·544 / 1·275	0·558 / 1·473	0·567 / 1·672	0·678 / 1·872	0·684 / 2·072	0·692 / 2·273
1·4	0·448 / 0·403	0·468 / 0·477	0·488 / 0·553	0·503 / 0·631	0·517 / 0·711	0·529 / 0·793	0·541 / 0·877	0·553 / 0·962	0·572 / 1·170	0·588 / 1·380	0·603 / 1·592	0·613 / 1·806	0·629 / 2·022	0·631 / 2·239	0·840 / 2·457
1·6	0·480 / 0·432	0·501 / 0·511	0·521 / 0·592	0·537 / 0·675	0·553 / 0·760	0·566 / 0·849	0·578 / 0·938	0·590 / 1·027	0·611 / 1·249	0·628 / 1·473	0·644 / 1·700	0·655 / 1·929	0·665 / 2·160	0·615 / 2·394	0·686 / 2·630
1·8	0·509 / 0·458	0·531 / 0·542	0·553 / 0·628	0·570 / 0·716	0·587 / 0·807	0·600 / 0·900	0·613 / 0·994	0·626 / 1·089	0·649 / 1·324	0·666 / 1·562	0·683 / 1·803	0·694 / 2·047	0·706 / 2·294	0·716 / 2·543	0·727 / 2·792
2·0	0·536 / 0·482	0·560 / 0·571	0·583 / 0·662	0·601 / 0·755	0·618 / 0·850	0·632 / 0·948	0·646 / 1·048	0·660 / 1·148	0·682 / 1·396	0·701 / 1·646	0·720 / 1·900	0·732 / 2·156	0·743 / 2·414	0·764 / 2·675	0·765 / 2·938
2·2	0·562 / 0·506	0·587 / 0·600	0·611 / 0·696	0·630 / 0·794	0·649 / 0·894	0·664 / 0·996	0·678 / 1·100	0·692 / 1·204	0·717 / 1·466	0·737 / 1·730	0·756 / 1·996	0·768 / 2·264	0·780 / 2·534	0·791 / 2·806	0·802 / 3·080
2·4	0·587 / 0·528	0·614 / 0·626	0·639 / 0·726	0·660 / 0·828	0·678 / 0·933	0·693 / 1·039	0·708 / 1·148	0·723 / 1·258	0·749 / 1·530	0·770 / 1·805	0·789 / 2·083	0·802 / 2·364	0·814 / 2·648	0·828 / 2·933	0·838 / 3·218
2·6	0·611 / 0·550	0·639 / 0·650	0·665 / 0·753	0·685 / 0·859	0·705 / 0·968	0·721 / 1·081	0·737 / 1·195	0·753 / 1·310	0·780 / 1·593	0·795 / 1·879	0·821 / 2·167	0·834 / 2·458	0·847 / 2·753	0·860 / 3·051	0·873 / 3·352
2·8	0·634 / 0·571	0·662 / 0·675	0·690 / 0·782	0·711 / 0·892	0·732 / 1·006	0·749 / 1·123	0·765 / 1·241	0·781 / 1·359	0·809 / 1·652	0·831 / 1·949	0·852 / 2·249	0·866 / 2·552	0·880 / 2·859	0·883 / 3·168	0·906 / 3·479
3·0	0·657 / 0·591	0·686 / 0·699	0·714 / 0·810	0·736 / 0·924	0·757 / 1·041	0·776 / 1·162	0·792 / 1·284	0·809 / 1·408	0·837 / 1·710	0·860 / 2·017	0·882 / 2·329	0·898 / 2·644	0·910 / 2·962	0·924 / 3·282	0·838 / 3·601

CLASS III. ($n = 0.035$.)

Mean Velocities and Quantities of Discharge per second.

For a Depth of Water of 0.8, For Bottom-Widths of

Fall per thousand	1·0	1·2	1·4	1·6	1·8	2·0	2·5	3·0	3·5	4·0	4·5	5·0	5·5	6·0	6·5
0·05	0·103 0·181	0·107 0·204	0·110 0·228	0·113 0·252	0·116 0·276	0·117 0·299	0·122 0·360	0·126 0·422	0·129 0·486	0·132 0·550	0·135 0·614	0·137 0·679	0·139 0·744	0·140 0·809	0·142 0·875
0·1	0·148 0·260	0·153 0·294	0·158 0·328	0·162 0·363	0·165 0·397	0·168 0·430	0·175 0·519	0·181 0·609	0·186 0·699	0·190 0·790	0·194 0·882	0·197 0·977	0·200 1·072	0·203 1·167	0·205 1·263
0·2	0·216 0·380	0·223 0·428	0·229 0·476	0·234 0·524	0·239 0·573	0·243 0·622	0·252 0·745	0·260 0·872	0·266 1·000	0·272 1·129	0·276 1·259	0·280 1·389	0·284 1·520	0·287 1·652	0·290 1·786
0·3	0·266 0·468	0·276 0·527	0·283 0·587	0·289 0·647	0·295 0·707	0·300 0·768	0·311 0·921	0·321 1·076	0·328 1·233	0·335 1·390	0·340 1·559	0·345 1·711	0·350 1·873	0·354 2·036	0·357 2·199
0·4	0·309 0·544	0·319 0·613	0·328 0·682	0·335 0·751	0·342 0·821	0·348 0·891	0·361 1·069	0·373 1·249	0·381 1·432	0·388 1·617	0·396 1·802	0·401 1·988	0·406 2·175	0·410 2·362	0·414 2·550
0·5	0·347 0·611	0·358 0·688	0·369 0·766	0·377 0·844	0·384 0·922	0·391 1·001	0·406 1·200	0·418 1·403	0·427 1·606	0·436 1·811	0·443 2·019	0·450 2·230	0·455 2·439	0·460 2·648	0·464 2·858
0·6	0·380 0·669	0·392 0·753	0·404 0·838	0·412 0·923	0·420 1·009	0·428 1·096	0·443 1·314	0·458 1·535	0·466 1·759	0·477 1·986	0·486 2·215	0·493 2·445	0·499 2·675	0·504 2·905	0·509 3·135
0·7	0·412 0·725	0·424 0·816	0·436 0·907	0·446 0·999	0·453 1·092	0·463 1·185	0·480 1·421	0·485 1·661	0·507 1·906	0·518 2·153	0·527 2·402	0·535 2·653	0·542 2·904	0·547 3·155	0·553 3·406
0·8	0·441 0·776	0·454 0·873	0·465 0·970	0·477 1·068	0·487 1·167	0·496 1·267	0·513 1·521	0·529 1·778	0·542 2·038	0·553 2·300	0·562 2·564	0·571 2·832	0·578 3·101	0·586 3·371	0·591 3·641

(cxiii)

1·4	0·583 1·026	0·600 1·155	0·617 1·284	0·631 1·413	0·643 1·543	0·654 1·674	0·677 2·009	0·698 2·349	0·717 2·696	0·732 3·045	0·744 3·396	0·758 3·750	0·766 4·105	0·774 4·461	0·782 4·817
1·6	0·623 1·096	0·643 1·234	0·660 1·372	0·674 1·510	0·687 1·649	0·699 1·789	0·725 2·148	0·748 2·512	0·766 2·880	0·783 3·252	0·798 3·628	0·808 4·008	0·818 4·388	0·827 4·769	0·836 5·150
1·8	0·661 1·163	0·682 1·309	0·700 1·455	0·716 1·602	0·729 1·750	0·742 1·899	0·769 2·280	0·794 2·667	0·814 3·061	0·830 3·456	0·844 3·852	0·857 4·251	0·867 4·653	0·877 5·055	0·888 5·458
2·0	0·704 1·239	0·722 1·388	0·739 1·539	0·766 1·691	0·769 1·846	0·782 2·002	0·810 2·404	0·836 2·812	0·858 3·226	0·876 3·643	0·890 4·062	0·904 4·483	0·914 4·905	0·924 5·328	0·934 5·753
2·2	0·731 1·286	0·763 1·446	0·773 1·608	0·790 1·770	0·806 1·934	0·820 2·100	0·850 2·520	0·877 2·947	0·899 3·380	0·918 3·818	0·934 4·259	0·948 4·702	0·960 5·146	0·970 5·591	0·980 6·037
2·4	0·763 1·343	0·787 1·511	0·808 1·680	0·826 1·850	0·842 2·021	0·857 2·194	0·888 2·630	0·914 3·073	0·937 3·523	0·967 3·978	0·974 4·437	0·988 4·900	1·001 5·366	1·012 5·833	1·023 6·302
2·6	0·794 1·397	0·819 1·571	0·841 1·747	0·869 1·924	0·878 2·102	0·891 2·281	0·924 2·738	0·954 3·202	0·977 3·674	0·998 4·150	1·016 4·628	1·030 5·109	1·043 5·591	1·054 6·075	1·065 6·560
2·8	0·824 1·450	0·850 1·630	0·873 1·812	0·891 1·996	0·808 2·182	0·925 2·368	0·969 2·847	0·989 3·330	1·018 3·817	1·036 4·307	1·054 4·800	1·068 5·297	1·082 5·797	1·094 6·300	1·106 6·806
3·0	0·853 1·501	0·880 1·689	0·903 1·878	0·923 2·067	0·941 2·258	0·958 2·452	0·893 2·946	1·025 3·445	1·050 3·948	1·072 4·457	1·090 4·971	1·107 5·490	1·120 6·009	1·132 6·528	1·144 7·047

h

(cxiv)

CLASS III. ($n = 0.035$.)

Mean Velocities and Quantities of Discharge per second.

For a Depth of Water of 1·0.

For Bottom-Widths of

Fall per thousand.	2·0	2·5	3·0	3·5	4·0	4·5	5·0	5·5	6·0	6·5	7·0	7·5	8·0	8·5	9·0
0·05	0·136 0·471	0·141 0·564	0·146 0·657	0·150 0·750	0·154 0·846	0·157 0·942	0·160 1·038	0·162 1·134	0·164 1·230	0·166 1·327	0·168 1·424	0·169 1·521	0·171 1·620	0·172 1·720	0·173 1·820
0·1	0·196 0·679	0·203 0·812	0·210 0·946	0·216 1·080	0·221 1·215	0·225 1·350	0·229 1·487	0·232 1·624	0·236 1·762	0·238 1·900	0·240 2·039	0·242 2·178	0·244 2·319	0·246 2·460	0·247 2·801
0·2	0·281 0·978	0·291 1·164	0·300 1·351	0·308 1·541	0·315 1·733	0·321 1·925	0·326 2·118	0·330 2·311	0·334 2·506	0·338 2·702	0·341 2·899	0·344 3·096	0·347 3·293	0·349 3·490	0·351 3·688
0·3	0·345 1·205	0·358 1·432	0·369 1·660	0·378 1·890	0·386 2·124	0·393 2·360	0·400 2·599	0·406 2·840	0·411 3·079	0·415 3·320	0·418 3·562	0·423 3·804	0·426 4·047	0·429 4·290	0·432 4·534
0·4	0·400 1·425	0·415 1·660	0·428 1·926	0·439 2·195	0·448 2·365	0·456 2·736	0·463 2·912	0·470 3·290	0·476 3·469	0·481 3·848	0·486 4·028	0·490 4·408	0·493 4·587	0·496 4·966	0·498 5·145
0·5	0·449 1·568	0·465 1·860	0·478 2·153	0·490 2·450	0·500 2·759	0·509 3·054	0·518 3·367	0·526 3·682	0·533 3·997	0·539 4·312	0·544 4·624	0·548 4·932	0·551 5·238	0·554 5·540	0·557 5·840
0·6	0·492 1·730	0·512 2·048	0·527 2·368	0·539 2·695	0·550 3·025	0·560 3·360	0·569 3·699	0·577 4·039	0·584 4·379	0·590 4·720	0·595 5·060	0·600 5·400	0·604 5·737	0·607 6·070	0·610 6·400
0·7	0·533 1·860	0·552 2·208	0·568 2·558	0·583 2·915	0·596 3·275	0·607 3·642	0·616 4·008	0·625 4·375	0·632 4·739	0·638 5·104	0·643 5·468	0·648 5·832	0·652 6·196	0·656 6·560	0·659 6·924
0·8	0·570 1·990	0·591 2·364	0·609 2·740	0·624 3·120	0·637 3·502	0·648 3·888	0·658 4·277	0·667 4·669	0·676 5·063	0·682 5·456	0·688 5·847	0·693 6·237	0·697 6·625	0·701 7·010	0·705 7·393

(cxv)

0·9	0·605 / 2·113	0·627 / 2·508	0·646 / 2·905	0·662 / 3·310	0·676 / 3·719	0·688 / 4·128	0·698 / 4·538	0·707 / 4·949	0·716 / 5·362	0·722 / 5·776	0·728 / 6·191	0·734 / 6·606	0·739 / 7·020	0·743 / 7·430	0·747 / 7·840
1·0	0·637 / 2·224	0·661 / 2·644	0·681 / 3·066	0·698 / 3·490	0·712 / 3·915	0·724 / 4·344	0·735 / 4·777	0·745 / 5·215	0·754 / 5·655	0·762 / 6·096	0·769 / 6·536	0·775 / 6·974	0·780 / 7·409	0·784 / 7·840	0·788 / 8·270
1·2	0·698 / 2·446	0·724 / 2·896	0·746 / 3·351	0·764 / 3·820	0·780 / 4·290	0·794 / 4·764	0·806 / 5·241	0·817 / 5·719	0·826 / 5·796	0·834 / 6·674	0·841 / 7·152	0·849 / 7·630	0·854 / 8·110	0·859 / 8·590	0·863 / 9·070
1·4	0·754 / 2·628	0·782 / 3·128	0·806 / 3·628	0·826 / 4·130	0·843 / 4·633	0·857 / 5·142	0·870 / 5·653	0·881 / 6·167	0·891 / 6·683	0·900 / 7·200	0·908 / 7·717	0·916 / 8·235	0·921 / 8·752	0·927 / 9·270	0·832 / 9·787
1·6	0·806 / 2·813	0·836 / 3·344	0·861 / 3·877	0·883 / 4·415	0·901 / 4·954	0·916 / 5·496	0·930 / 6·046	0·942 / 6·596	0·952 / 7·148	0·962 / 7·700	0·971 / 8·255	0·979 / 8·811	0·986 / 9·365	0·992 / 9·920	0·997 / 10·46
1·8	0·855 / 2·980	0·886 / 3·544	0·913 / 4·110	0·936 / 4·680	0·955 / 5·251	0·971 / 5·826	0·985 / 6·404	0·998 / 6·986	1·010 / 7·576	1·021 / 8·168	1·030 / 8·756	1·038 / 9·342	1·045 / 9·927	1·051 / 10·51	1·057 / 11·09
2·0	0·901 / 3·140	0·934 / 3·736	0·963 / 4·334	0·987 / 4·935	1·007 / 5·539	1·024 / 6·147	1·040 / 6·760	1·054 / 7·377	1·066 / 7·993	1·076 / 8·609	1·085 / 9·227	1·094 / 9·846	1·101 / 10·46	1·108 / 11·08	1·114 / 11·70
2·2	0·948 / 3·296	0·980 / 3·920	1·010 / 4·545	1·035 / 5·175	1·057 / 5·807	1·074 / 6·444	1·090 / 7·087	1·105 / 7·735	1·118 / 8·383	1·129 / 9·032	1·139 / 9·681	1·148 / 10·33	1·166 / 10·98	1·163 / 11·63	1·169 / 12·28
2·4	0·988 / 3·450	1·024 / 4·096	1·055 / 4·746	1·081 / 5·405	1·104 / 6·070	1·124 / 6·740	1·140 / 7·411	1·154 / 8·062	1·167 / 8·756	1·179 / 9·432	1·190 / 10·11	1·200 / 10·79	1·208 / 11·47	1·216 / 12·15	1·222 / 12·83
2·6	1·038 / 3·588	1·086 / 4·264	1·099 / 4·942	1·125 / 5·625	1·147 / 6·311	1·187 / 7·004	1·186 / 7·708	1·202 / 8·410	1·216 / 9·110	1·228 / 9·810	1·236 / 10·51	1·246 / 11·21	1·256 / 11·91	1·263 / 12·62	1·271 / 13·32
2·8	1·067 / 3·720	1·108 / 4·424	1·140 / 5·130	1·168 / 5·840	1·192 / 6·555	1·212 / 7·272	1·229 / 7·989	1·244 / 8·708	1·258 / 9·437	1·271 / 10·17	1·283 / 10·90	1·294 / 11·64	1·303 / 12·37	1·311 / 13·11	1·318 / 13·90
3·0	1·104 / 3·846	1·144 / 4·576	1·179 / 5·308	1·209 / 6·045	1·234 / 6·782	1·254 / 7·524	1·272 / 8·268	1·288 / 9·016	1·302 / 9·766	1·315 / 10·52	1·327 / 11·28	1·338 / 12·04	1·348 / 12·80	1·357 / 13·57	1·365 / 14·33

(cxvi)

CLASS III. ($n = 0.035$).

Mean Velocities and Quantities of Discharge per second.

For a Depth of Water of 1·2.

For Bottom-Widths of

Fall per thousand	3·5	4·0	4·5	5·0	5·5	6·0	6·5	7·0	7·5	8·0	8·5	9·0	9·5	10	11
0·05	0·170 1·081	0·174 1·208	0·177 1·338	0·180 1·469	0·183 1·603	0·186 1·737	0·188 1·872	0·190 2·007	0·192 2·143	0·194 2·281	0·196 2·422	0·197 2·563	0·199 2·704	0·201 2·846	0·203 3·118
0·1	0·242 1·539	0·248 1·725	0·253 1·912	0·257 2·098	0·261 2·285	0·264 2·474	0·267 2·663	0·270 2·853	0·273 3·046	0·276 3·241	0·278 3·436	0·280 3·631	0·282 3·826	0·284 4·021	0·286 4·393
0·2	0·344 2·188	0·352 2·451	0·359 2·714	0·366 2·977	0·370 3·241	0·376 3·507	0·379 3·775	0·383 4·047	0·387 4·319	0·390 4·589	0·393 4·859	0·396 5·134	0·399 5·411	0·402 5·690	0·405 6·220
0·3	0·423 2·690	0·432 3·006	0·440 3·326	0·447 3·649	0·454 3·977	0·460 4·307	0·466 4·638	0·471 4·969	0·476 5·301	0·478 5·634	0·483 5·970	0·487 6·307	0·490 6·644	0·493 6·981	0·496 7·619
0·4	0·490 3·117	0·501 3·486	0·510 3·855	0·518 4·227	0·526 4·599	0·531 4·971	0·537 5·348	0·543 5·729	0·548 6·115	0·553 6·504	0·557 6·885	0·561 7·275	0·565 7·666	0·569 8·057	0·573 8·800
0·5	0·548 3·485	0·560 3·896	0·570 4·309	0·579 4·714	0·587 5·142	0·594 5·563	0·601 5·985	0·607 6·406	0·612 6·830	0·617 7·257	0·622 7·688	0·627 8·124	0·632 8·563	0·636 9·005	0·640 9·831
0·6	0·600 3·816	0·614 4·270	0·625 4·725	0·634 5·181	0·643 5·637	0·651 6·095	0·658 6·554	0·665 7·014	0·670 7·477	0·676 7·945	0·681 8·418	0·686 8·894	0·691 9·373	0·696 9·856	0·701 10·77
0·7	0·648 4·121	0·663 4·610	0·676 5·100	0·686 5·590	0·694 6·080	0·703 6·580	0·711 7·080	0·718 7·580	0·724 8·080	0·730 8·585	0·736 9·097	0·742 9·612	0·747 10·13	0·752 10·65	0·757 11·63
0·8	0·693 4·407	0·708 4·927	0·721 5·450	0·732 5·973	0·742 6·500	0·751 7·032	0·760 7·570	0·768 8·115	0·776 8·660	0·783 9·205	0·789 9·750	0·794 10·29	0·799 10·83	0·804 11·38	0·810 12·44

(cxvii)

0·9	0·735 / 4·674	0·752 / 5·228	0·765 / 5·783	0·778 / 6·337	0·787 / 6·896	0·797 / 7·459	0·806 / 8·026	0·814 / 8·594	0·821 / 9·162	0·828 / 9·734	0·834 / 10·31	0·840 / 10·89	0·846 / 11·47	0·852 / 12·06	0·860 / 13·21
1·0	0·775 / 4·929	0·792 / 5·505	0·806 / 6·085	0·817 / 6·665	0·828 / 7·253	0·839 / 7·855	0·849 / 8·457	0·858 / 9·061	0·866 / 9·665	0·873 / 10·27	0·879 / 10·87	0·885 / 11·47	0·891 / 12·08	0·897 / 12·70	0·906 / 13·90
1·2	0·849 / 5·400	0·868 / 6·038	0·883 / 6·676	0·896 / 7·314	0·908 / 7·954	0·919 / 8·604	0·930 / 9·262	0·940 / 9·926	0·949 / 10·59	0·957 / 11·25	0·964 / 11·91	0·970 / 12·57	0·976 / 13·23	0·983 / 13·90	0·991 / 15·22
1·4	0·917 / 5·831	0·937 / 6·522	0·954 / 7·213	0·969 / 7·907	0·982 / 8·602	0·994 / 9·300	1·005 / 10·01	1·016 / 10·72	1·024 / 11·43	1·033 / 12·14	1·040 / 12·85	1·048 / 13·57	1·055 / 14·30	1·062 / 15·04	1·071 / 16·45
1·6	0·980 / 6·233	1·002 / 6·971	1·020 / 7·711	1·036 / 8·452	1·050 / 9·198	1·063 / 9·948	1·074 / 10·70	1·085 / 11·46	1·095 / 12·22	1·104 / 12·98	1·112 / 13·74	1·120 / 14·51	1·127 / 15·28	1·134 / 16·06	1·145 / 17·59
1·8	1·040 / 6·614	1·063 / 7·390	1·081 / 8·171	1·097 / 8·951	1·112 / 9·741	1·126 / 10·54	1·139 / 11·34	1·151 / 12·15	1·163 / 12·97	1·172 / 13·78	1·181 / 14·60	1·189 / 15·41	1·197 / 16·23	1·204 / 17·05	1·215 / 18·66
2·0	1·098 / 6·971	1·120 / 7·793	1·140 / 8·618	1·157 / 9·443	1·173 / 10·27	1·188 / 11·12	1·202 / 11·97	1·214 / 12·82	1·226 / 13·67	1·235 / 14·52	1·244 / 15·37	1·253 / 16·23	1·261 / 17·10	1·269 / 17·97	1·280 / 19·66
2·2	1·151 / 7·320	1·176 / 8·174	1·198 / 9·034	1·213 / 9·898	1·230 / 10·77	1·246 / 11·66	1·260 / 12·55	1·273 / 13·44	1·286 / 14·34	1·295 / 15·23	1·304 / 16·13	1·313 / 17·06	1·322 / 17·99	1·331 / 18·93	1·343 / 20·63
2·4	1·200 / 7·631	1·227 / 8·531	1·248 / 9·434	1·267 / 10·34	1·284 / 11·25	1·300 / 12·17	1·316 / 13·10	1·329 / 14·03	1·341 / 14·96	1·352 / 15·89	1·362 / 16·83	1·372 / 17·77	1·381 / 18·72	1·390 / 19·68	1·403 / 21·55
2·6	1·250 / 7·950	1·277 / 8·885	1·299 / 9·820	1·319 / 10·76	1·337 / 11·71	1·354 / 12·67	1·369 / 13·63	1·383 / 14·60	1·395 / 15·58	1·407 / 16·55	1·418 / 17·53	1·428 / 18·51	1·438 / 19·50	1·448 / 20·50	1·460 / 22·42
2·8	1·297 / 8·249	1·325 / 9·224	1·348 / 10·20	1·368 / 11·18	1·387 / 12·15	1·404 / 13·14	1·420 / 14·14	1·435 / 15·15	1·449 / 16·16	1·461 / 17·07	1·472 / 18·19	1·482 / 19·21	1·492 / 20·23	1·502 / 21·26	1·515 / 23·27
3·0	1·342 / 8·535	1·372 / 9·537	1·396 / 10·54	1·417 / 11·56	1·437 / 12·59	1·454 / 13·62	1·471 / 14·65	1·488 / 15·69	1·500 / 16·73	1·512 / 17·77	1·523 / 18·82	1·534 / 19·88	1·546 / 20·95	1·556 / 22·02	1·568 / 24·08

CLASS III. ($n = 0.035$.)

Mean Velocities and Quantities of Discharge per Second.

For a Depth of Water of 1·4.

For Bottom-Width of

Fall per thousand.	5·0	5·5	6·0	6·5	7·0	7·5	8·0	8·5	9·0	9·5	10	11	12	13	14
0·05	0·201 1·998	0·204 2·172	0·207 2·347	0·209 2·523	0·212 2·700	0·214 2·877	0·216 3·054	0·217 3·231	0·219 3·408	0·221 3·590	0·223 3·774	0·225 4·125	0·227 4·481	0·229 4·842	0·231 5·207
0·1	0·284 2·823	0·288 3·066	0·292 3·310	0·295 3·553	0·298 3·797	0·301 4·047	0·304 4·298	0·306 4·549	0·309 4·800	0·311 5·051	0·313 5·303	0·317 5·810	0·320 6·314	0·323 6·821	0·326 7·325
0·2	0·402 3·996	0·408 4·340	0·413 4·684	0·418 5·030	0·422 5·376	0·426 5·727	0·430 6·080	0·434 6·435	0·437 6·790	0·440 7·147	0·443 7·504	0·448 8·210	0·452 8·923	0·456 9·643	0·460 10·37
0·3	0·492 4·891	0·499 5·307	0·505 5·727	0·511 6·148	0·516 6·574	0·521 7·004	0·526 7·437	0·531 7·873	0·535 8·310	0·539 8·746	0·542 9·183	0·548 10·06	0·554 10·93	0·559 11·81	0·563 12·69
0·4	0·568 5·645	0·577 6·132	0·584 6·620	0·590 7·106	0·596 7·595	0·602 8·096	0·609 8·598	0·613 9·099	0·618 9·600	0·622 10·10	0·626 10·60	0·633 11·60	0·639 12·61	0·645 13·63	0·650 14·65
0·5	0·635 6·312	0·644 6·852	0·652 7·394	0·669 7·936	0·666 8·484	0·673 9·041	0·679 9·600	0·685 10·16	0·691 10·73	0·696 11·29	0·700 11·86	0·708 12·98	0·716 14·11	0·721 15·25	0·727 16·39
0·6	0·696 6·918	0·706 7·504	0·714 8·097	0·722 8·695	0·730 9·300	0·738 9·912	0·746 10·53	0·751 11·14	0·757 11·76	0·762 12·37	0·767 12·99	0·776 14·22	0·783 15·45	0·790 16·69	0·796 17·94
0·7	0·751 7·470	0·763 8·115	0·773 8·760	0·781 9·405	0·789 10·05	0·797 10·71	0·804 11·37	0·811 12·03	0·817 12·70	0·823 13·36	0·828 14·02	0·837 15·36	0·846 16·70	0·853 18·04	0·860 19·38
0·8	0·803 7·982	0·816 8·667	0·825 9·356	0·834 10·05	0·843 10·74	0·852 11·44	0·860 12·15	0·867 12·86	0·873 13·57	0·879 14·28	0·886 14·99	0·896 16·41	0·904 17·84	0·912 19·27	0·920 20·73

(cxix)

0·9	0·852 8·468	0·864 9·190	0·876 9·922	0·886 10·66	0·895 11·40	0·904 12·14	0·912 12·89	0·920 13·64	0·927 14·40	0·933 15·15	0·939 15·91	0·949 17·41	0·959 18·93	0·969 20·46	0·978 22·00
1·0	0·888 8·927	0·911 9·682	0·922 10·45	0·933 11·23	0·943 12·01	0·952 12·80	0·961 13·59	0·969 14·38	0·977 15·18	0·984 15·97	0·990 16·77	1·001 18·36	1·011 19·96	1·020 21·57	1·029 23·19
1·2	0·964 9·781	0·999 10·62	1·011 11·46	1·022 12·31	1·033 13·16	1·043 14·02	1·053 14·89	1·062 15·76	1·070 16·63	1·077 17·49	1·084 18·36	1·096 20·09	1·107 21·85	1·117 23·61	1·127 25·40
1·4	1·063 10·56	1·079 11·47	1·092 12·38	1·104 13·30	1·116 14·22	1·127 15·15	1·137 16·08	1·147 17·01	1·155 17·95	1·163 18·89	1·171 19·84	1·184 21·71	1·196 23·61	1·207 25·51	1·217 27·43
1·6	1·136 11·29	1·153 12·26	1·167 13·23	1·180 14·21	1·193 15·20	1·206 16·19	1·216 17·19	1·227 18·19	1·236 19·20	1·244 20·20	1·252 21·21	1·265 23·21	1·278 25·23	1·290 27·26	1·301 29·32
1·8	1·205 11·98	1·223 12·91	1·239 14·05	1·252 15·08	1·265 16·12	1·277 17·17	1·289 18·22	1·300 19·28	1·310 20·35	1·319 21·42	1·328 22·50	1·343 24·63	1·356 26·78	1·370 28·96	1·383 31·17
2·0	1·270 12·62	1·289 13·71	1·305 14·80	1·319 15·89	1·333 16·99	1·346 18·10	1·359 19·22	1·371 20·34	1·381 21·46	1·391 22·58	1·400 23·71	1·415 25·95	1·429 28·21	1·443 30·48	1·454 32·77
2·2	1·332 13·24	1·352 14·38	1·369 15·52	1·384 16·66	1·398 17·81	1·411 18·96	1·423 20·12	1·436 21·30	1·447 22·48	1·458 23·67	1·468 24·86	1·484 27·20	1·498 29·57	1·512 31·96	1·526 34·37
2·4	1·391 13·82	1·412 15·01	1·429 16·20	1·446 17·40	1·460 18·60	1·476 19·82	1·489 21·05	1·502 22·28	1·513 23·51	1·523 24·74	1·533 25·97	1·550 28·43	1·566 30·91	1·580 33·41	1·593 35·91
2·6	1·448 14·39	1·470 15·63	1·488 16·87	1·504 18·12	1·520 19·37	1·636 20·63	1·649 21·90	1·663 23·18	1·674 24·46	1·686 25·74	1·696 27·03	1·613 29·58	1·629 32·16	1·644 34·75	1·658 37·37
2·8	1·503 14·94	1·526 16·22	1·544 17·51	1·561 18·80	1·577 20·09	1·593 21·41	1·608 22·73	1·622 24·06	1·634 25·39	1·645 26·72	1·656 28·05	1·674 30·70	1·690 33·36	1·706 36·06	1·721 38·79
3·0	1·557 15·48	1·579 16·80	1·598 18·12	1·616 19·46	1·633 20·80	1·649 22·16	1·664 23·53	1·678 24·90	1·691 26·28	1·703 27·62	1·714 29·03	1·732 31·75	1·748 34·52	1·765 37·32	1·781 40·14

CLASS III. ($n = 0.035$.)

MEAN VELOCITIES AND QUANTITIES OF DISCHARGE PER SECOND.

For a Depth of Water of 1·6,
For Bottom-Widths of

Fall per thousand.	7·0	7·5	8·0	8·5	9·0	9·5	10	11	12	13	14	15	16	17	18
0·05	0·231 3·474	0·234 3·699	0·236 3·924	0·238 4·150	0·240 4·377	0·242 4·607	0·244 4·840	0·247 5·302	0·250 5·760	0·252 6·215	0·254 6·670	0·256 7·130	0·258 7·590	0·260 8·051	0·261 8·519
0·1	0·323 4·857	0·327 5·174	0·330 5·491	0·333 5·810	0·336 6·129	0·339 6·454	0·342 6·786	0·346 7·397	0·348 8·018	0·351 8·649	0·354 9·290	0·357 9·940	0·360 10·59	0·362 11·23	0·364 11·88
0·2	0·459 6·904	0·463 7·336	0·467 7·771	0·471 8·208	0·474 8·646	0·477 9·085	0·480 9·524	0·488 10·41	0·490 11·29	0·494 12·18	0·498 13·07	0·502 13·97	0·505 14·87	0·606 15·77	0·611 16·68
0·3	0·562 8·453	0·667 8·985	0·572 9·517	0·576 10·05	0·580 10·58	0·584 11·11	0·587 11·65	0·594 12·73	0·599 13·81	0·604 14·89	0·609 15·98	0·614 17·07	0·618 18·16	0·621 19·26	0·624 20·36
0·4	0·649 9·761	0·655 10·37	0·660 10·98	0·666 11·59	0·669 12·20	0·673 12·81	0·677 13·43	0·685 14·67	0·681 15·91	0·696 17·15	0·701 18·39	0·706 19·64	0·710 20·89	0·714 22·14	0·717 23·40
0·5	0·723 10·87	0·730 11·56	0·737 12·26	0·744 12·95	0·749 13·64	0·753 14·33	0·757 15·02	0·764 16·39	0·770 17·76	0·776 19·14	0·782 20·52	0·787 21·91	0·791 23·30	0·795 24·69	0·799 26·08
0·6	0·792 11·91	0·800 12·66	0·808 13·42	0·815 14·18	0·820 14·94	0·826 15·70	0·830 16·46	0·837 17·95	0·844 19·45	0·850 20·95	0·856 22·46	0·862 23·97	0·867 25·49	0·871 27·02	0·876 28·56
0·7	0·856 12·87	0·864 13·69	0·872 14·51	0·880 15·32	0·886 16·13	0·891 16·95	0·896 17·77	0·904 19·39	0·911 21·01	0·818 22·64	0·925 24·27	0·931 25·91	0·936 27·55	0·941 29·19	0·945 30·84
0·8	0·916 13·76	0·924 14·64	0·933 15·52	0·941 16·39	0·947 17·26	0·953 18·13	0·958 19·00	0·966 20·73	0·974 22·47	0·982 24·21	0·989 25·95	0·995 27·70	1·001 29·46	1·006 31·23	1·011 33·00

(cxxi)

0·9	0·970 / 14·59	0·980 / 15·52	0·989 / 16·45	0·997 / 17·38	1·004 / 18·31	1·010 / 19·23	1·016 / 20·15	1·025 / 21·99	1·033 / 23·83	1·041 / 25·67	1·049 / 27·52	1·056 / 29·38	1·063 / 31·24	1·067 / 33·11	1·072 / 34·98
1·0	1·023 / 15·38	1·034 / 16·37	1·044 / 17·36	1·053 / 18·34	1·050 / 19·31	1·086 / 20·28	1·071 / 21·24	1·080 / 23·16	1·089 / 25·09	1·087 / 27·03	1·106 / 28·99	1·112 / 30·96	1·119 / 32·93	1·126 / 34·90	1·130 / 36·88
1·2	1·120 / 16·84	1·131 / 17·91	1·141 / 18·98	1·160 / 20·05	1·158 / 21·12	1·166 / 22·19	1·173 / 23·27	1·183 / 25·38	1·183 / 27·50	1·202 / 29·63	1·211 / 31·77	1·219 / 33·92	1·228 / 36·08	1·232 / 38·24	1·238 / 40·41
1·4	1·209 / 18·18	1·222 / 19·34	1·234 / 20·50	1·244 / 21·66	1·253 / 22·82	1·260 / 23·98	1·267 / 25·13	1·278 / 27·42	1·289 / 29·71	1·289 / 32·01	1·308 / 34·32	1·316 / 36·64	1·323 / 38·97	1·330 / 41·30	1·337 / 43·64
1·6	1·294 / 19·46	1·307 / 20·70	1·319 / 21·95	1·331 / 23·19	1·341 / 24·42	1·349 / 25·65	1·366 / 26·88	1·366 / 29·31	1·377 / 31·76	1·388 / 34·22	1·398 / 36·68	1·407 / 39·16	1·415 / 41·66	1·423 / 44·17	1·430 / 46·68
1·8	1·372 / 20·63	1·388 / 21·96	1·401 / 23·30	1·413 / 24·61	1·423 / 25·92	1·431 / 27·22	1·437 / 28·52	1·449 / 31·10	1·461 / 33·79	1·472 / 36·39	1·483 / 38·91	1·493 / 41·54	1·501 / 44·18	1·509 / 46·83	1·516 / 49·48
2·0	1·446 / 21·74	1·461 / 23·12	1·475 / 24·50	1·488 / 25·89	1·499 / 27·28	1·508 / 28·67	1·516 / 30·06	1·528 / 32·78	1·540 / 35·51	1·552 / 38·25	1·563 / 41·01	1·573 / 43·78	1·583 / 46·56	1·590 / 49·35	1·598 / 52·15
2·2	1·517 / 22·81	1·532 / 24·26	1·547 / 25·71	1·551 / 27·16	1·573 / 28·61	1·583 / 30·07	1·589 / 31·53	1·602 / 34·38	1·616 / 37·25	1·627 / 40·12	1·639 / 43·00	1·650 / 45·90	1·669 / 48·82	1·668 / 51·76	1·676 / 54·70
2·4	1·584 / 23·82	1·603 / 25·35	1·618 / 26·88	1·630 / 28·40	1·640 / 29·91	1·650 / 31·41	1·659 / 32·91	1·673 / 35·90	1·687 / 38·90	1·700 / 41·91	1·712 / 44·92	1·723 / 47·95	1·733 / 51·00	1·742 / 54·07	1·761 / 57·15
2·6	1·649 / 24·80	1·668 / 26·41	1·684 / 28·00	1·697 / 29·57	1·706 / 31·14	1·718 / 32·70	1·727 / 34·26	1·742 / 37·38	1·766 / 40·51	1·770 / 43·64	1·783 / 46·78	1·795 / 49·94	1·805 / 53·11	1·814 / 56·29	1·822 / 59·47
2·8	1·711 / 25·73	1·731 / 27·40	1·747 / 29·05	1·761 / 30·69	1·772 / 32·31	1·782 / 33·93	1·792 / 35·55	1·807 / 38·78	1·822 / 42·03	1·836 / 45·28	1·850 / 48·54	1·862 / 51·82	1·872 / 55·11	1·862 / 58·41	1·891 / 61·71
3·0	1·772 / 26·65	1·792 / 28·36	1·807 / 30·06	1·823 / 31·75	1·836 / 33·44	1·846 / 35·12	1·856 / 36·80	1·871 / 40·13	1·886 / 43·48	1·900 / 46·84	1·914 / 50·22	1·927 / 53·62	1·938 / 57·03	1·948 / 60·45	1·957 / 63·87

CLASS III. ($n = 0·035$.)

Mean Velocities and Quantities of Discharge per second.
For a Depth of Water of 1·8.
For Bottom-Widths of

Fall per thousand	9·0	9·5	10	11	12	13	14	15	16	17	18	19	20	21	22
0·05	0·259 / 5·455	0·261 / 5·733	0·263 / 6·012	0·267 / 6·572	0·270 / 7·133	0·273 / 7·695	0·276 / 8·259	0·277 / 8·825	0·279 / 9·493	0·281 / 10·06	0·283 / 10·64	0·285 / 11·23	0·287 / 11·73	0·288 / 12·33	0·289 / 12·93
0·1	0·367 / 7·603	0·364 / 7·996	0·367 / 8·389	0·372 / 9·175	0·377 / 9·961	0·381 / 10·75	0·384 / 11·53	0·387 / 12·32	0·390 / 13·10	0·392 / 13·89	0·394 / 14·68	0·396 / 15·47	0·398 / 16·26	0·400 / 17·05	0·402 / 17·84
0·2	0·508 / 10·70	0·511 / 11·22	0·514 / 11·75	0·520 / 12·84	0·526 / 13·93	0·531 / 15·02	0·536 / 16·11	0·540 / 17·20	0·544 / 18·30	0·547 / 19·40	0·550 / 20·50	0·553 / 21·61	0·556 / 22·72	0·558 / 23·83	0·560 / 24·94
0·3	0·620 / 13·05	0·624 / 13·70	0·628 / 14·35	0·636 / 15·67	0·641 / 16·99	0·647 / 18·31	0·653 / 19·63	0·658 / 20·96	0·663 / 22·30	0·667 / 23·65	0·671 / 25·00	0·675 / 26·35	0·678 / 27·70	0·681 / 29·05	0·683 / 30·40
0·4	0·713 / 15·01	0·718 / 15·77	0·723 / 16·53	0·731 / 18·05	0·739 / 19·57	0·746 / 21·09	0·753 / 22·62	0·758 / 24·15	0·763 / 25·68	0·768 / 27·21	0·772 / 28·74	0·776 / 30·28	0·779 / 31·82	0·782 / 33·36	0·784 / 34·90
0·5	0·799 / 16·83	0·804 / 17·66	0·809 / 18·49	0·818 / 20·18	0·826 / 21·88	0·834 / 23·58	0·841 / 25·28	0·847 / 26·98	0·853 / 28·69	0·858 / 30·41	0·863 / 32·13	0·867 / 33·85	0·871 / 35·58	0·876 / 37·31	0·878 / 39·04
0·6	0·875 / 18·42	0·881 / 19·33	0·886 / 20·25	0·896 / 22·11	0·905 / 23·97	0·913 / 25·83	0·921 / 27·69	0·928 / 29·56	0·934 / 31·44	0·940 / 33·32	0·945 / 35·20	0·950 / 37·08	0·954 / 38·97	0·958 / 40·86	0·962 / 42·75
0·7	0·945 / 19·90	0·951 / 20·89	0·957 / 21·88	0·968 / 23·88	0·978 / 25·89	0·987 / 27·90	0·995 / 29·91	1·002 / 31·92	1·009 / 33·94	1·016 / 35·97	1·021 / 38·01	1·028 / 40·06	1·031 / 42·13	1·035 / 44·19	1·039 / 46·25
0·8	1·010 / 21·27	1·017 / 22·33	1·023 / 23·39	1·035 / 25·54	1·046 / 27·69	1·055 / 29·84	1·064 / 31·99	1·072 / 34·15	1·079 / 36·32	1·086 / 38·49	1·091 / 40·67	1·097 / 42·85	1·102 / 45·03	1·107 / 47·21	1·111 / 49·39

0·9	1·072 22·58	1·079 23·69	1·085 24·80	1·092 27·07	1·109 29·35	1·119 31·63	1·128 33·91	1·135 36·19	1·144 38·48	1·151 40·78	1·157 43·09	1·163 45·40	1·168 47·72	1·173 50·04	1·178 52·36
1·0	1·230 23·79	1·137 24·97	1·144 26·15	1·157 28·55	1·169 30·96	1·180 33·37	1·190 35·78	1·199 38·20	1·207 40·62	1·214 43·05	1·220 45·48	1·225 47·91	1·233 50·34	1·237 52·77	1·242 55·20
1·2	1·237 26·05	1·246 27·34	1·253 28·64	1·258 31·27	1·281 33·90	1·293 36·53	1·302 39·16	1·312 41·80	1·321 44·45	1·329 47·11	1·336 49·77	1·343 52·44	1·349 55·12	1·355 57·80	1·361 60·48
1·4	1·337 28·16	1·345 29·54	1·353 30·93	1·369 33·76	1·383 36·60	1·395 39·44	1·407 42·29	1·417 45·14	1·427 48·00	1·436 50·87	1·444 53·75	1·451 56·64	1·457 59·54	1·463 62·44	1·469 65·35
1·6	1·429 30·09	1·438 31·58	1·447 33·07	1·464 36·10	1·479 39·14	1·492 42·18	1·504 45·22	1·515 48·27	1·526 51·33	1·534 54·40	1·543 57·48	1·551 60·57	1·558 63·66	1·565 66·75	1·571 69·84
1·8	1·516 31·93	1·526 33·51	1·535 35·09	1·553 38·31	1·569 41·53	1·584 44·76	1·597 47·99	1·608 51·22	1·618 54·46	1·627 57·71	1·638 60·97	1·644 64·23	1·652 67·50	1·659 70·77	1·665 74·04
2·0	1·598 33·65	1·608 35·32	1·618 36·99	1·637 40·37	1·654 43·76	1·669 47·16	1·682 50·56	1·694 53·97	1·705 57·39	1·715 60·82	1·725 64·26	1·734 67·71	1·742 71·17	1·749 74·64	1·756 78·11
2·2	1·675 35·27	1·685 37·03	1·697 38·79	1·717 42·34	1·734 45·90	1·750 49·46	1·764 53·03	1·777 56·61	1·789 60·20	1·800 63·80	1·810 67·41	1·819 71·03	1·827 74·65	1·836 78·28	1·842 81·91
2·4	1·750 36·85	1·761 38·67	1·772 40·50	1·793 44·21	1·811 47·93	1·827 51·66	1·842 55·39	1·855 59·13	1·869 62·88	1·880 66·64	1·890 70·41	1·900 74·19	1·909 78·00	1·917 81·80	1·924 85·60
2·6	1·821 38·35	1·833 40·26	1·845 42·18	1·866 46·04	1·885 49·91	1·902 53·79	1·918 57·67	1·932 61·56	1·945 65·46	1·955 69·37	1·967 73·29	1·977 77·22	1·985 81·15	1·995 85·08	2·003 89·01
2·8	1·890 39·80	1·902 41·77	1·914 43·75	1·935 47·76	1·956 51·78	1·974 55·81	1·990 59·84	2·005 63·88	2·018 67·93	2·030 71·99	2·041 76·06	2·051 80·13	2·061 84·21	2·070 88·29	2·078 92·37
3·0	1·957 41·21	1·970 43·26	1·982 45·31	2·005 49·45	2·026 53·60	2·043 57·76	2·060 61·93	2·075 66·11	2·089 70·30	2·101 74·50	2·112 78·71	2·122 82·91	2·132 87·11	2·142 91·31	2·151 95·51

(cxxiv)

CLASS III. ($n = 0.035$.)

Mean Velocities and Quantities of Discharge per second.

For a Depth of Water of 2·0.
For Bottom-Widths of

Fall per thousand.	12	13	14	15	16	17	18	19	20	21	22	23	24	25	26
0·05	0·290 8·700	0·293 9·394	0·298 10·07	0·299 10·75	0·301 11·43	0·303 12·12	0·305 12·81	0·307 13·50	0·309 14·20	0·311 14·90	0·312 15·60	0·313 16·29	0·315 16·99	0·316 17·69	0·317 18·39
0·1	0·402 12·06	0·406 13·00	0·410 13·95	0·414 14·90	0·417 15·85	0·420 16·80	0·423 17·76	0·426 18·72	0·428 19·68	0·430 20·64	0·432 21·60	0·434 22·57	0·436 23·55	0·438 24·53	0·440 25·52
0·2	0·560 16·82	0·566 18·13	0·571 19·44	0·576 20·75	0·581 22·06	0·585 23·38	0·588 24·69	0·591 26·00	0·594 27·31	0·597 28·63	0·599 29·95	0·601 31·26	0·603 32·57	0·605 33·89	0·607 35·21
0·3	0·684 20·52	0·691 22·12	0·698 23·72	0·704 25·32	0·709 26·93	0·714 28·54	0·718 30·14	0·722 31·75	0·725 33·36	0·728 34·97	0·731 36·50	0·734 38·20	0·738 39·84	0·741 41·49	0·744 43·15
0·4	0·790 23·70	0·797 25·51	0·803 27·33	0·809 29·16	0·815 30·99	0·820 32·83	0·826 34·68	0·830 36·53	0·835 38·38	0·839 40·23	0·842 42·08	0·845 43·94	0·848 45·80	0·851 47·66	0·854 49·53
0·5	0·879 26·37	0·887 28·41	0·895 30·45	0·902 32·50	0·909 34·55	0·915 36·60	0·920 38·66	0·925 40·72	0·930 42·78	0·934 44·84	0·938 46·90	0·942 48·96	0·946 51·02	0·948 53·09	0·951 55·16
0·6	0·963 28·89	0·972 31·13	0·981 33·37	0·989 35·62	0·996 37·87	1·003 40·12	1·009 42·37	1·014 44·62	1·019 46·87	1·023 49·12	1·027 51·38	1·031 53·65	1·035 55·93	1·039 58·21	1·043 60·49
0·7	1·040 31·20	1·050 33·60	1·059 36·01	1·067 38·43	1·076 40·85	1·082 43·28	1·088 45·72	1·094 48·16	1·100 50·60	1·106 53·05	1·110 55·50	1·114 57·95	1·118 60·40	1·122 62·85	1·126 65·31
0·8	1·112 33·36	1·122 35·94	1·132 38·52	1·141 41·10	1·149 43·69	1·157 46·28	1·164 48·88	1·170 51·48	1·176 54·08	1·181 56·69	1·186 59·30	1·191 61·91	1·196 64·53	1·199 67·15	1·203 69·77

0.9	1·186 35·40	1·191 38·12	1·201 40·85	1·210 43·59	1·219 46·33	1·227 49·08	1·234 51·84	1·241 54·60	1·247 57·36	1·253 60·13	1·258 62·90	1·263 65·67	1·268 68·45	1·272 71·23	1·276 74·01
1.0	1·243 37·29	1·255 40·16	1·266 43·04	1·276 45·93	1·286 48·82	1·293 51·72	1·301 54·63	1·308 57·54	1·314 60·46	1·320 63·38	1·326 66·30	1·331 69·23	1·336 72·17	1·341 75·12	1·346 78·07
1.2	1·362 40·86	1·376 44·01	1·387 47·17	1·398 50·33	1·408 53·50	1·417 56·68	1·425 59·87	1·433 63·06	1·440 66·25	1·447 69·45	1·453 72·65	1·459 75·86	1·464 79·07	1·469 82·28	1·474 85·49
1.4	1·471 44·13	1·485 47·53	1·498 50·94	1·510 54·35	1·520 57·77	1·530 61·20	1·539 64·64	1·548 68·09	1·556 71·54	1·563 74·99	1·569 78·45	1·575 81·92	1·581 85·39	1·587 88·86	1·592 92·34
1.6	1·573 47·19	1·586 50·82	1·602 54·46	1·616 58·11	1·626 61·77	1·636 65·44	1·646 69·12	1·655 72·80	1·663 76·48	1·670 80·16	1·677 83·85	1·684 87·55	1·690 91·26	1·696 94·99	1·702 98·72
1.8	1·668 50·04	1·686 53·90	1·699 57·77	1·712 61·64	1·724 65·52	1·735 69·40	1·745 73·29	1·755 77·19	1·764 81·10	1·772 85·02	1·779 88·95	1·786 92·88	1·793 96·82	1·799 100·7	1·805 104·7
2.0	1·768 52·74	1·776 56·82	1·791 60·91	1·805 65·00	1·818 69·10	1·830 73·20	1·840 77·31	1·850 81·42	1·859 85·53	1·867 89·64	1·876 93·75	1·883 97·87	1·890 102·1	1·897 106·2	1·903 110·4
2.2	1·844 55·32	1·852 59·60	1·878 63·89	1·893 68·19	1·907 72·50	1·920 76·80	1·931 81·11	1·941 85·42	1·950 89·73	1·959 94·04	1·967 98·35	1·975 102·7	1·982 107·0	1·989 111·4	1·996 115·8
2.4	1·926 57·78	1·945 62·24	1·962 66·71	1·977 71·19	1·991 75·67	2·004 80·16	2·016 84·65	2·026 89·15	2·036 93·66	2·046 98·17	2·054 102·7	2·062 107·2	2·070 111·7	2·077 116·3	2·084 120·9
2.6	2·005 60·15	2·025 64·78	2·042 69·42	2·058 74·07	2·072 78·73	2·085 83·40	2·097 88·09	2·109 92·79	2·120 97·40	2·130 102·1	2·139 106·9	2·147 111·6	2·155 116·3	2·163 121·1	2·170 125·9
2.8	2·080 62·40	2·101 67·22	2·119 72·05	2·135 76·88	2·150 81·72	2·164 86·56	2·177 91·41	2·189 96·27	2·200 101·2	2·210 106·0	2·219 110·9	2·228 115·8	2·236 120·7	2·244 125·6	2·251 130·5
3.0	2·154 64·62	2·176 69·60	2·193 74·59	2·210 79·58	2·228 84·58	2·240 89·60	2·253 94·65	2·265 99·70	2·276 104·7	2·287 109·7	2·297 114·8	2·306 119·8	2·314 124·9	2·322 130·0	2·330 135·1

(cxxvi)

CLASS III. ($n = 0.035$.)

Mean Velocities and Quantities of Discharge per second.

For a Depth of Water of 2·2.
For Bottom-Widths of

Fall per thousand.	16	17	18	19	20	21	22	23	24	25	26	27	28	29	30
0·05	0·320 13·59	0·322 14·40	0·324 15·21	0·326 16·02	0·328 16·84	0·330 17·66	0·332 18·49	0·334 19·32	0·336 20·15	0·338 20·98	0·339 21·82	0·340 22·65	0·341 23·48	0·342 24·31	0·343 25·14
0·1	0·442 18·77	0·446 19·90	0·450 21·03	0·453 22·16	0·455 23·29	0·457 24·43	0·459 25·56	0·461 26·69	0·463 27·83	0·465 28·97	0·467 30·10	0·469 31·23	0·470 32·35	0·471 33·47	0·472 34·58
0·2	0·613 26·02	0·618 27·57	0·622 29·12	0·626 30·67	0·629 32·22	0·632 33·78	0·635 35·35	0·638 36·92	0·641 38·50	0·644 40·08	0·647 41·66	0·649 43·23	0·651 44·79	0·653 46·35	0·654 47·91
0·3	0·746 31·67	0·752 33·56	0·757 35·46	0·762 37·36	0·766 39·26	0·770 41·16	0·774 43·07	0·776 44·98	0·781 46·90	0·784 48·82	0·787 50·73	0·790 52·63	0·792 54·53	0·794 56·43	0·796 58·32
0·4	0·861 36·56	0·867 38·73	0·872 40·90	0·877 43·07	0·882 45·24	0·887 47·42	0·891 49·60	0·895 51·78	0·899 53·96	0·902 56·14	0·905 58·33	0·908 60·53	0·911 62·74	0·914 64·95	0·917 67·17
0·5	0·959 40·72	0·966 43·14	0·972 45·56	0·978 47·98	0·983 50·40	0·988 52·82	0·992 55·25	0·996 57·68	1·000 60·11	1·004 62·54	1·008 64·97	1·011 67·41	1·014 69·85	1·017 72·29	1·020 74·73
0·6	1·051 44·52	1·058 47·18	1·065 49·84	1·071 52·50	1·077 55·17	1·082 57·84	1·087 60·50	1·092 63·16	1·096 65·83	1·100 68·50	1·104 71·17	1·108 73·83	1·111 76·50	1·114 79·16	1·117 81·83
0·7	1·135 48·19	1·143 51·04	1·150 53·90	1·157 56·76	1·163 59·62	1·169 62·49	1·174 65·37	1·179 68·25	1·184 71·13	1·189 74·01	1·193 76·90	1·197 79·78	1·201 82·66	1·204 85·54	1·207 88·43
0·8	1·213 51·50	1·221 54·56	1·229 57·62	1·237 60·68	1·244 63·75	1·250 66·82	1·256 69·89	1·261 72·96	1·266 76·03	1·271 79·11	1·275 82·19	1·279 85·27	1·283 88·35	1·287 91·43	1·290 94·51

(cxxvii)

0·9	1·297 54·65	1·286 57·89	1·304 61·14	1·312 64·39	1·319 67·64	1·326 70·89	1·332 74·14	1·337 77·39	1·342 80·64	1·347 83·90	1·362 87·16	1·357 90·42	1·361 93·68	1·385 96·94	1·385 100·2
1·0	1·357 57·62	1·360 61·03	1·376 64·44	1·383 67·85	1·380 71·26	1·397 74·68	1·403 78·11	1·409 81·54	1·416 84·97	1·420 88·41	1·425 91·85	1·430 95·30	1·435 98·76	1·439 102·2	1·443 105·7
1·2	1·466 63·10	1·496 66·84	1·506 70·59	1·516 74·34	1·523 78·09	1·531 81·85	1·539 85·61	1·544 89·38	1·550 93·15	1·560 96·92	1·561 100·7	1·566 104·5	1·566 108·3	1·576 112·1	1·581 115·8
1·4	1·605 68·16	1·616 72·19	1·628 76·23	1·636 80·27	1·646 84·32	1·653 88·37	1·660 92·43	1·667 96·49	1·674 100·6	1·681 104·6	1·687 108·7	1·692 112·7	1·697 116·8	1·702 120·9	1·707 125·0
1·6	1·716 72·86	1·728 77·20	1·739 81·54	1·750 85·88	1·760 90·23	1·769 94·58	1·777 99·02	1·784 103·3	1·791 107·6	1·797 111·9	1·803 116·3	1·809 120·6	1·814 124·9	1·819 129·3	1·824 133·7
1·8	1·820 77·27	1·833 81·85	1·844 86·43	1·855 91·02	1·866 95·61	1·874 100·2	1·883 104·8	1·891 109·4	1·899 114·0	1·906 118·6	1·913 123·2	1·919 127·8	1·925 132·4	1·930 137·0	1·935 141·7
2·0	1·916 81·43	1·931 86·25	1·944 91·08	1·956 95·92	1·966 100·7	1·976 105·6	1·986 110·4	1·993 115·2	2·001 120·1	2·008 125·0	2·015 129·9	2·022 134·7	2·028 139·6	2·034 144·5	2·040 149·4
2·2	2·012 85·43	2·028 90·50	2·039 95·57	2·051 100·6	2·062 105·7	2·072 110·8	2·082 115·9	2·091 121·0	2·099 126·1	2·107 131·2	2·114 136·3	2·121 141·4	2·127 146·5	2·133 151·6	2·139 156·7
2·4	2·101 89·21	2·116 94·51	2·130 99·81	2·143 105·1	2·156 110·4	2·165 115·7	2·174 121·0	2·183 126·3	2·192 131·6	2·200 136·9	2·208 142·3	2·215 147·6	2·222 153·0	2·228 158·3	2·234 163·7
2·6	2·187 92·85	2·202 98·40	2·216 103·9	2·230 109·5	2·243 115·0	2·254 120·6	2·264 126·1	2·273 131·6	2·282 137·1	2·290 142·6	2·298 148·1	2·306 153·6	2·313 159·2	2·319 164·7	2·326 170·3
2·8	2·270 96·38	2·286 102·1	2·301 107·8	2·315 113·5	2·328 119·2	2·339 125·0	2·349 130·7	2·359 136·4	2·368 142·1	2·377 147·9	2·385 153·7	2·393 159·4	2·400 165·2	2·407 170·9	2·413 176·7
3·0	2·350 99·77	2·367 105·7	2·382 111·6	2·396 117·5	2·408 123·4	2·420 129·4	2·431 135·3	2·441 141·2	2·451 147·1	2·460 153·1	2·469 159·1	2·477 165·0	2·484 171·0	2·491 177·0	2·498 183·0

CLASS III. ($n = 0.035$.)

Mean Velocities and Quantities of Discharge per second.

For a Depth of Water of 2·4.

For Bottom-Widths of

Fall per thousand.	20	21	22	23	24	25	26	27	28	29	30	31	32	33	34
0·05	0·349 19·76	0·351 20·72	0·353 21·69	0·355 22·66	0·357 23·63	0·359 24·60	0·361 25·56	0·362 26·53	0·363 27·50	0·364 28·47	0·365 29·44	0·366 30·41	0·367 31·38	0·368 32·35	0·369 33·31
0·1	0·480 27·19	0·483 28·50	0·486 29·81	0·488 31·13	0·490 32·45	0·492 33·77	0·494 35·10	0·496 36·44	0·498 37·78	0·500 39·11	0·502 40·44	0·503 41·76	0·504 43·06	0·505 44·36	0·506 45·65
0·2	0·668 37·89	0·669 39·64	0·672 41·40	0·675 43·17	0·678 44·95	0·681 46·74	0·683 48·55	0·686 50·36	0·688 52·17	0·690 53·99	0·692 55·81	0·694 57·62	0·696 59·44	0·698 61·26	0·699 63·08
0·3	0·810 45·87	0·814 48·08	0·818 50·29	0·822 52·50	0·826 54·70	0·829 56·90	0·832 59·10	0·836 61·30	0·838 63·50	0·840 65·70	0·842 67·90	0·844 70·09	0·846 72·27	0·848 74·44	0·849 76·61
0·4	0·930 52·67	0·935 55·19	0·940 57·71	0·944 60·23	0·948 62·75	0·951 65·28	0·954 67·80	0·957 70·32	0·960 72·84	0·963 75·37	0·966 77·90	0·969 80·44	0·972 83·00	0·975 85·58	0·977 88·17
0·5	1·037 58·73	1·042 61·52	1·047 64·32	1·052 67·12	1·056 69·93	1·060 72·76	1·064 75·59	1·068 78·42	1·072 81·25	1·075 84·08	1·078 86·92	1·081 89·76	1·084 92·59	1·087 95·43	1·089 98·27
0·6	1·136 64·34	1·142 67·42	1·147 70·50	1·152 73·58	1·157 76·67	1·162 79·76	1·166 82·85	1·170 85·94	1·174 89·04	1·178 92·14	1·181 95·24	1·184 98·33	1·187 101·4	1·190 104·5	1·193 107·6
0·7	1·227 69·50	1·233 72·80	1·239 76·11	1·244 79·42	1·249 82·74	1·254 86·08	1·259 89·42	1·263 92·76	1·267 96·10	1·271 99·45	1·276 102·8	1·279 106·1	1·282 109·4	1·285 112·8	1·288 116·2
0·8	1·312 74·32	1·318 77·85	1·324 81·39	1·330 84·93	1·336 88·48	1·341 92·04	1·346 95·61	1·351 99·18	1·355 102·8	1·359 106·3	1·363 109·9	1·367 113·4	1·371 117·0	1·374 120·6	1·377 124·2

(cxxix)

0·9	1·391 / 78·78	1·398 / 82·56	1·406 / 86·34	1·411 / 90·12	1·417 / 93·90	1·423 / 97·68	1·426 / 101·5	1·433 / 105·3	1·438 / 109·1	1·443 / 112·8	1·446 / 116·6	1·450 / 120·4	1·464 / 124·2	1·456 / 128·0	1·461 / 131·8
1·0	1·467 / 83·08	1·474 / 87·03	1·481 / 90·99	1·487 / 94·95	1·493 / 98·92	1·499 / 102·9	1·505 / 106·9	1·510 / 110·9	1·516 / 114·9	1·520 / 118·9	1·525 / 122·9	1·529 / 126·9	1·533 / 130·9	1·537 / 134·9	1·540 / 138·9
1·2	1·607 / 91·01	1·615 / 95·37	1·622 / 99·73	1·629 / 104·0	1·636 / 108·4	1·643 / 112·8	1·649 / 117·1	1·654 / 121·4	1·659 / 125·8	1·664 / 130·2	1·669 / 134·6	1·674 / 139·0	1·679 / 143·4	1·683 / 147·8	1·687 / 152·2
1·4	1·735 / 98·27	1·744 / 103·0	1·752 / 107·6	1·760 / 112·3	1·767 / 117·0	1·774 / 121·7	1·781 / 126·4	1·787 / 131·1	1·793 / 135·9	1·799 / 140·7	1·804 / 145·5	1·809 / 150·3	1·814 / 155·0	1·818 / 159·7	1·822 / 164·4
1·6	1·856 / 105·1	1·864 / 110·1	1·873 / 115·1	1·881 / 120·1	1·889 / 125·1	1·897 / 130·2	1·904 / 135·2	1·910 / 140·2	1·916 / 145·3	1·922 / 150·4	1·928 / 155·5	1·933 / 160·6	1·936 / 165·7	1·943 / 170·8	1·946 / 175·8
1·8	1·968 / 111·4	1·978 / 116·7	1·987 / 122·0	1·996 / 127·3	2·004 / 132·7	2·012 / 138·1	2·019 / 143·4	2·026 / 148·7	2·033 / 154·1	2·039 / 159·5	2·046 / 164·9	2·051 / 170·2	2·056 / 175·6	2·061 / 181·0	2·066 / 186·4
2·0	2·074 / 117·4	2·084 / 123·0	2·094 / 128·6	2·103 / 134·2	2·112 / 139·8	2·120 / 145·5	2·128 / 151·1	2·136 / 156·7	2·142 / 162·4	2·149 / 168·1	2·156 / 173·8	2·162 / 179·4	2·167 / 185·1	2·172 / 190·8	2·177 / 196·5
2·2	2·176 / 123·2	2·186 / 129·0	2·196 / 134·9	2·206 / 140·8	2·216 / 146·7	2·224 / 152·6	2·232 / 158·5	2·240 / 164·4	2·247 / 170·3	2·254 / 176·3	2·261 / 182·3	2·267 / 188·2	2·273 / 194·2	2·279 / 200·2	2·284 / 206·2
2·4	2·272 / 128·7	2·283 / 134·8	2·294 / 140·9	2·304 / 147·0	2·313 / 153·1	2·322 / 159·3	2·331 / 165·5	2·339 / 171·7	2·347 / 177·9	2·354 / 184·1	2·361 / 190·3	2·368 / 196·5	2·374 / 202·7	2·380 / 208·9	2·385 / 215·2
2·6	2·364 / 133·9	2·376 / 140·3	2·387 / 146·7	2·397 / 153·1	2·407 / 159·5	2·417 / 165·9	2·426 / 172·3	2·434 / 178·7	2·442 / 185·2	2·450 / 191·7	2·458 / 198·2	2·466 / 204·6	2·471 / 211·1	2·477 / 217·6	2·483 / 224·1
2·8	2·454 / 139·0	2·466 / 145·6	2·478 / 152·2	2·489 / 158·8	2·499 / 165·5	2·509 / 172·2	2·516 / 178·8	2·527 / 185·5	2·535 / 192·2	2·543 / 198·9	2·550 / 205·6	2·557 / 212·3	2·564 / 219·0	2·570 / 225·7	2·576 / 232·4
3·0	2·540 / 143·9	2·553 / 150·7	2·565 / 157·5	2·576 / 164·4	2·587 / 171·3	2·597 / 178·2	2·607 / 185·1	2·616 / 192·0	2·624 / 198·9	2·632 / 205·9	2·640 / 212·9	2·647 / 219·8	2·654 / 226·7	2·661 / 233·6	2·687 / 240·6

CLASS III. ($n = 0.035$.)

Mean Velocities and Quantities of Discharge per second.

For a Depth of Water of 2·6.

For Bottom-Widths of

Fall per thousand.	26	27	28	29	30	31	32	33	34	35	36	37	38	39	40
0·05	0·380 29·54	0·383 30·65	0·384 31·76	0·385 32·87	0·386 33·98	0·387 35·10	0·388 36·21	0·389 37·32	0·390 38·44	0·391 39·56	0·392 40·68	0·393 41·80	0·394 42·93	0·395 44·06	0·396 45·19
0·1	0·520 40·42	0·522 41·93	0·524 43·44	0·526 44·96	0·528 46·48	0·529 48·00	0·530 49·52	0·632 51·05	0·633 52·59	0·635 54·13	0·636 55·66	0·637 57·18	0·639 58·70	0·540 60·22	0·541 61·74
0·2	0·721 56·05	0·724 58·12	0·726 60·20	0·728 62·28	0·730 64·36	0·732 66·44	0·734 68·52	0·736 70·60	0·737 72·68	0·739 74·76	0·741 76·84	0·743 78·92	0·744 81·00	0·745 82·09	0·746 85·18
0·3	0·873 67·87	0·876 70·37	0·879 72·87	0·882 75·38	0·884 77·89	0·886 80·40	0·888 82·92	0·890 85·45	0·892 87·98	0·895 90·51	0·897 93·04	0·899 95·58	0·901 98·12	0·902 100·6	0·903 103·2
0·4	1·005 78·13	1·008 81·01	1·011 83·89	1·014 86·78	1·017 89·67	1·020 92·56	1·023 95·44	1·026 98·33	1·028 101·2	1·031 104·1	1·033 107·0	1·035 109·9	1·037 112·8	1·039 115·7	1·040 118·7
0·5	1·120 87·08	1·124 90·30	1·128 93·52	1·131 96·74	1·134 100·0	1·137 103·2	1·140 106·4	1·143 109·6	1·146 112·8	1·149 116·0	1·151 119·3	1·153 122·5	1·155 125·7	1·157 129·0	1·159 132·3
0·6	1·227 95·39	1·231 98·89	1·235 102·4	1·239 105·9	1·242 109·5	1·245 112·9	1·248 116·4	1·251 119·9	1·254 123·4	1·257 127·0	1·260 130·6	1·263 134·1	1·266 137·7	1·267 141·3	1·269 144·9
0·7	1·325 103·0	1·329 106·7	1·333 110·5	1·337 114·3	1·341 118·1	1·345 121·9	1·349 125·8	1·352 129·6	1·355 133·4	1·357 137·2	1·359 141·0	1·361 144·8	1·363 148·5	1·365 152·2	1·366 155·9
0·8	1·416 110·1	1·421 114·1	1·426 118·1	1·430 122·2	1·434 126·3	1·438 130·4	1·441 134·4	1·444 138·4	1·447 142·5	1·450 146·6	1·453 150·7	1·456 154·7	1·459 158·8	1·461 162·9	1·463 167·0

(cxxxi)

0·9	1·502 / 116·7	1·507 / 121·1	1·512 / 125·4	1·516 / 129·7	1·520 / 134·0	1·524 / 138·3	1·528 / 142·6	1·531 / 146·9	1·534 / 151·2	1·537 / 155·5	1·540 / 159·8	1·543 / 164·1	1·546 / 168·4	1·549 / 172·7	1·551 / 177·0
1·0	1·583 / 123·0	1·589 / 127·5	1·594 / 132·0	1·599 / 136·5	1·603 / 141·1	1·607 / 145·7	1·611 / 150·2	1·614 / 154·7	1·617 / 159·2	1·621 / 163·8	1·624 / 168·4	1·627 / 172·9	1·630 / 177·4	1·633 / 182·0	1·635 / 186·6
1·2	1·734 / 134·8	1·740 / 139·7	1·748 / 144·6	1·751 / 149·6	1·756 / 154·6	1·760 / 159·6	1·764 / 164·6	1·768 / 169·6	1·772 / 174·6	1·776 / 179·6	1·779 / 184·5	1·782 / 189·5	1·785 / 194·5	1·788 / 199·5	1·791 / 204·4
1·4	1·873 / 145·6	1·879 / 151·0	1·885 / 156·4	1·891 / 161·8	1·896 / 167·2	1·901 / 172·5	1·906 / 177·9	1·910 / 183·3	1·914 / 188·7	1·918 / 194·1	1·922 / 199·4	1·926 / 204·8	1·929 / 210·2	1·932 / 215·6	1·935 / 220·9
1·6	2·003 / 155·7	2·010 / 161·4	2·016 / 167·1	2·022 / 172·8	2·027 / 178·5	2·032 / 184·3	2·037 / 190·0	2·042 / 195·7	2·046 / 201·4	2·050 / 207·2	2·054 / 213·0	2·058 / 218·7	2·062 / 224·4	2·065 / 230·2	2·068 / 236·0
1·8	2·124 / 165·1	2·131 / 171·1	2·138 / 177·2	2·144 / 183·3	2·150 / 189·4	2·155 / 195·5	2·160 / 201·6	2·165 / 207·7	2·170 / 213·8	2·175 / 219·9	2·179 / 226·0	2·183 / 232·1	2·187 / 238·2	2·190 / 244·3	2·193 / 250·4
2·0	2·239 / 174·0	2·247 / 180·4	2·254 / 186·8	2·260 / 193·2	2·266 / 199·6	2·272 / 206·1	2·277 / 212·5	2·282 / 218·9	2·287 / 225·3	2·292 / 231·8	2·297 / 238·3	2·301 / 244·7	2·305 / 251·1	2·308 / 257·5	2·312 / 263·9
2·2	2·348 / 182·5	2·355 / 189·2	2·363 / 195·9	2·370 / 202·6	2·376 / 209·4	2·382 / 216·2	2·388 / 222·9	2·394 / 229·6	2·399 / 236·3	2·404 / 243·1	2·409 / 249·9	2·413 / 256·6	2·417 / 263·3	2·421 / 270·0	2·425 / 276·7
2·4	2·452 / 190·6	2·461 / 197·7	2·469 / 204·8	2·476 / 211·8	2·483 / 218·8	2·489 / 225·8	2·495 / 232·9	2·501 / 240·0	2·506 / 247·0	2·511 / 254·0	2·516 / 261·0	2·521 / 268·0	2·525 / 275·0	2·530 / 282·0	2·533 / 289·0
2·6	2·553 / 198·4	2·562 / 205·7	2·570 / 213·0	2·577 / 220·3	2·584 / 227·6	2·590 / 235·0	2·596 / 242·3	2·602 / 249·6	2·608 / 256·9	2·613 / 264·2	2·618 / 271·6	2·623 / 278·9	2·628 / 286·2	2·632 / 293·5	2·636 / 300·9
2·8	2·649 / 205·9	2·658 / 213·5	2·666 / 221·1	2·674 / 228·7	2·681 / 236·3	2·688 / 243·9	2·694 / 251·5	2·700 / 259·1	2·706 / 266·7	2·712 / 274·3	2·717 / 281·9	2·722 / 289·5	2·727 / 297·1	2·732 / 304·7	2·736 / 312·3
3·0	2·742 / 213·1	2·751 / 220·9	2·760 / 228·7	2·768 / 236·6	2·775 / 244·5	2·782 / 252·4	2·789 / 260·2	2·795 / 268·0	2·801 / 275·9	2·807 / 283·8	2·813 / 291·7	2·818 / 299·5	2·823 / 307·4	2·828 / 315·3	2·832 / 323·2

(cxxxii)

CLASS III. ($n = 0.035$.)

Mean Velocities and Quantities of Discharge per second.

For a Depth of Water of 2·8.

For Bottom-Widths of

Fall per thousand.	34	35	36	37	38	39	40	41	42	43	44	45	46	47	48
0·05	0·411 43·96	0·412 45·23	0·413 46·50	0·414 47·77	0·415 49·04	0·416 50·31	0·417 51·59	0·418 52·87	0·419 54·15	0·420 55·43	0·421 56·72	0·421 57·99	0·422 59·25	0·422 60·51	0·422 61·77
0·1	0·580 59·90	0·582 61·61	0·583 63·32	0·584 65·03	0·585 66·75	0·586 68·47	0·587 70·18	0·588 71·89	0·589 73·61	0·670 75·33	0·571 77·05	0·572 78·78	0·573 80·52	0·574 82·26	0·575 84·00
0·2	0·773 82·68	0·775 85·01	0·776 87·34	0·777 89·67	0·779 92·00	0·780 94·34	0·781 96·68	0·783 99·03	0·784 101·3	0·785 103·7	0·787 106·1	0·788 108·4	0·789 110·7	0·790 113·1	0·791 115·5
0·3	0·936 100·1	0·938 102·9	0·940 105·7	0·941 108·5	0·943 111·4	0·946 114·3	0·947 117·1	0·949 120·0	0·951 122·9	0·952 125·8	0·954 128·7	0·956 131·6	0·957 134·5	0·959 137·4	0·960 140·3
0·4	1·077 115·2	1·080 118·4	1·082 121·7	1·084 125·0	1·086 128·3	1·088 131·6	1·090 134·8	1·092 138·1	1·094 141·4	1·096 144·7	1·097 148·0	1·099 151·3	1·101 154·7	1·103 158·1	1·105 161·5
0·5	1·201 128·5	1·203 132·1	1·205 135·7	1·207 139·3	1·209 142·9	1·211 146·5	1·213 150·1	1·215 153·7	1·217 157·4	1·219 161·1	1·221 164·8	1·223 168·5	1·225 172·2	1·227 175·9	1·229 179·6
0·6	1·308 139·9	1·311 143·9	1·314 147·9	1·317 151·9	1·320 155·9	1·322 159·9	1·325 163·9	1·328 167·9	1·330 171·9	1·332 175·9	1·334 180·0	1·336 184·0	1·338 188·0	1·340 192·0	1·342 196·1
0·7	1·413 151·1	1·416 155·4	1·419 159·7	1·422 164·0	1·426 168·3	1·428 172·7	1·431 177·0	1·434 181·3	1·437 185·7	1·439 190·1	1·442 194·5	1·444 198·8	1·446 203·1	1·448 207·5	1·450 211·9
0·8	1·509 161·4	1·512 165·9	1·616 170·5	1·618 175·1	1·521 179·7	1·524 184·3	1·527 188·9	1·530 193·5	1·532 198·1	1·535 202·7	1·537 207·4	1·539 212·0	1·541 216·6	1·543 221·2	1·546 225·8

0·9	1·600 / 171·1	1·604 / 175·9	1·607 / 180·8	1·610 / 185·7	1·613 / 190·6	1·616 / 195·5	1·619 / 200·4	1·622 / 205·3	1·625 / 210·2	1·628 / 215·1	1·630 / 220·0	1·632 / 224·9	1·634 / 229·8	1·636 / 234·6	1·638 / 239·4
1·0	1·688 / 180·3	1·690 / 185·4	1·694 / 190·5	1·698 / 195·6	1·701 / 200·8	1·704 / 206·0	1·707 / 211·1	1·710 / 216·2	1·713 / 221·3	1·716 / 226·5	1·718 / 231·7	1·720 / 236·8	1·722 / 241·9	1·724 / 247·1	1·726 / 252·3
1·2	1·848 / 197·6	1·852 / 203·2	1·856 / 208·8	1·860 / 214·4	1·864 / 220·1	1·867 / 225·8	1·870 / 231·4	1·873 / 237·0	1·876 / 242·6	1·879 / 248·3	1·883 / 254·0	1·885 / 259·6	1·887 / 265·2	1·890 / 270·8	1·892 / 276·5
1·4	1·996 / 213·5	2·000 / 219·5	2·005 / 225·6	2·009 / 231·7	2·013 / 237·8	2·017 / 243·9	2·021 / 249·9	2·024 / 256·0	2·027 / 262·1	2·030 / 268·2	2·033 / 274·3	2·036 / 280·3	2·038 / 286·3	2·040 / 292·3	2·042 / 298·4
1·6	2·134 / 228·2	2·139 / 234·7	2·143 / 241·2	2·147 / 247·7	2·151 / 254·2	2·155 / 260·7	2·159 / 267·2	2·163 / 273·7	2·167 / 280·2	2·170 / 286·7	2·173 / 293·3	2·176 / 299·8	2·179 / 306·3	2·182 / 312·8	2·185 / 319·3
1·8	2·263 / 242·0	2·268 / 248·8	2·273 / 255·7	2·278 / 262·6	2·282 / 269·5	2·286 / 276·4	2·290 / 283·3	2·294 / 290·2	2·296 / 297·1	2·301 / 304·0	2·304 / 310·9	2·307 / 317·8	2·310 / 324·7	2·313 / 331·6	2·316 / 338·5
2·0	2·386 / 255·1	2·390 / 262·3	2·395 / 269·5	2·400 / 276·8	2·405 / 284·1	2·409 / 291·4	2·413 / 298·6	2·417 / 305·9	2·421 / 313·2	2·425 / 320·5	2·429 / 327·8	2·433 / 335·1	2·437 / 342·4	2·440 / 349·7	2·443 / 357·1
2·2	2·505 / 267·9	2·510 / 275·4	2·516 / 283·0	2·520 / 290·6	2·524 / 298·2	2·528 / 305·8	2·532 / 313·4	2·536 / 321·0	2·540 / 328·6	2·544 / 336·2	2·548 / 343·8	2·551 / 351·4	2·554 / 359·0	2·557 / 366·6	2·560 / 374·2
2·4	2·613 / 279·5	2·619 / 287·4	2·625 / 295·3	2·630 / 303·3	2·635 / 311·3	2·640 / 319·3	2·645 / 327·2	2·649 / 335·1	2·653 / 343·1	2·657 / 351·1	2·661 / 359·1	2·666 / 367·0	2·668 / 374·9	2·671 / 382·9	2·674 / 390·9
2·6	2·720 / 290·9	2·726 / 299·1	2·732 / 307·4	2·737 / 315·7	2·742 / 324·0	2·747 / 332·3	2·752 / 340·5	2·757 / 348·8	2·762 / 357·1	2·766 / 365·4	2·770 / 373·7	2·774 / 381·9	2·777 / 390·2	2·780 / 398·4	2·783 / 406·7

(cxxxiv)

CLASS III. ($n = 0.035$.)

Mean Velocities and Quantities of Discharge per second.

For a Depth of Water of 3·0.

For Bottom-Widths of

Fall per thousand.	40	41	42	43	44	45	46	47	48	49	50	51	52	53	54
0·05	0·424 54·70	0·425 56·11	0·426 57·52	0·427 58·93	0·428 60·35	0·429 61·77	0·430 63·22	0·431 64·67	0·432 66·12	0·433 67·57	0·434 69·01	0·435 70·36	0·435 71·71	0·436 73·05	0·438 74·39
0·1	0·677 74·44	0·679 76·38	0·680 78·31	0·681 80·24	0·683 82·17	0·684 84·10	0·685 86·02	0·686 87·93	0·687 89·84	0·688 91·75	0·689 93·65	0·690 95·54	0·691 97·43	0·692 99·32	0·693 101·2
0·2	0·794 102·4	0·796 105·1	0·798 107·8	0·800 110·5	0·802 113·2	0·804 115·8	0·806 118·5	0·807 121·1	0·808 123·7	0·809 126·3	0·811 128·9	0·812 131·5	0·813 134·0	0·814 136·5	0·815 139·0
0·3	0·962 124·1	0·965 127·3	0·967 130·5	0·969 133·7	0·971 136·9	0·973 140·1	0·975 143·3	0·977 146·5	0·978 149·7	0·980 152·9	0·982 156·1	0·984 159·3	0·985 162·4	0·987 165·5	0·988 168·6
0·4	1·108 142·9	1·111 146·6	1·113 150·3	1·116 154·0	1·118 157·7	1·121 161·4	1·123 165·1	1·126 168·8	1·127 172·5	1·129 176·2	1·131 179·8	1·133 183·4	1·134 187·0	1·136 190·6	1·138 194·1
0·5	1·235 159·3	1·238 163·4	1·241 167·5	1·244 171·6	1·247 175·7	1·249 179·8	1·251 183·9	1·254 188·0	1·256 192·1	1·258 196·2	1·260 200·3	1·262 204·3	1·264 208·3	1·266 212·3	1·268 216·8
0·6	1·346 173·6	1·349 178·0	1·352 182·5	1·355 187·0	1·358 191·5	1·361 196·0	1·364 200·6	1·367 205·2	1·370 209·7	1·373 214·2	1·376 218·7	1·379 223·1	1·381 227·5	1·383 231·9	1·386 236·3
0·7	1·454 187·6	1·458 192·5	1·461 197·3	1·464 202·1	1·467 206·9	1·470 211·7	1·473 216·5	1·476 221·3	1·478 226·1	1·480 230·9	1·483 235·7	1·486 240·4	1·487 245·1	1·489 249·8	1·491 254·5
0·8	1·555 200·6	1·559 205·8	1·562 210·9	1·566 216·0	1·568 221·1	1·671 226·2	1·674 231·4	1·677 236·6	1·680 241·8	1·682 246·9	1·686 252·0	1·688 257·1	1·690 262·1	1·693 267·1	1·695 272·1

(cxxxv)

1·648	1·653	1·657	1·660	1·664	1·667	1·670	1·673	1·676	1·679	1·682	1·685	1·687	1·690	1·692
212·7	218·2	223·7	229·2	234·6	240·0	245·5	251·0	256·5	262·0	267·4	272·8	278·1	283·4	288·7
1·730	1·743	1·747	1·750	1·754	1·757	1·760	1·763	1·766	1·769	1·772	1·776	1·776	1·781	1·783
224·3	230·1	235·9	241·6	247·3	253·0	258·8	264·6	270·3	276·0	281·7	287·4	293·0	298·6	304·2
1·804	1·909	1·913	1·917	1·921	1·924	1·928	1·932	1·935	1·938	1·941	1·944	1·947	1·950	1·953
245·6	251·9	258·2	264·5	270·8	277·1	283·4	289·7	296·0	302·3	308·6	314·8	321·0	327·1	333·2
2·067	2·061	2·066	2·069	2·073	2·077	2·081	2·086	2·089	2·093	2·097	2·100	2·103	2·107	2·110
265·3	272·1	278·9	285·7	292·4	299·1	306·6	312·9	319·8	326·6	333·4	340·1	346·8	353·4	360·0
2·199	2·204	2·209	2·213	2·218	2·222	2·228	2·230	2·234	2·238	2·242	2·246	2·248	2·251	2·254
283·6	290·9	298·2	305·5	312·8	320·0	327·3	334·6	341·9	349·2	356·4	363·5	370·6	377·6	384·6
2·332	2·337	2·342	2·347	2·352	2·357	2·361	2·366	2·369	2·373	2·377	2·381	2·386	2·389	2·389
300·8	308·6	316·3	324·0	331·7	339·4	347·1	354·8	362·5	370·2	377·9	385·5	393·1	400·7	408·2
2·458	2·464	2·469	2·474	2·479	2·484	2·489	2·494	2·498	2·502	2·506	2·510	2·514	2·518	2·523
317·1	325·2	333·3	341·4	349·5	357·7	365·9	374·1	382·2	390·3	398·4	406·4	414·4	422·4	430·4
2·676	2·685	2·691	2·696	2·601	2·606	2·611	2·616	2·620	2·624	2·629	2·633	2·637	2·641	2·645
332·7	341·2	349·7	358·2	366·7	375·2	383·8	392·4	401·0	409·5	418·0	426·4	434·7	443·0	451·2

CLASS III. ($n = 0.035$.)

Mean Velocities and Quantities of Discharge per second.

For a Depth of Water of 3.5.

For Bottom-Widths of

Fall per thousand.	44	46	48	50	52	54	56	58	60	62	64	66	68	70	72
0·05	0·488 84·12	0·490 87·85	0·492 91·58	0·493 95·31	0·495 99·05	0·496 102·8	0·497 106·5	0·499 110·2	0·500 114·0	0·501 117·8	0·502 121·6	0·503 125·4	0·504 129·2	0·505 133·0	0·506 136·8
0·1	0·660 113·8	0·663 118·8	0·666 123·8	0·667 128·9	0·669 134·0	0·671 139·1	0·672 144·1	0·674 149·1	0·676 154·2	0·677 159·3	0·679 164·4	0·680 169·4	0·681 174·5	0·682 179·6	0·683 184·7
0·2	0·903 155·6	0·906 162·6	0·909 169·6	0·912 176·6	0·915 183·5	0·918 190·4	0·920 197·4	0·923 204·4	0·925 211·3	0·927 218·2	0·929 225·1	0·931 232·0	0·932 238·9	0·933 245·7	0·934 252·5
0·3	1·094 188·6	1·098 196·9	1·101 205·2	1·104 213·5	1·107 221·8	1·110 230·2	1·113 238·5	1·116 246·8	1·118 255·1	1·120 263·5	1·122 271·9	1·124 280·3	1·126 288·7	1·128 297·1	1·130 305·5
0·4	1·255 216·3	1·259 225·8	1·263 235·3	1·266 244·8	1·270 254·4	1·273 264·0	1·276 273·5	1·279 283·0	1·282 292·5	1·284 302·1	1·286 311·7	1·288 321·3	1·290 330·8	1·292 340·3	1·294 349·8
0·5	1·396 240·6	1·400 251·1	1·404 261·7	1·408 272·3	1·412 282·9	1·415 293·5	1·418 304·1	1·421 314·7	1·424 325·3	1·427 335·9	1·430 346·5	1·432 357·1	1·434 367·7	1·436 378·3	1·438 388·8
0·6	1·524 262·7	1·629 274·2	1·634 285·8	1·638 297·4	1·542 309·0	1·546 320·6	1·548 332·2	1·553 343·8	1·556 355·4	1·559 367·0	1·562 378·6	1·565 390·2	1·567 401·7	1·569 413·2	1·571 424·7
0·7	1·642 283·0	1·647 295·4	1·652 307·8	1·657 320·3	1·661 332·8	1·665 345·3	1·669 357·7	1·673 370·1	1·676 382·6	1·679 395·1	1·682 407·6	1·685 420·2	1·688 432·8	1·691 445·4	1·694 458·0
0·8	1·751 301·8	1·756 315·1	1·761 328·4	1·765 341·7	1·771 355·0	1·776 368·3	1·780 381·6	1·784 394·9	1·787 408·2	1·790 421·5	1·794 434·8	1·797 448·1	1·800 461·5	1·803 474·9	1·806 488·3

(cxxxvii)

	1·856	1·862	1·868	1·873	1·878	1·883	1·887	1·891	1·895	1·898	1·903	1·906	1·908	1·911	1·914
0·9	319·9	334·0	348·1	362·2	376·3	390·5	404·6	418·7	432·8	446·9	461·0	475·1	489·2	503·3	517·5
	1·957	1·963	1·969	1·975	1·980	1·985	1·989	1·993	1·997	2·001	2·005	2·009	2·012	2·015	2·018
1·0	337·3	352·1	366·9	381·8	396·7	411·6	426·4	441·3	456·2	471·1	486·0	500·9	515·8	530·7	545·6
	2·144	2·151	2·157	2·163	2·169	2·174	2·179	2·184	2·188	2·192	2·196	2·200	2·204	2·208	2·212
1·2	369·6	385·8	402·0	418·2	434·5	450·8	467·0	483·3	499·6	515·9	532·2	548·6	565·0	581·5	598·0
	2·316	2·323	2·330	2·337	2·343	2·349	2·354	2·359	2·364	2·369	2·373	2·377	2·381	2·386	2·389
1·4	399·6	416·6	434·2	451·8	469·4	487·1	504·7	522·3	539·9	557·5	575·2	592·9	610·6	628·3	646·0
	2·476	2·483	2·491	2·498	2·504	2·510	2·516	2·522	2·527	2·532	2·536	2·540	2·544	2·548	2·552
1·6	426·6	445·4	464·2	483·0	501·8	520·6	539·4	558·2	577·0	595·8	614·6	633·4	652·2	671·0	689·9
	2·626	2·634	2·642	2·650	2·657	2·663	2·669	2·675	2·680	2·685	2·690	2·695	2·699	2·703	2·707
1·8	452·5	472·4	492·3	512·2	532·2	552·2	572·1	592·0	611·9	631·9	651·9	671·8	691·8	711·8	731·8
	2·767	2·776	2·784	2·792	2·800	2·807	2·814	2·820	2·826	2·830	2·836	2·840	2·845	2·850	2·856
2·0	471·1	498·1	519·1	540·1	561·1	582·1	603·1	624·1	645·1	666·1	687·1	708·2	729·4	750·7	772·0

SUPPLEMENTARY TABLE,

GIVING PERCENTAGES OF MEAN VELOCITY AND OF DISCHARGE TO BE ADDED TO OR SUBTRACTED FROM THE QUANTITIES GIVEN IN THE PRECEDING TABLES FOR OTHER SECTIONS OF CHANNEL.

For Depths of Water of	Mean Velocities of Discharge.					Quantities Discharged per Second.				
	For Side-Slopes of					For Side-Slopes of				
	1 to 0.	1 to 0·5.	1 to 1.	1 to 2.	1 to 3.	1 to 0.	1 to 0·5.	1 to 1.	1 to 2.	1 to 3.
0·2	− 15·0	− 4·6	− 0·2	− 0·7	− 3·8	− 55·2	− 31·5	− 14·7	+ 16·3	+ 39·0
0·4	− 11·7	− 2·5	− 0·	− 1·0	− 3·8	− 45·0	− 27·0	− 12·3	+ 11·3	+ 32·7
0·6	− 8·6	− 1·2	+ 0·2	− 1·2	− 3·8	− 36·8	− 22·8	− 10·5	+ 9·8	+ 27·0
0·8	− 6·4	− 0·3	+ 0·3	− 1·3	− 3·8	− 30·4	− 19·3	− 9·1	+ 8·0	+ 22·2
1·0	− 4·8	− 0·2	+ 0·4	− 1·4	− 3·8	− 25·4	− 16·2	− 8·0	+ 6·5	+ 18·3
1·2	− 3·6	+ 0·6	+ 0·5	− 1·4	− 3·8	− 21·3	− 13·4	− 6·9	+ 5·2	+ 15·1
1·4	− 2·6	+ 0·8	+ 0·7	− 1·4	− 3·8	− 18·7	− 11·2	− 6·0	+ 4·6	+ 12·7
1·6	− 1·8	+ 0·9	+ 0·8	− 1·4	− 3·8	− 16·7	− 9·7	− 5·1	+ 3·8	+ 11·2
1·8	− 1·3	+ 1·0	+ 0·9	− 1·4	− 3·8	− 15·1	− 8·7	− 4·3	+ 3·3	+ 10·0
2·0	− 0·9	+ 1·0	+ 1·0	− 1·4	− 3·8	− 13·8	− 7·8	− 3·4	+ 2·9	+ 8·8
2·2	− 0·6	+ 1·0	+ 1·1	− 1·4	− 3·7	− 12·7	− 7·2	− 2·9	+ 2·6	+ 8·0
2·4	− 0·5	+ 1·0	+ 1·2	− 1·3	− 3·6	− 11·8	− 6·8	− 2·4	+ 2·4	+ 7·4
2·6	− 0·4	+ 1·0	+ 1·3	− 1·3	− 3·4	− 11·0	− 6·3	− 2·0	+ 2·3	+ 6·9
2·8	− 0·3	+ 1·0	+ 1·4	− 1·3	− 3·3	− 10·3	− 5·9	− 1·7	+ 2·1	+ 6·5
3·0	− 0·2	+ 1·0	+ 1·4	− 1·2	− 3·2	− 9·7	− 5·4	− 1·6	+ 2·0	+ 6·0
3·5	− 0·2	+ 0·9	+ 1·5	− 1·0	− 2·9	− 8·3	− 4·7	− 1·0	+ 1·8	+ 5·0
4·0	− 0·1	+ 0·8	+ 1·4	− 0·8	− 2·6	− 7·1	− 3·8	− 0·8	+ 1·5	+ 4·2
4·5	− 0·1	+ 0·8	+ 1·2	− 0·7	− 2·3	− 6·1	− 3·2	− 0·8	+ 1·3	+ 3·7
5·0	0·	+ 0·7	+ 0·9	− 0·6	− 2·0	− 5·3	− 2·8	− 0·8	+ 1·1	+ 3·3
5·5	0·	+ 0·6	+ 0·5	− 0·5	− 1·7	− 4·7	− 2·5	− 0·9	+ 1·0	+ 3·0
6·0					− 1·4	− 4·2	− 2·3	− 0·9	+ 0·9	+ 2·8

TABLE OF CONTENTS.

CHAPTER I.
FLOW IN OPEN CHANNELS GENERALLY.

	PAGE
1. The formulæ of D'Arcy and Bazin and of Humphreys and Abbot, for determining Mean Velocities of Discharge of Rivers and Canals..	1
2. The previously accepted formulæ	2
3. The formulæ of D'Arcy and Bazin	3
4. The formulæ of Humphreys and Abbot	3
5. Practical Examination of these formulæ, and Table of Discharges of Channels of High Inclination	4
6. Examination of the old-established formula and the new American one, with the view of applying Series of Coefficients to either of them as a basis	6
7. The Variation of the Coefficients c with the Inclination	9
8. The Employment of the formulæ of D'Arcy and Bazin in constructing a Series of Coefficients	10
9. Table of Calculated Coefficients of D'Arcy and Bazin applied to the Formula $v = c\sqrt{rs}$	14
10. Table of corresponding Coefficients experimentally obtained	22
11. Remarks on the Series of Observations of D'Arcy and Bazin..	26
12. The Coefficients of D'Arcy and Bazin for calculating Mean from Maximum Velocities	29
13. Table of those Coefficients	30
14. Examples illustrating the application of the Table No. 9	30
15. The formulæ and categories of Gauckler	34
16. Table of the Coefficients of Gauckler's First Formula	36
17. The Formation of a New and final set of Twelve Classes instead of the previous Categories	36
18. The Twelve New Classes of Coefficients	37
19. Table showing the Range of the observed Coefficients in these Classes	40
20. Determination of the Final Coefficients for these Classes in Metrical Measures	42
21. Table of Values of the New Coefficients c for the Formula $v = c\sqrt{rs}$	47
22. Table of Observed Results with their corresponding Coefficients..	48

(cxl)

CHAPTER II.

FLOW IN OPEN CHANNELS IN EARTH.

	PAGE
23. Various Formulæ of Eytelwein Patzig, Hagen, Bornemann, Brünings, Bazin, Hagen (new), Humphreys and Abbot, for determining Discharges of Canals and Rivers in Earthen Channels	51
24. Table—Comparison of Results of various Formulæ	53
25. The Formula of Bornemann and Hagen	53
26. Safe Bottom Velocities of Dubuat, with Table	57
27. The Derivation of the New Formula for Coefficients of Mean Velocity..	59
28. Table giving the Observed Values of the Coefficient n, corresponding to their data of observation	67
29. Table giving the Values of the Expressions $a + \frac{l}{n}$ and $\frac{m}{J}$ corresponding to various Values of n and of J	69
30. Table of the Values of the Expressions z and x, corresponding to different Values of n and J in the Formula	71
31. The Transformation of the Final Formula from Metrical into Swiss, English, and other Measures	73
32. Conversion Tables of the Translator	77
33. Tables of Equivalents of Foreign Measures, by the Translator ..	82
34. The Application of the New Formula to the Calculation of Discharges in Open Channels in Earth; and Explanation and Examples for the use of the Tables and Diagrams	87

WORKING TABLES.

CLASS I. ($n = 0.025$). Coefficients of mean velocity. Mean Velocities and Discharges per Second	i to li
CLASS II. ($n = 0.030$). Coefficients of mean velocity. Mean Velocities and Discharges per Second	liii to ci
CLASS III. ($n = 0.035$). Coefficients of mean velocity. Mean Velocities and Discharges per Second	ciii to cxxxvii
Supplementary Table of Percentages	cxxxviii

PLATES.

PLATE I. Figure 1. Type of Section adopted in the Working Tables. Figure 2. Types of Sections for which Percentages are given in the Subsidiary Table.

PLATE II. Diagram for obtaining Coefficients of Mean Velocity for Metrical and for English Measures.

BY THE TRANSLATOR.

HYDRAULIC MANUAL AND STATISTICS.

In large 8vo, 550 pages. Price 28s.

CONTENTS.

PART I.—MANUAL.

CHAPTER I.—Explanation of the Principles and Formulæ adopted in Calculation and applied in the Working Tables.

    1. Hydrodynamic Theories. 2. Notation and Symbols. 3. Rainfall, Supply, and Flood Discharge. 4. Storage. 5. Discharges of Open Channels and Pipes. 6. Section of Channels and Pipes. 7. Other Theories of Flow. 8. Velocities in Section. 9. Bends and Obstructions. 10. Discharges of Sluices and Weirs. 11. Discharge from Basins, Locks, and Reservoirs. 12. Application of the Working Tables.   pp. 1 to 74

CHAPTER II.—On Field Operations and Gauging; with brief Accounts of the Methods adopted by various Hydraulicians.   pp. 74 to 135

CHAPTER III.—Paragraphs on various Hydraulic Subjects.   pp. 136 to 221

WORKING TABLES.

	PAGE
TABLE I.—GRAVITY	i
,, II.—CATCHMENT.—Parts 1, 2, 3	ii to iv
,, III.—STORAGE AND SUPPLY.—Parts 1, 2	v and vii
,, IV.—FLOOD DISCHARGE.—Parts 1, 2	ix to xi
,, V.—VELOCITIES	xii
,, VI.—SLOPES AND GRADIENTS.—Parts 1, 2, 3	xiii to xvii
,, VII.—RIVERS AND CANALS	xviii to xxv
,, VIII.—PIPES AND SEWERS.—Parts 1, 2, 3	xxvi to xxxiii
,, IX.—SLUICES AND WEIRS	xxxvii to xlviii
,, X.—BENDS AND OBSTRUCTIONS.—Parts 1, 2, 3	xlix to lii
,, XI.—EQUIVALENTS.—Parts 1, 2, 3, 4, 5, 6	liv to lxvii
,, XII.—COEFFICIENTS.—Parts 1, 2, 3, 4, 5, 6, 7	lxix to xcii

MISCELLANEOUS TABLES AND DATA.

Retaining Walls, and Weights of Material.—Trapezoidal Masonry Dams.—Thickness and Weight of Pipes.—Hydraulic Machines.—Indian Hydraulic Contrivances.—Constants of Labour for Earthwork, Bricklayer's Work, and Mason's Work.—Cartage Table.—Indian Coinage, Weights, and Measures .. .. i to xii

PART II.—HYDRAULIC STATISTICS.

GRAVITY	[1]
RIVERS	[2] to [4]
INDIAN RIVERS	[5] to [15]
BRIEF ACCOUNTS OF INDIAN RIVERS	[16] to [27]
FINANCIAL STATISTICS OF INDIAN CANALS	[29] to [39]
IRRIGATION STATISTICS OF INDIAN CANALS	[40] to [46]
BRIEF ACCOUNTS OF INDIAN CANALS	[47] to [78]
STATISTICS OF RESERVOIRS AND DAMS	[79] to [82]
FINANCIAL STATISTICS OF INDIAN RESERVOIRS	[83] to [85]
BRIEF ACCOUNTS OF INDIAN RESERVOIRS	[86] to [96]
WATERWORKS OF INDIAN CITIES	[97] to [109]
IRRIGATED CROPS AND PLANTATIONS AND THEIR WATERING	[110] to [123]
INDIAN WATER RATES AND WATERINGS	[124] to [128]
DESCRIPTIONS AND ANALYSIS OF WATER AND SILT	[129] to [141]

INDIAN METEOROLOGICAL STATISTICS.

SEASON RAINFALL	(1) to (3)
MEAN MONTHLY RAINFALL	(4) to (24)
DAY MAXIMUM RAINFALLS AND SPECIAL RAINFALL DATA	(25) to (30)
HUMIDITY AND EVAPORATION	(31) to (42)
ADDITIONAL METEOROLOGICAL TABLES	(43) to (53)
GENERAL REMARKS ON THE METEOROLOGY OF INDIA	(54) to (77)

Extracts from Critical Notices.

"We must, if we approve of the work,—as we do—advise such of our readers as are interested in the subjects discussed to obtain it. . . . The presence of these Tables in Mr. Jackson's book will therefore suffice in itself to render it an extremely useful work to put in the hands of a student, since it will save him the annoyance and loss of time consequent on the attempt to reconcile the various conflicting formulæ advanced by Neville and others in so-called hydraulic text-books. To our mind the Statistics and brief descriptions of rivers, canals, crops, and other matters, are especially interesting."—*Engineering.*

"This work is one of the most important and useful additions to hydraulic literature since the publication of Beardmore's 'Manual of Hydrology.' We can confidently recommend this book to our readers."—*The Engineer.*

A LIST OF WORKS

ON

HYDRAULICS AND ITS ALLIED SCIENCES.

PUBLISHED AND SOLD BY

E. & F. N. SPON,

48, CHARING CROSS, LONDON, S.W.

New York: 446, Broome Street.

Docks and Harbours. Note sur l'aménagement et la construction des Ports de Commerce, par M. L. Barret, Ingénieur de la Compagnie des Docks et Entrepôts de Marseille, 62 *large folding plates*, royal 8vo, sewed, 1*l*. 11*s*. 6*d*.

Dock Walls. Theory and Practice in the Design and Construction of Dock Walls, by J. Romilly Allen, Assoc. Inst. C.E., crown 4to, cloth, 6*s*.

Dictionary of Engineering. Spons' Dictionary of Engineering, Civil, Mechanical, Military, and Naval, with technical terms in French, German, Italian, and Spanish, 3100 pp., and *nearly* 8000 *engravings*, in super-royal 8vo, in 8 divisions, cloth, 5*l*. 8*s*.
Complete in 3 vols., cloth, 5*l*. 5*s*.
Bound in a superior manner, half-morocco, top edge gilt, 3 vols., 6*l*. 12*s*.

CONTAINING COMPLETE TREATISES ON

Boring and Sinking Artesian Wells.	Pipes.
Damming.	Pumps and Pumping.
Docks and Harbours.	Reservoirs.
Hydraulics and Hydraulic Machines.	Rivers.
Irrigation.	Waterworks.
Locks and Lock Gates.	Etc., etc., etc.

Draining. Draining for Profit, and Draining for Health, by George E. Waring, jun., *with numerous cuts*, post 8vo, cloth, 7*s*. 6*d*.

Embanking. The Mississippi and Ohio Rivers, containing Plans for the protection of the Delta from inundation, and investigation of the practicability and cost of improving the Navigation of the Ohio and other Rivers by the means of Reservoirs, with an Appendix on the Bars at the mouth of the Mississippi, by Chas. Ellet, C.E., *plates*, 8vo, cloth, 18*s*.

—— Tables for setting out Half-Widths on Railways, Roads, Canals, and other Public Works, to be applied in Field Work, and without any previous Calculations, by J. S. Olver, Civil Engineer, 12mo, cloth, 4*s*.

—— Principles and Practice of Embanking Lands from River Floods, as applied to the "Levees" of the Mississippi, by Wm. Hewson, C.E., *cuts*, 8vo, cloth, 9*s*.

Engineers' Pocket-Book. A Pocket-Book of Useful Formulæ and Memoranda for Civil and Mechanical Engineers, by Guilford L. Molesworth, Mem. Inst. C. E., Consulting Engineer to the Government of India for State Railways, eighteenth edition, revised, with considerable additions by the author; together with a valuable contribution on Telegraphs by R. S. Brough, 32mo, roan, 8s.
Ditto, interleaved with ruled Paper, for Office use, 9s.
Ditto, printed on India paper, for the waistcoat pocket, 6s.

Hydraulics. Description of the Differential Expansive Pumping Engine, with useful Notes by Henry Davey, C.E., *plates*, royal 8vo, cloth, 2s.

—— Manual of Hydrology, containing Hydraulic and other Tables, rivers, flow of water, springs, wells and percolation, tides, estuaries and tidal rivers, rainfall, and evaporation, by Nathaniel Beardmore, C.E., *plates*, 8vo, cloth, 24s.

—— Lowell Hydraulic Experiments; being a Selection from Experiments on Hydraulic Motors, on the flow of Water over Weirs, in open Canals, of uniform Rectangular Sections, and through Submerged Orifices and Diverging Tubes, made at Lowell, Massachusetts, by James B. Francis, Civil Engineer, second edition, revised and enlarged, with many New Experiments, and Additional Illustrations, *plates*, 4to, cloth, 3l. 13s. 6d.

—— Practical Hydraulics: a Series of Rules and Tables for the use of Engineers, etc., etc., by Thomas Box, fourth edition, *numerous plates*, post 8vo, cloth, 5s.

—— Tredgold's Tracts on Hydraulics, containing Smeaton's Experimental Papers on the power of Water and Wind to turn Mills, etc., Venturi's Experiments on the Motion of Fluids, and Dr. Young's Summary of Practical Hydraulics, *plates*, royal 8vo, boards, 6s.

—— Kutter's Hydraulic Tables and Formulæ, translated by Lowis D'A. Jackson, C.E., 8vo.

Hydraulic Engineering. Prize Essay on the Encroachment of the Sea between the River Mersey and the Bristol Channel, being an Essay which obtained the Prize of the National Eistedfodd, held at Chester, 1866; by J. E. Thomas, 8vo, sewed, 1s.

Hydraulics of Great Rivers. Observations and Surveys on the Largest Rivers of the World, by J. J. Révy, Civil Engineer, one volume, imp. 4to, cloth, with *eight large plates and charts*, 2l. 2s.

Hydraulic Presses. Experiments on the Friction of the Leather Collars in Hydraulic Presses; conducted by John Hick, C.E., *plate*, 8vo. sewed, 1s.

Lead Pipe. A Collection of Reports and Opinions of Chemists in regard to the Use of Lead Pipe for Service Pipe in the Distribution of Water for the Supply of Cities, by J. B. Kirkwood, 8vo, cloth, 7s. 6d.

Mechanics of Fluids. For Practical Men, comprising Hydrostatics, descriptive and constructive, *the whole illustrated by numerous examples and appropriate diagrams*, by Alex. Jamieson, LL.D., 8vo, cloth, 6s.

Meteorology. A Treatise on Meteorology, with a collection of Meteorological Tables, by Elias Loomis, LL.D., Professor of Natural Philosophy and Astronomy in Yale College, *cuts*, 8vo, sheep, 9s.

—— The Recurring Monthly Periods and Periodic System of the Atmospheric Actions, with evidences of the Transfer of heat and electricity, and general observations on Meteorology, by W. H. B. Webster, 8vo, cloth, 3s. 6d.

Milford Haven. A Paper on Milford Haven and its New Pier Works, by Henry Davey, Member of the Society of Engineers, 8vo, sewed, 1s.

Mill Work. The Practical American Millwright and Miller, comprising the elementary principles of mechanics, mechanisms, and motive power, hydraulics, and hydraulic motors, mill dams, saw mills, grist mills, the oatmeal mill, the barley mill, wool carding, and cloth fulling and dressing windmills, steam power, etc., by David Craik, *illustrated by numerous wood engravings and folding plates*, royal 8vo, cloth, 21s.

Mill Dams. The Construction of Mill Dams; comprising also the Building of Race and Reservoir Embankments and Head Gates, the Measurement of Streams, Gauging of Water Supply, etc., etc., *with numerous full-page illustrations*, by James Leffel, 8vo, cloth, 16s.

Nautical Surveying. By W. N. Jeffers, Captain U.S. Navy, *plates*, 8vo, cloth, 21s.

Port of Calcutta. With special reference to the late Cyclone, and remedial Measures to be adopted, by Charles C. Adley, Esq., C.E., *plates*, 8vo, sewed, 2s.

Pump Fitter's Guide. For calculating and fixing Pumps, etc., by John Eldridge, *plates*, 12mo, sewed, 1s.

Reservoirs. On the Construction of Catch-water Reservoirs in Mountain Districts for the supply of Towns, or for other purposes, by C. H. Beloe, Author of 'The Handbook of the Liverpool Water-works,' *plates*, 8vo, cloth, 5s.

Sanitary Engineering. Lecture on Water Supply, Sewage Utilization, delivered at the School of Military Engineering, by W. H. Corfield, Esq., M.A., M.D. (Oxon), fol., sewed, 2s.

―― Proceedings of the Association of Municipal and Sanitary Engineers and Surveyors, Vol. I., 1873-4, edited by Lewis Angell, Mem. Inst. C.E., Hon. Fellow of King's College, London, etc., etc., 8vo. cloth, 10s. 6d.; vol. 2, 7s. 6d.

―― A Series of Lectures given before the School of Engineering, Chatham. Division I. Air. Division II. Water. Division III. The Dwelling. Division IV. The Town and Village. Division V. The Disposal of Sewage. Copiously illustrated. By J. Bailey Denton, C.E., F.G.S. [*In the Press.*

―― The late Visitation of Typhoid Fever in the School and Town of Uppingham. Reports furnished to the Committee by their Medical Officer of Health, A. Haviland, Esq., and their Engineer, Rogers Field, Esq., *maps*, small fol., sewed, 2s. 6d.

Sewage. A guide to the Sewage Question for 1876, treated from a Sanitary, Economical, and Agricultural Point of View, by A. Hoffert, 8vo, sewed, 1s.

―― A Handbook of Sewage Utilization, by Ulick Ralph Burke, Esq., Barrister-at-Law, crown 8vo, cloth, 3s. 6d.

―― The Drainage and Sewerage of Towns, by John Phillips, C.E., 8vo, sewed, 1s. 6d.

―― Report to the Nottingham and Leen Valley Sewerage Board, on the Utilization of the Sewage, and the Purification of the River Trent and its Tributaries; with Descriptions of various modes of treating Sewage, by M. O. Tarbotton, Mem. Inst. C.E., F.G.S. Also a Supplementary Report on the above, by R. Rawlinson, Esq., C.B., royal 8vo, sewed, 2s. 6d.

Sewage. The Sewage Question: on the Treatment and Utilization of Sewage, the Preparation of Land for Irrigation, and for Intermittent Downward Filtration, by J. Bailey Denton, Mem. Inst. C.E., F.G.S., 8vo, sewed, 2s.

—— A new Scheme for the treatment of the Sewage Matter of our Towns, by utilizing it upon the Waste Land in the Country, thereby holding out an inexhaustible means for the Employment of the Labouring Classes, by Edward Brown, Slough, Bucks, 8vo, sewed, 6d.

—— Sanitary Works and Sewage Utilization, by J. Bailey Denton, F.G.S., Mem. Inst. C.E., 8vo, sewed, 1s.

—— A Scheme of Sewage and Sewage Utilization for Hornsey, prepared for the Local Board of Health, by Baldwin Latham, map, 8vo, sewed, 2s. 6d.

—— A Paper on Irrigation with Town Sewage, by George King, 8vo, sewed, 1s.

—— The Advantages of the Separate System of Drainage, with a description of the Works designed and carried out by the Author at the town of Halstead, Essex, by Edward Monson, A.I.C.E., Surveyor to the Acton Local Board, 8vo, sewed, 1s.

—— Sanitary Legislation and Science, with especial regard to Sewage and Water Supply (forming a resumé of the Sewage Question), being the Substance of Two Lectures delivered before the Literary and Philosophical Society of Nottingham, by M. O. Tarbotton, Memb. Inst. C.E., Engineer to the Corporation of Nottingham, 8vo, sewed, 1s.

—— Sewage no value; the Sewage difficulty exploded; Disposal of Sewage; Purification and not Utilization being the main object; Farmyard and Artificial Manures, by E. Monson, Assoc. Inst. C.E., Surveyor to the Acton Local Board, 8vo, sewed, 2s.

Submarine Blasting. In Boston Harbour, Massachusetts; Removal of Tower and Corwin Rocks, etc., by John G. Foster, Lieut.-Col. of Engineers, and Brevet Major-General U.S. Army, *plates*, 4to, cloth, 16s.

Turbine. A Practical Treatise on the Construction of Horizontal and Vertical Water-wheels, *with* 11 *plates*, specially designed for the use of operative mechanics, by William Cullen, Millwright and Engineer, second edition, revised and enlarged, small 4to, cloth, 12s. 6d.

Under-Drainage. Under-Drainage of Land, its Development and Maintenance; with an Appendix, explaining the Assistance afforded to Landowners by the General Land Drainage and Improvement Company, by J. Bailey Denton, 8vo, sewed, 1s.

Water Supply. Report on the Filtration of River Waters for the Supply of Cities, as practised in Europe, made to the Board of Water Commissioners of the City of St. Louis, by James P. Kirkwood, C.E., *illustrated with* 30 *plates*, royal 4to, cloth, 3l. 13s. 6d.

—— Facts and Fallacies, discussed in a Series of Letters written for, and published in, the 'Courier' Newspaper, between Nov. 1866, and April, 1867, chiefly with reference to Constant Service, and a Future Source of Supply, by John Taylor, C.E., 8vo, sewed, 1s.

Water-Wheels. Principles of Construction and Efficiency of Water-Wheels, by William Donaldson, M.A., Assoc. Inst. C.E., 8vo, cloth, 5s.

Hydraulics and its Allied Sciences.

Water Supply. The Liverpool Waterworks, by Charles M. Beloe, M. Inst. C.E., Author of the 'Construction of Catch-Water Reservoirs,' third edition, 8vo, sewed, 1s. 6d.

—— The present Practice of Sinking and Boring Wells, with Geological Considerations and examples of Wells, by Ernest Spon, Member of the Society of Engineers, of the Franklin Institute, of the Iron and Steel Institute, and of the Geologists' Association, crown 8vo, cloth, *illustrated by 276 diagrams and engravings to scale*, 7s. 6d.

—— The Storage of Water, by J. Bailey Denton, Mem. Inst. C.E., F.G.S., 8vo, sewed, 1s.

—— Report on the Chemistry of Water, by G. F. Chandler, Ph.D., royal 8vo, sewed, 3s.

Royal 32mo, roan, 4s. 6d.; cloth, 3s. 6d.

Spons' Builders' Pocket-Book of Prices and Memoranda, edited by W. Young, Architect. *Published annually.*

CONTENTS.

Ancient Lights, Table of and Rules for Calculating.
Approximate Cost of Buildings, by Cubing.
Arches, Architects' Charges.
Bricklayers' Useful Memoranda.
Carpenters' and Joiners' Useful Memoranda.
Cast-Iron Hollow Columns, Table of.
Cements, Composition and Strength of.
Chimneys, How to Build.
Chimneys, Smoky, Cause and Cure of.
Churches, Rules of Incorporated Society.
Circle, Properties of.
Coals, Space occupied by, and Weight of.
Columns, Strength of.
Concrete Building.
Concrete under Water.
Corrugated Iron Roofing.
Cubical Contents of Floors, Roofs, etc., Table of.
Damp Walls, Recipe for.
Decay of Wood, Cause and Cure of.
Dimensions of English Cathedrals and Halls.
Drainage of Land.
Drainage of Towns, Cost of.
Drains and Sewers.
Excavators' Useful Memoranda.
Fire and Insurance Memoranda.
Five Orders of Architecture.
Floors and Joists, Table of Wood.
Footings of Walls.
Gasfitters' Useful Memoranda.
Gas Supply.
Girders of Wood and Iron, Strength of, and Table of Safe Loads.
Heat.
Heights, Measurable.
Hoop Iron.
Iron Roofs, Examples of.
Lightning Conductors.
Limestones.
Loads on Roofs and Floors.
Measurement of Builders' Work.
Mensuration.
Mortar, Smeaton's, as used at Eddystone Lighthouse.
Mortars.
Nomenclature, Architectural.
Norman, Early English, Decorated, and Perpendicular Mouldings, Examples of.
Paviors' Memoranda.
Perspective.
Piers and Pillars.
Piles.
Plasterers' Memoranda.
Plumbers' Memoranda.
Preservation of Wood and Stone.
Rainfall.
Retaining Walls.
Rolled Iron Joists.
Roofs, Table of Scantling, etc.
Ropes.
Stone, Building, Component Parts, Colour, Weight, Strength, and Price of Building Stones in England and Scotland.
Surveying.
Symbolism.
Tenacity of Materials.
Thickness of Walls.
Timbers, Quality, Weight, and Strength of.
Valuation of Property.
Ventilation.
Warming by Steam.
Water, Hot.
Water Supply.
Waterworks.
Weight of Metals and all Materials used in Building.
Wells.
Wind, Pressure of.
Zinc-workers' Memoranda.
Excavators' Prices.
Bricklayers' Prices.

Crown 8vo, cloth, with Illustrations, price 5s.

WORKSHOP RECEIPTS

FOR THE
USE OF MANUFACTURERS, MECHANICS, AND SCIENTIFIC AMATEURS.

By ERNEST SPON.

Containing Receipts for

- Bookbinding.
- Bronzes and Bronzing.
- Candles.
- Cement.
- Cleaning.
- Colourwashing.
- Concretes.
- Dipping Acids.
- Drawing Office Details.
- Drying Oils.
- Dyeing.
- Dynamite.
- Electro-Metallurgy — (Cleaning, Dipping, Scratch-brushing, Batteries, Baths, and Deposits of every description).
- Enamels.
- Engraving on Wood, Copper, Gold, Silver, Steel, and Stone.
- Etching and Aqua Tint.
- Firework Making—(Rockets, Stars, Rains, Gerbes, Jets, Tourbillons, Candles, Fires, Lances, Lights, Wheels, Fire-balloons, and minor Fireworks).
- Fluxes.
- Foundry Mixtures.
- Freezing.
- Fulminates.
- Furniture Creams, Oils, Polishes, Lacquers, and Pastes.
- Gilding.
- Glass Cutting, Cleaning, Frosting, Drilling, Darkening, Bending, Staining, and Painting.
- Glass Making.
- Glues.
- Gold.
- Graining.
- Gums.
- Gun Cotton.
- Gunpowder.
- Horn Working.
- Indiarubber.
- Ink—(Writing and Printing).
- Japans, Japanning, and kindred processes.
- Lacquers.
- Lathing.
- Leather.
- Lubricants.
- Marble Working.
- Matches.
- Mortars.
- Nitro-Glycerine.
- Oils.
- Paper.
- Paper Hanging.
- Painting in Oils, in Water Colours, as well as Fresco, House, Transparency, Sign, and Carriage Painting.
- Photography.
- Pigments.
- Plastering.
- Polishes.
- Pottery—(Clays, Bodies, Glazes, Colours, Oils, Stains, Fluxes, Enamels, and Lustres).
- Scouring.
- Silvering.
- Soap.
- Solders.
- Tanning.
- Taxidermy.
- Tempering Metals.
- Treating Horn, Mother-o'Pearl, and like substances.
- Varnishes, Manufacture and Use of.
- Veneering.
- Washing.
- Waterproofing.
- Welding.
- Whitewashing.

Besides Receipts relating to the lesser Technological matters and processes, such as the manufacture and use of Stencil Plates, Blacking, Crayons, Paste, Putty, Wax, Size, Alloys, Catgut, Tonbridge Ware, Picture Frame and Architectural Mouldings, Compos, Cameos, and others too numerous to mention.

London: E. & F. N. SPON, 48, Charing Cross.

E. & F. N. SPON'S NEW BOOKS.

Crown 4to, cloth, 36s.

Pyrology; or Fire Chemistry.
A Science interesting to the General Philosopher, and an Art of infinite importance to the Chemist, Mineralogist, Metallurgist, Geologist, Agriculturist, Engineer (Mining, Civil, and Military), &c., &c. By WILLIAM ALEXANDER ROSS, lately a Major in the Royal Artillery.

Crown 8vo, cloth, 8s.

Electricity: Its Theory, Sources, and Applications. By JOHN T. SPRAGUE, Member of the Society of Telegraph Engineers. With 91 Woodcuts and 30 valuable Tables.

Crown 4to, cloth, 15s.

The Draughtsman's Handbook of Plan and Map Drawing, including Instructions for the preparation of Engineering, Architectural, and Mechanical Drawings, with numerous Illustrations and Coloured Examples. By G. G. ANDRÉ, F.G.S., Member of the Society of Engineers, Assoc. Inst. C.E.

Second Edition, royal 8vo, cloth, 12s. 6d.

A Practical Treatise on the Science of Land and Engineering Surveying, Levelling, Estimating Quantities, &c. With a General Description of the several Instruments required for Surveying, Levelling, Plotting, &c. By H. S. MERRITT. 41 fine Plates, with Illustrations and Tables.

With Portrait, 8vo, cloth, 12s. 6d.

The Autobiography of Sir John Rennie, past President of the Institution of Civil Engineers, F.R.S., &c., &c. Edited by his Son, C. G. C. RENNIE.

Crown 8vo, cloth, 5s.

Arbitrations: a Text Book for Surveyors, in tabulated form. By BANISTER FLETCHER, F.R.I.B.A., Author of 'Model Houses,' 'Dilapidations,' 'Compensations,' &c.

32mo, roan, 4s. 6d.; or cloth, 3s. 6d.

Spons' Architects' and Builders' Pocket-Book of useful Memoranda and Prices for 1875. By W. YOUNG, Architect, Author of 'Picturesque Architectural Studies,' &c.

London: E. & F. N. SPON, 48, Charing Cross.
New York: 446, Broome Street.

Demy 8vo, with Cuts, in cloth, 5s.

Engineering Papers.
By GRAHAM SMITH.

CONTENTS:
MORTAR—"Miller's Prize" Paper. | RETAINING WALLS—Paper read at the
PRACTICAL IRONWORK—"Miller's | Edinburgh and Leith Engineers' So-
Prize" Paper. | ciety; with Addenda and Discussions
 | to each.

Folio, sewed, 2s.

Lectures on Water Supply, Sewerage, and
Sewage Utilization, delivered at the School of Military Engineering, Chatham. By W. H. CORFIELD, Esq., M.A., M.D. (Oxon).

Crown 4to, cloth, 15s.

Practical Geometry and Engineering Drawing.
A Course of Descriptive Geometry, adapted for the requirements of the Engineering Draughtsman, including the Determination of Cast Shadows and Isometric Projection, each chapter being followed by numerous Examples. To the above are added Rules for Shading, Shade-Lining, &c., together with practical Instructions as to the Lining, Colouring, Printing, and general Treatment of Engineering Drawings. By GEORGE S. CLARKE, Lieut. Royal Engineers, Instructor in Mechanical Drawing, Royal Indian Engineering College, Coopers Hill.

Crown 8vo, cloth, 7s. 6d.

Water Supply.—The present Practice of Sinking
and Boring Wells, with Geological Considerations and Examples of Wells executed. By ERNEST SPON, Member of the Society of Engineers, of the Franklin Institute, of the Iron and Steel Institute, and of the Geologists' Association. Illustrated by 276 Diagrams and Engravings to Scale.

Folio, boards, 6s.

Handrailing Cut Square to the Plank, without
Falling Mould, as discovered and taught at the Mechanics' Institution, Liverpool. By JOHN JONES, Stair Builder.

Royal 32mo, roan, 5s.

Sexton's Pocket-Book for Boiler Makers and
Steam Users; comprising a variety of useful Information for Employer and Workman, Government Inspectors, Board of Trade Surveyors, Engineers in charge of Works and Ships, Foremen of Manufactories, and the General Steam Using Public. By MAURICE JOHN SEXTON.

8vo, sewed, 1s. 6d.

Iron Cylinder Bridge Piers.
Being a "Miller Prize" Paper. By JOHN NEWMAN, A.I.C.E.

London: E. & F. N. SPON, 48, Charing Cross.
New York: 446, Broome Street.

Third Edition, 8vo, sewed, 1s. 6d.
The Liverpool Waterworks.
By CHARLES M. BELOE, M. Inst. C.E., Author of the 'Construction of Catch-Water Reservoirs.'

Dry Rot.
Crown 8vo, cloth, 7s. 6d.

A Treatise on the Origin, Progress, Prevention, and Cure of Dry Rot in Timber, Remarks on the Means of Preserving Wood from Destruction by Sea-Worms, Beetles, Ants, &c. By THOMAS ALLEN BRITTON, late Surveyor to the Metropolitan Board of Works, &c., &c.

Enlarged Edition, 8vo, cloth, 10s. 6d.
Our Ironclad and Merchant Ships.
By Rear-Admiral E. GARDINER FISHBOURNE, C.B.

Just published, crown 8vo, 9s.
Catechism of the Locomotive.
By M. N. FORNEY, Mechanical Engineer. With Tables, 19 Plates, and 227 Wood Engravings.

8vo, sewed, 1s.
The Advantages of the Separate System of
Drainage. With a Description of the Works designed and carried out by the Author at the town of Halstead, Essex. By EDWARD MONSON, A.I.C.E., Surveyor to the Acton Local Board.

To be completed in 12 Monthly Parts, 4to, sewed, 5s. each, Parts I. to XI. now ready.
Mining Engineering.
A Practical Treatise on Coal Mining. By G. G. ANDRÉ, F.G.S., Assoc. Inst. C.E., Member of the Society of Engineers. With Plates of Practical Drawings.

Imperial 4to, sewed, 7s. 6d.
The Architecture of the Cistercians.
By EDMUND SHARPE, M.A., F.R.I.B.A. Plates. Being No. 1 of Illustrated Papers on Church Architecture. No. 2, just out, 7s. 6d.

8vo, sewed, 7s. 6d.
Journal of the Iron and Steel Institute.
No. 2. 1875.

8vo, cloth, 15s.
Transactions of the Society of Engineers for
1875.

London: E. & F. N. SPON, 48, Charing Cross.
New York: 446, Broome Street.

www.ingramcontent.com/pod-product-compliance
Lightning Source LLC
Chambersburg PA
CBHW021355230426
43666CB00006B/534